探掘梵迹

中国佛教美术考古概说

杨 泓

生活·讀書·新知 三联书店

Copyright © 2022 by SDX Joint Publishing Company.
All Rights Reserved.

本作品版权由生活·读书·新知三联书店所有。
未经许可，不得翻印。

图书在版编目（CIP）数据

探掘梵迹：中国佛教美术考古概说／杨泓著．—北京：
生活·读书·新知三联书店，2022.1
ISBN 978-7-108-07274-0

Ⅰ.①探… Ⅱ.①杨… Ⅲ.①佛教-美术考古-研究-中国
Ⅳ.① K879.04

中国版本图书馆 CIP 数据核字（2021）第 226793 号

责任编辑	杨	乐
装帧设计	康	健
责任印制	宋	家

出版发行　生活·讀書·新知 三联书店
　　　　　（北京市东城区美术馆东街 22 号 100010）
网　　址　www.sdxjpc.com
经　　销　新华书店
制　　作　北京金舵手世纪图文设计有限公司
印　　刷　天津图文方嘉印刷有限公司
版　　次　2022 年 1 月北京第 1 版
　　　　　2022 年 1 月北京第 1 次印刷
开　　本　880 毫米 × 1230 毫米　1/32　印张 13.75
字　　数　300 千字　图 508 幅
印　　数　0,001-5,000 册
定　　价　128.00 元

（印装查询：01064002715；邮购查询：01084010542）

目 录

漫话佛教艺术的中国化 1

一 中国境内深埋地下和湮没山野的梵迹 39

二 旧中国的梵迹探寻 47

三 新中国的梵迹探掘 61

四 佛教艺术初传中国 87

五 中国石窟寺院的建立 117

六 十六国时期诸石窟——以彩塑和壁画为
　　主要艺术形式的中国石窟 133

七 中原北魏石窟
　　——以石雕为主要艺术形式的中国石窟 157

八 北朝晚期石窟——中国石窟艺术的发展 191

九 隋唐宋元石窟——中国石窟艺术继续发展到
　　日益世俗化 221

十 中国石窟寺窟前遗迹的考古发掘 255

十一 地下梵宫——中国佛教寺院遗址的

　　考古发掘...293

十二 地下佛教艺术博物馆

　　——造像埋藏坑的考古发掘.............................341

十三 金棺银椁瘗舍利

　　——考古发现的中国佛教舍利容器...............383

附　录　响堂山石窟随想...425

后　记...431

漫话佛教艺术的中国化
——以佛塔为例

"宝塔凌苍苍，登攀览四荒。顶高元气合，标出海云长。……目随征路断，心逐去帆扬。"[1]这是李太白登扬州西灵塔时吟咏的诗句。"淮南富登临，兹塔信奇最。直上造云族，凭虚纳天籁。……连山黯吴门，乔木吞楚塞。城池满窗下，物象归掌内。"[2]这是高适登广陵栖灵寺塔时吟咏的诗句。唐人喜登临高耸的佛塔远眺，诗人更因此而发兴吟诗。而在都城长安，当慈恩寺中的雁塔重修成砖构的七层高塔之后，更是人们登临俯瞰京师的绝佳场所。

自空中鸟瞰盛唐时期的长安城，除了在城北中部和城外东北角可以看到大型夯土台基上建造的豪华宫殿外，就是被纵横的街道分隔而成的平面呈横长方形的里坊，排列规整，如同棋盘，条条大街，又如农民种菜那整齐的菜畦。诗人白居易登高台俯瞰城区咏道"百千家似围棋局，十二街如种菜畦"[3]，生动地描绘了这一图景。坐落在"围棋局"中的官民住宅，多是单层的建筑，只有大型的佛寺，占地宽广，有的

---

[1] 李白：《秋日登扬州西灵塔》，《全唐诗》1835页，中华书局，1960年。本书为读者检索方便，所引唐诗均用《全唐诗》。
[2] 高适：《登广陵栖灵寺塔》，《全唐诗》2204页。
[3] 白居易：《登观音台望城》，《全唐诗》5041页。

图 1-1 陕西西安唐大慈恩寺大雁塔　　图 1-2 陕西西安唐荐福寺小雁塔

能地跨两坊,主殿也可比拟人间宫殿,具有高大的夯土台基。特别是著名大寺还建有高耸的佛塔,既有传统的木构建筑,也有新兴的砖石构筑。著名的砖构佛塔,就有城中东南晋昌坊内大慈恩寺的大雁塔(图1-1),以及城中轴线西侧安仁坊内荐福寺的小雁塔(图1-2)。两塔南北呼应,形成长安城内立体景观的制高点。当时人们登临雁塔,顿生凌云出世之感。诗人岑参、高适共登大雁塔后都留存诗作。岑参咏道:"塔势如涌出,孤高耸天宫。登临出世界,磴道盘虚空。突兀压神州,峥嵘如鬼工。四角碍白日,七层摩苍穹。下窥指高鸟,俯听闻惊风。"[1] 高适咏道:"登临骇孤高,披拂欣大壮。言是羽翼生,迥出虚空上。"[2] 诗人的吟咏,表明大雁塔确是唐长安城中的地标性建筑。

---

[1] 岑参:《与高适薛据登慈恩寺浮图》,《全唐诗》2037页。
[2] 高适:《同诸公登慈恩寺浮图》,《全唐诗》2204页。

不仅如此，雁塔还是当时科举文化的象征，进士考中以后，要到"雁塔题名"。王定保《唐摭言》记："进士题名，自神龙之后，过关宴后，率皆期集于慈恩塔下题名。"[1]具体地点在塔院小屋四壁，诗人徐夤曾写诗吟咏："雁塔掞空映九衢，每看华宇每踟蹰。题名尽是台衡迹，满壁堪为宰辅图。"[2]"雁塔题名"使得雁塔在上香礼佛、登高远眺以外，再添一层浓郁的文化色彩。

到了今天，宏伟华丽的大唐长安城早已消逝在历史岁月之中，唯有两座雁塔仍旧傲然挺立在今陕西西安市现代钢筋水泥的丛林之中，小雁塔损毁较重，大雁塔经明时修缮，基本保留了唐代风貌。在今人心目中，雁塔正是唐代文化的象征。自西汉张骞凿空西域以来，古代丝路交通到唐代更盛，而丝路的起始之地正是都城长安。所以在今人心目中，这座方形宝塔也象征着古代丝路的起点。

将宝塔视为中国文化的象征和中国城市的标志，也是近代西方人的普遍看法。美国作家亨德里克·威廉·房龙于1929年所写书籍的插图（图1-3）[3]，画出了他心目中中国圣人孔子的形貌。这位中国"伟大的精神领袖"坐在山丘的树下，望着山下的一座中国城市，其间耸立着几座"玲珑宝塔"。他认为这是发生在公元前500年的事。当然在这里房龙犯了常识性的错误，因为在孔夫子生活的春秋时期，"宝塔"这种高层建筑，在中国还没有出现。引述这幅插图，并不是为了苛责一个多世纪前的美国作家不了解孔夫子生存时期中国城市的真实面貌，

---

[1] 王定保：《唐摭言》"慈恩寺题名游赏赋咏杂纪"条，28页，中华书局，1959年。
[2] 徐夤：《塔院小屋四壁皆是卿相题名因成四韵》，《全唐诗》8159页。
[3] ［美］亨德里克·威廉·房龙著，刘缘子等译：《人类的故事》264页，生活·读书·新知三联书店，1988年。

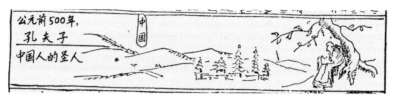

图1-3 房龙《人类的故事》插图"伟大的精神领袖"中的孔子

只想说明在18至19世纪时,西方人(不论是美国人还是欧洲人)一说起中国城市景观的代表性高层建筑,无不将注意力集中到宝塔,认为它是中国文化的典型象征。

俗称的"玲珑宝塔",实际是佛教建筑中的佛塔,它本源于古印度,随着佛教东传,佛塔建筑也随之东传中土。令人感兴趣的是,从异国引进的宗教建筑,经过几千年的演变,彻底改换了容颜,最后竟然让外国人认为是中国文化的象征物。佛塔的演变轨迹,正好让我们观察佛教艺术中国化的历史进程。

在西天梵境古印度,佛教初兴时并非"像教",那时没有塑造供信徒礼拜的偶像,而是把一些具有象征意义的事物作为向已涅槃的佛陀礼拜的对象,塔即为其中之一。塔,按梵语音译称"窣堵波",又译为"塔婆"[1]。在古印度,佛塔的基本造型是一个大圆馒头一般的塔体,塔顶中心树立上带相轮的刹,又因塔体像一个覆扣的圜底钵,故习称覆钵形塔。目前在印度保留的遗迹中,最著名的是在中央邦博帕尔城东的桑奇大塔(一号塔)[2]。该塔建于公元前3世纪,一个世纪后扩建,覆

---

[1] 在汉译佛经中,关于梵语塔的汉语音译,除常见的窣堵波、塔婆、浮图外,还有数斗波、数斗波、兜婆、偷婆等,塔还可称支提或制底等。如按义译,又有庙、方坟、大冢、聚相等。
[2] 崔连仲:《桑奇大塔》,《中国大百科全书·考古学》431页,中国大百科全书出版社,1986年。

钵直径达 36.6 米、高 16.5 米，形制巨大（图 1-4）。又过了一个世纪，于公元前 1 世纪时增设围护塔身的石栏，建石门并饰雕饰。在现存的古印度佛教石窟的塔庙窟中，居中供奉的正是覆钵形塔。覆钵形塔的图像亦经常出现在佛教雕像中（图 1-5），一些盛奉舍利的容器也常制成覆钵形塔的样式。

这种在古印度流行的大圆馒头形貌的覆钵形塔，在东汉末佛教初传东土时是否也流传到了中国内地？在文献中缺乏记述，更不见有实物遗存。传说佛教初传汉土，在东汉都城洛阳最早建造的白马寺中，"于其壁画千乘万骑绕塔三匝"。因记述简略，故此壁画中的"塔"是什么模样谁也不清楚。但据文献记载，汉时人们对佛的认知，只是将其视为外来的神仙，还没有形成真正的宗教信仰，或将佛（浮图）与黄老并祠，或杂厕于西王母等神人仙兽之间，汇集于中国传统的神仙

图 1-4　印度桑奇大塔（一号塔）

图 1-5　印度阿默拉沃蒂大塔石栏板浮雕上的覆钵形塔（藏印度新德里国立博物馆）

图 1-6.1　汉画像砖西王母像拓本　　　　图 1-6.2　湖北鄂州出土吴佛兽铜镜上的佛像

信奉之中。目前从汉末三国时期遗存中获得的有关佛像的考古标本，基本都是佛衣（袈裟）掩盖着双膝的坐像，因佛衣掩盖，看来与西王母、东王公等神仙像的坐姿（中国传统的跪坐）相同，完全看不出印度佛像的盘膝跌坐或垂足倚坐的标准坐姿。究其原因，是因为那些坐姿在汉代被认为不成体统之故。甚至让上有头光下有覆莲座的佛像，也加上与西王母一样的龙虎座（图 1-6.1、图 1-6.2）。因此，佛教的形象也与神仙一样被称为"仙人"。凡此种种，都是为了让汉人能够接受这个外来的神仙。因此形貌奇怪的大馒头状的覆钵形塔，这种在中国传统建筑中从没出现过的建筑形式，在汉代自然很难被人们认同。所以当时传播佛教的主持者，只有想办法将其与中国的传统建筑相结合，中国化，才能让一般受众接受并认可。最早进行这种尝试的人是丹阳人笮融，时当东汉末年。大约在汉献帝初平四年（193）陶谦任徐州牧时，使笮融督广陵、丹阳运漕。笮融信奉佛教，就在他管辖的区域内，"大起浮图祠，以铜为人，黄金涂身，衣以锦采。垂铜槃九重，下为重楼、阁道，可容三千余人，悉课读佛经"[1]。这则记载表明笮融所修"浮图祠"即佛寺，是将原古印度佛寺中心的覆钵形塔改为中国建筑的重楼，周围建阁道。在楼顶树"铜槃九重"，也就是将印度佛塔顶中心树立的带有多重相轮的塔刹改建在楼顶上。为什么选择重楼来取代馒头状的覆钵形塔，或许与汉人崇信"仙人好楼居"[2]有关，佛是"仙人"，所以将供奉他的塔修成重楼形貌，是顺理成章的事。同时佛教初传，从梵语转译尚不完备，且佛陀初传来时又多依附神仙道家信仰，他们更不明古印度佛塔窣堵波与支提的区分[3]，道家一些人以自己的个人认知去解释，如葛洪根本不明古印度的塔是什么样的，就在《字苑》中说"塔，佛堂也"。按这种说法，在楼内供奉佛像，自可视为"佛堂"。

在20世纪前半叶，对《三国志·吴书》中关于笮融"浮图祠"的记载，中国佛教史研究者只能从文字记述知道它下有重楼、阁道，顶"垂铜槃九重"，但其具体形貌则无从想象。到了20世纪50年代以后，随着新中国田野考古发掘的空前发展，不断在东汉末年乃至魏晋时的墓葬出土文物中，获得数量众多的陶制楼阁建筑模型，有的在高楼的周围还筑有阁道，从而可以对笮融"浮图祠"的具体形态进行推测。

进入21世记，一项新的考古发现对解析笮融"浮图祠"的具体形貌，提供了重要的实物例证。在湖北襄樊菜越发现的一座孙吴墓内，出土

---

[1]《三国志·吴书·刘繇传》，1185页，中华书局校点本，1959年。
[2]《史记·孝武本纪》，478页，中华书局校点本，1959年。此条引文承孙机见告。
[3] 关于古印度佛教窣堵波与支提等问题的详细解读，详见李崇峰：《中印石窟寺比较研究——以塔庙窟为中心》，（台湾）觉风佛教艺术文化基金会，2002年。

图 1-7　湖北襄樊菜越三国墓出土带刹陶楼

了一件施黄褐釉的陶楼（图 1-7）[1]。那是一座二层楼，周绕围墙，前设楼院大门。陶楼平面方形，楼高两层，在一层和二层间挑出平座，最上覆以单檐四坡屋顶。屋脊起翘作叶形饰，在脊的居中处，设一馒头状覆钵形座。座体镂空雕饰母子熊斗虎图案，座的中央树立刹杆，上饰相轮七重，最顶端饰有一兽，形体呈弯月状。楼院大门设门楼，两扇门上各嵌饰铺首衔环，铺首上又贴塑一裸身童子像，肩生双翼。大

---

[1] 襄樊市文物考古研究所：《湖北襄樊城菜越三国墓发掘报告》，《考古学报》2013 年第 3 期 391—430 页。

图 1-8　河北阜城汉陶楼　　图 1-9　甘肃武威雷台墓陶楼

门右侧墙上另开一扇小门，门扉上亦贴塑一双翼童子像。这座陶明器明显模拟的是一座浮图祠。墓葬的时代被推定为三国孙吴初期，应与笮融建浮图祠的时代相差不远。只是陶浮图祠只有两层楼，又无阁道，规模较小，无法与笮融所建相比，但是提供了在重楼顶上树立塔刹的具体形象。我们再参照已出土的大型汉代陶楼模型，例如河北阜城出土的大型五重陶楼（图 1-8），以及甘肃武威雷台魏晋墓出土的周建阁道的高层陶楼（图 1-9），将它们结合在一起就可以想象复原出可容三千人的笮融浮图祠的宏伟形貌，那就是将中国传统重楼与西来的佛塔塔刹相结合所建成的最早的中国式佛塔。

襄樊菜越孙吴墓出土陶楼大门上贴塑的双翼童子立像，自然也

图1-10 河南洛阳龙虎滩采集铜有翼童子像

是初传中国时的佛教图像,可以说是最早的飞天形象。它的发现,使人们忆起早在20世纪70年代在河南汉魏故城发掘东汉太学遗址时,在龙虎滩采集到的两件考古标本,是形貌相同的小铜人像,为立姿的裸身童子,肩生双翼(其中一件双翼已残缺),体高仅3.1厘米,背后有铭文,似为"仙(?)子"二字(图1-10)[1]。其形貌与莱越陶楼门上的童子相同,表明应是早期佛教遗物。铜带翼仙子像,又把我们从吴地引向北方东汉及三国曹魏的都城洛阳。据《魏书·释老志》追述,三国曹魏时期洛阳亦建有"周阁百间"的佛图。故事如下:"魏明帝曾欲坏宫西佛图。外国沙门乃金盘盛水,置于殿前,以佛舍利投之于水,乃有五色光起,于是帝叹曰:'自非灵异,安得尔乎?'遂徙于道阙,为作周阁百间。"《释老志》又追述:"自洛中构白马寺,盛饰佛图,画迹甚妙,为四方式。凡宫塔制度,犹依天竺旧状而重构之,从一级至三、五、七、九。世人相承,谓之'浮图',或云'佛

---

[1] 中国社会科学院考古研究所:《汉魏洛阳故城南郊礼制建筑遗址——1962—1992年考古发掘报告》272—273页,文物出版社,2010年。

图 1-11 四川什邡皂角乡白果村画像砖

图'。晋世,洛中佛图有四十二所矣。"[1]说明自东汉末年经曹魏至西晋,洛阳城内所构佛塔(浮图、佛图)为四方式多级,级数为奇数,还可构有多间周阁,看来似与南方吴地周建阁道、顶树相轮刹的四方形楼阁状"浮图祠"形貌颇一致。虽因无遗迹可寻,难以确定。但从有关追忆看,也不见有照搬天竺原状的覆钵形塔。对于这一疑问,在蜀汉地域的一项发现,或许给出了答案。四川什邡白果村曾采集到一块东汉晚至蜀汉时的画像砖,上面有一座高三层的塔形建筑图像[2]。建筑下为方台基,上建重楼,共三层,可以清楚看到各层立柱和屋檐,最上层为攒尖顶,顶中心部位树有刹杆,上面至少可以看清有三重相轮,顶端似为圆锥形饰(图1-11)。在建筑物两侧,各立有一枝盛开的莲花。由顶上的刹和相轮,以及旁立的莲花,可以看出这是一座三层高的楼阁式佛塔。蜀地画像砖上的三级佛塔图像,是说明曹魏时洛阳三级佛塔形貌的有力佐证。在三国时期,不论南北还是西蜀,佛塔中国化的进程十分明显。

西晋覆亡,晋室南迁,古代中国形成南北分治的政治格局。许多

---

[1]《魏书·释老志》,3029页。
[2] 贺云翱等编:《佛教初传南方之路文物图录》图版3,文物出版社,1993年。

图1-12 天梯山石窟第1窟
中心柱背面及左壁残画迹

原生活在东北或西北的古代少数民族,纷纷迁入中原,先后成为统治民族,建立了至少十六个以上的割据政权,北方的政治地图不断变换,史称"十六国"。由于社会大动乱,人们企望平静安定的生活,为宗教勃兴提供了土壤,佛教信仰得到空前发展。遗憾的是,中原地区这一时期的寺院建筑没有留存下来,更不清楚所建佛塔的形貌。目前只能从西北边陲的少数遗迹和遗物中找到一些线索,其时代已是十六国末至南北朝初。在甘肃地区保留有北凉石窟寺中的塔庙窟,甘肃、新疆等地也曾发现过一些小型的北凉时期雕造的石塔。

现存天梯山石窟第1窟为塔庙窟(支提窟),但这里的塔庙窟已与原天竺佛教塔庙窟在窟内后部中心建覆钵形塔不同,是在窟室中心设塔柱,这种变化在新疆早期石窟如拜城克孜尔石窟已出现,凉州石窟应受其影响。天梯山石窟第1窟的塔柱,在方形基座上起三级塔身,各级塔身略有收分,方形塔身四面都开龛造像(图1-12)[1]。凉州石窟

---

[1] 敦煌研究院、甘肃省博物馆:《武威天梯山石窟》,文物出版社,2000年。

图 1-13　北凉高善穆造石塔

即天梯山石窟，应为沮渠蒙逊开凿于 412 年至 429 年之间[1]，窟中塔柱应仿佛教寺院中当年流行的佛塔形貌，已不作圆形覆钵式，应是东土木构方形多层楼阁式，故此塔庙窟中塔柱亦仿方形多层楼阁式。

　　已发现的北凉石塔中，保存较完好的是在甘肃酒泉发现的高善穆造石塔[2]，该塔造于承玄元年（相当于宋文帝元嘉五年、魏太武帝始光五年，428），高 44.6 厘米，基座底径 15.2 厘米（图 1-13）。八边形基座上承圆形塔体，塔体分两层，下层为圆形，上层圆形覆钵状，覆钵体周围开八龛造像。塔顶树有粗厚的宝盖和相轮。这些上层为覆钵的两重塔体的小型石塔，应是模拟当年真实佛塔的形貌。至今新疆地区还保留有下层为佛殿上层建覆钵的佛塔实例，如库车苏巴什佛塔遗址（图 1-14）和若羌米兰佛寺遗址所见。这种样式的佛塔，自是源于古印度。在古印度的塔庙窟中，较早的覆钵形塔是没有造像的，佛徒礼佛

---

[1] 宿白：《凉州石窟遗迹和"凉州模式"》，《考古学报》1986 年第 4 期 435—446 页。
[2] 王毅：《北凉石塔》，《文物资料丛刊》（一），1977 年。

图 1-14　新疆库车苏巴什佛寺遗址河东区佛塔

就是绕塔礼拜。后来佛像出现，则将覆钵形塔基座增高，在正面开龛造像。受其影响，新疆出现了下为塔殿上覆钵塔的造型，在石窟寺的壁画中也有这种佛塔的图像。河西走廊的佛寺和石窟寺深受新疆早期石窟的影响，所以北凉时期佛寺中亦应建有下为塔殿上为覆钵的佛塔。这一问题有待今后的考古新发现来解决。综上所述，北凉时佛塔有两种类型，第一种类型是来自中原影响的中国楼阁式多层方塔，第二种类型是源于西域的下为塔殿上为覆钵的造型。

　　历史进入南北朝时期，佛教有了很大发展，不论北朝还是南朝的都城，都在最高统治者支持下大规模修建佛寺，构筑高耸的佛塔。北魏都平城时期，城中建有以佛塔为中心的佛寺。"兴光元年秋，敕有司于五级大寺内，为太祖已下五帝，铸释迦立像五"。又于献文帝天安二年，"起永宁寺，构七级佛图，高三百余尺，基架博敞，为天下第一"[1]。在

---

[1]《魏书·释老志》，3037 页。

 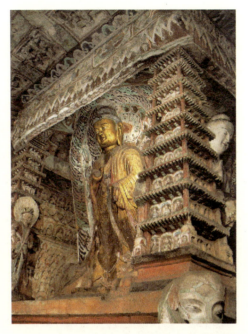

图1-15 山西大同云冈石窟第6窟浮雕五级塔　　图1-16 山西大同云冈石窟第6窟中心柱上层立佛和塔柱

平城，也构筑有石塔，"皇兴中，又构三级石佛图。榱栋楣楹，上下重结，大小皆石，高十丈。镇固巧密，为京华壮观"[1]。很可惜北魏平城时期建造的"为天下第一"的七级佛塔没能保存下来，幸好在云冈石窟的第5窟和第6窟中的浮雕中有五级佛塔的图像（图1-15），在第6窟中心塔柱上层佛龛的龛柱也雕成佛塔形貌，且高达九级（图1-16），在各级塔壁面均开龛造像（每面各开三龛）[2]。有的塔庙窟中心柱亦雕成多

---

[1]《魏书·释老志》，3038页。
[2] 山西云冈石窟文物研究所：《云冈》，14页，文物出版社，2000年。

漫话佛教艺术的中国化　｜　15

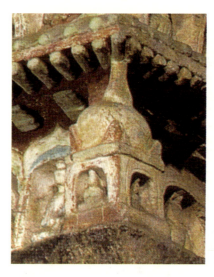

图1-17 山西大同云冈石窟第6窟中心柱上层塔柱一层角柱小方形覆钵顶塔

级佛寺的形貌,例如第39窟是一座塔庙窟,窟中的中心柱雕成了五级方形佛塔[1]。从以上资料,可以看出北魏平城时期构筑的多级高塔,其形制是中国化的方形楼阁式佛塔。当是同时承袭了凉州佛塔的第一种类型及三国以降中原流行的佛塔的造型特征。虽然楼阁式多层方塔是北魏平城时期佛塔的主流,但凉州石塔那类塔体方形、开龛造像、上置覆钵的第二种类型佛塔,也存在于石窟雕刻之中。例如云冈石窟第6窟中心柱上层龛柱的九级方塔,其第一级的角柱又雕成小塔,小塔的形貌就是方形塔体四面开龛造像,平顶四角饰山华,中央为高大的覆钵,上树带相轮的塔刹(图1-17)。

北魏迁都洛阳以后,佛教兴盛,继续在城中重要位置修建皇家寺院——永宁寺,仍是以多级佛塔为中心的建筑格局,"灵太后亲率百僚,

---

[1] 云冈石窟研究院:《云冈石窟》,117页,文物出版社,2008年。

表基立刹"。所建佛塔比号称"为天下第一"的原平城永宁寺塔更加宏伟壮丽,从七级增为九级,"佛图九层,高四十余丈"[1]。对于这座九级木塔的豪华宏伟,东魏时杨衒之在《洛阳伽蓝记》中追述如下:"刹上有金宝瓶,容二十五斛。宝瓶下有承露金盘一十一重,周匝皆垂金铎。复有铁镍四道,引刹向浮图四角,镍上亦有金铎。铎大小如一石瓮子。浮图有九级,角角皆悬金铎,合上下有一百三十铎。浮图有四面,面有三户六窗,户皆朱漆。扉上各有五行金铃,合有五千四百枚。复有金环铺首。殚土木之功,穷造形之巧,佛事精妙,不可思议。绣柱金铺,骇人心目。至于高风永夜,宝铎和鸣,铿锵之声,闻及十余里。"由于佛塔高耸,登临塔上,"视宫中如掌内,临京师若家庭","衒之尝与河南尹胡孝世共登之,下临云雨,信哉不虚"[2]。

永宁寺塔高耸于洛阳城内(图1-18),其身影在洛阳城外很远的地方都能看到。《洛阳伽蓝记》记述:"去京师百里,已遥见之。"[3] 其描述虽有夸张,但也说明该塔当时是北魏都城中最高的建筑物,已被视为都城的象征性景观。汉魏都城中占据全城制高点的高台建筑,如曹操邺都著名的朱爵、金虎、冰井三台,现在让位于高耸的佛塔。在南北朝时期,南朝和北朝的皇室都竞相建造被视为天下第一的高塔,正如今日世界各国竞相争建世界最高大楼一样疯狂。北魏皇室在洛阳建造了号称"去地千尺"的永宁寺塔,南方的萧梁同样也在建高塔。

---

[1] 《魏书·释老志》,3034页。对比洛阳永宁寺塔高,在《水经注·穀水》中记为:"浮图下基,方十四丈,自金露槃下至地四十九丈。"《洛阳伽蓝记》卷一记为:"中有九层浮图一所,架木为之,举高九十丈。上有金刹,复高十丈;合去地一千尺。"各书记述不同,本文按《魏书·释老志》。

[2] 杨衒之:《洛阳伽蓝记》,周祖谟校释本,3—5、11页,中华书局,2010年。

[3] 《洛阳伽蓝记》,3页。

漫话佛教艺术的中国化

图1-18 北魏洛阳永宁寺塔复原图

梁武帝曾在同泰寺建九层木塔,该塔焚毁后,又开始修建更高的十二层塔,因侯景之乱,即将建成的佛塔工程才被迫终止。[1]南北朝时期建造的高层木构佛塔,是佛塔造型中国化的成熟典型,同时也促进了木构高层建筑技术的进步和建筑艺术的发展。

南北竞造高层木塔,争显其华丽巍峨冠于当世,同时也暴露其脆弱的一面,即易遭火灾。梁同泰寺的九层木塔是毁于火灾,北魏的永宁寺九层木塔同样毁于火灾。对于那次火灾,《洛阳伽蓝记》有详尽的记述:"永熙三年二月,浮图为火所烧。帝登凌云台望火,遣南阳王宝

---

[1] 许嵩:《建康实录》卷十七注引《舆地志》,478页,上海古籍出版社,1987年。

炬录尚书［事］长孙稚将羽林一千救赴火所，莫不悲惜，垂泪而去。火初从第八级中平旦大发，当时雷雨晦冥，杂下霰雪，百姓道俗，咸来观火。悲哀之声，振动京邑。时有三比丘，赴火而死。火经三月不灭。有火入地寻柱，周年犹有烟气。"[1] 为了防止这类灾难的发生，工匠开始探索新的建塔技术，逐渐采用砖构，或以砖体外檐木装修，以减轻火灾的损失。

这一时期还应注意的是，在中原和南方，中国化的方形楼阁式佛塔盛行之时，在西陲的河西走廊地区，仍然维持着东去和西来的双重影响。原凉州流行的两种佛塔类型，依然并存流行，在敦煌莫高窟北魏时期洞窟的壁画中，都留有它们的图像。第一种类型的方形楼阁式佛塔的图像，如第254窟"萨埵王子本生"故事画中的三级方塔（图1-19）。后来在北周时期的第428窟中，还出现了在楼阁式方塔四角各立小塔的金刚宝座式五塔（图1-20）。第二种类型，即下有基座的单层方形塔室的覆钵形塔，亦较盛行，敦煌莫高窟的塔庙窟的中心塔柱，并不再是如凉州石窟模拟多重方塔，而是下设基座的单层方塔，一般在正、左、右三面开龛造像。在壁画中绘的第二种类型塔，如第257窟"沙弥守戒"故事画中的塔，下层是方形塔室，塔室上有瓦檐，脊中央置覆钵树刹（图1-21）。同时这类型的塔还有所发展，塔室扩展为佛殿，如第275窟南壁所绘，佛殿中供奉佛说法立像，殿两侧有阙，在殿顶脊正中设覆钵，其上树塔刹，自刹顶向左右各飘垂一长幡（图1-22）。[2] 塔体为覆钵形的佛塔，在壁画中亦有出现，如第

---

［1］《洛阳伽蓝记》，31—32页。
［2］敦煌莫高窟第254、428、257诸窟壁画所绘佛塔图像，参看《中国石窟·敦煌莫高窟（一）》图版36、165、43、40（按文中出现的顺序排列），文物出版社，1982年。

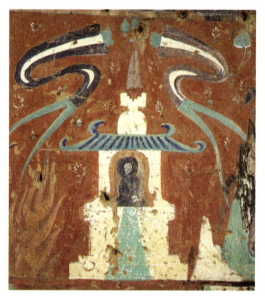

图 1-19 敦煌莫高窟北魏 254 窟南壁"萨埵王子本生"壁画中三级佛塔

图 1-20 敦煌莫高窟北周 428 窟壁画金刚宝座塔

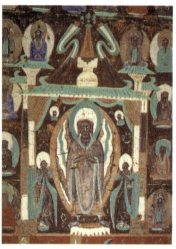

图 1-21 敦煌莫高窟北魏 257 窟南壁壁画佛塔

图 1-22 敦煌莫高窟北魏 275 窟南壁壁画佛殿

图1-23 敦煌莫高窟北周301窟北壁壁画佛塔

301窟北壁所绘（图1-23），表明西陲地区西来的影响仍大于中原地区。

在北魏都城洛阳，以永宁寺塔为代表的中国式多层楼阁式木塔的兴盛，与魏孝文帝改制推动鲜卑等古代少数民族汉化形成的政治氛围有关。也是在孝文帝时期，佛教艺术中国化出现另一显著表现，即佛像面相和佛装的变化，特别是佛像所披袈裟改变为接近汉装褒衣博带袍服的形貌。但是北魏王朝分裂为东魏和西魏，东魏又为北齐取代以后，出现了一次反转，北齐最高统治集团推动了一波重新胡化的回潮。影响所及，在佛教造型艺术方面表现突出的是在佛装样式上，从褒衣博带样式重新改为通肩薄衣贴体，再次引进了西来的秣菟罗（马土腊）风格。在佛塔的造型上，再次从西域引入下为塔室上置覆钵的凉州第二类型佛塔，还仿效西陲流行的下为佛殿、脊上中央建覆钵塔立刹的样式，并将其视为北齐皇室的典型窟形，主要体现在于北响堂山修凿的皇家大窟中。目前这种样式的窟型仅见于由北齐皇室修造的响堂山

漫话佛教艺术的中国化 | 21

图 1-24　北响堂山石窟刻经洞顶覆钵

石窟，最典型的是北响堂山石窟北侧和中央的两个大窟，从正立面看，都是一三开间有前廊的殿堂，廊前四根檐柱是狮子座的八角形束腰莲柱。上托屋檐瓦垄，惜多已损毁。檐上崖面雕一巨大的覆钵，覆钵顶上雕刹，两侧似飘有幡。除覆钵外，刹、幡在 1957 年勘察时仅可略看出一些残痕。只有南侧的唐邕刻经洞檐上的覆钵和刹尚存（图 1-24）。总观其外貌，与敦煌莫高窟第 275 窟壁画下殿上塔图形近同，只是前加廊而无两侧的阙。中窟廊柱尚存，而北窟的廊柱已残损无存，仅可见并壁的门和明窗，这座大窟自北宋时已有传说它是高欢的瘗窟。[1]
佛殿前壁（洞窟前壁）为三开间，中间为殿门，上方和两侧间开明窗。殿内（窟内）迎门是方形塔柱，正面开大龛雕三尊佛像。左右两侧壁

---

[1] 司马光：《资治通鉴》卷一六〇记：梁太清元年（547）正月"丙午，东魏渤海献武王欢卒"。八月，"甲申，虚葬齐献武王于漳水之西；潜凿成安鼓山石窟佛寺之旁为穴，纳其柩而塞之，杀其群匠。及齐之亡也，一匠子知之，发石取金而逃"。中华书局校点本，4948、4957 页，1956 年。但道宣：《续高僧传·明芬传》记："仁寿下敕，令置塔于慈州之石窟寺。寺即齐文宣之所立也。大窟像背文宣陵，藏中诸雕刻骇动人鬼。"又认为是文宣帝高洋陵，郭绍林校点本，1094 页，中华书局，2014 年。

各雕八个单层塔形龛,龛柱亦为束莲柱,柱头顶火焰宝珠。顶设覆钵,覆钵顶托覆莲座,上树塔刹,塔刹装饰华丽,左中右各以忍冬叶托覆莲座火焰宝珠。塔龛内原造像均遭盗失,有人认为这表现了《法华经·化城喻品》中十六佛的组合。前壁门内两侧原浮雕大型礼佛图,惜仅存少量残痕。在中心柱右侧壁(南侧壁)顶西起第三龛向内开有长方形穴,穴门前封石上雕有与其他顶龛内同样的佛背光。该穴内壁无任何雕饰,空无一物,故尚难证明其是否为瘗窟。高齐倡导胡化导致的佛塔中国化的回潮十分短暂,只是在存世石窟中保留了殿塔结合的独特遗迹。高齐随后为北周所灭,经过北周武帝灭法劫难,在隋文帝杨坚建立全国统一政权后,佛教重新兴盛,继续着中国化的进程。

隋文帝杨坚生于冯翊般若寺,"有尼来自河东……尼将高祖舍于别馆,躬自抚养"[1]。因此隋文帝虔信佛教,于仁寿元年(601)六月乙丑"颁舍利于诸州"[2]。据所颁《立舍利塔诏》,舍利分送各州后,"限十月十五日午时同下石函",然后立塔。[3]共送往三十州,据王劭《舍利感应记》,三十州分别为雍、岐、泾、秦、华、同、蒲、并、相、郑、嵩、亳、汝、泰、青、牟、隋、襄、杨、蒋、吴、苏、衡、桂、交、益、廓、瓜、虢等州[4],从都城附近的扶风,西至敦煌、天水,东达青州,东南到丹阳、苏州,西南到蜀甚至远达交趾,几乎覆盖了隋王朝的全部版图。隋文帝这一措施,因其采取了中国化的舍利容器和建立中国化的佛塔,从而促进了佛教中国化的进程,表面是弘扬佛法,实际是显示了中央

---

[1]《隋书·高祖纪》,1页,中华书局校点本,1978年。
[2]《隋书·高祖纪》,47页。
[3] 隋高祖:《立舍利塔诏》,《广弘明集》,229页,《四部丛刊缩本》,商务印书馆。
[4] 王劭:《舍利感应记》,《广弘明集》,239—243页,《四部丛刊缩本》,商务印书馆。

图 1-25　敦煌莫高窟唐 148 窟北壁壁画涅槃变中佛舍利塔

集权专制主义政权最高统治者的权威。

隋文帝在全国各地修建的舍利塔,都没能保存下来,现今只发现一些塔基遗址和舍利容器[1],但推知应为木构佛塔,因为各州要在同日立刹起塔,但木塔是单层还是多层仍未可知。沿袭南北朝时期的传统,隋唐时期木构佛塔仍极盛行,仅据《两京新记》所载,在长安延康坊的静法寺西院有高一百五十尺的木浮图,永阳坊大庄严寺有隋建木浮图"高三百卅尺,周匝百廿步",该坊还有大总持寺,寺内也有与大庄严寺高下相同的木浮图。[2]但是隋唐时的木塔没有任何遗存保留至今,所以只能通过一些壁画图像和佛塔模型进行了解。在敦煌莫高窟的隋唐时期的壁画中,常见单层方形木塔图像,塔下多有二至三层基台,塔顶出檐深远,塔刹装饰华美(图 1-25)。更令人感兴趣的是在陕西扶

---

[1] 关于隋代塔基遗址和舍利容器的发掘情况,本书第十章将详述,此处从略。
[2] 韦述、杜宝:《两京新记》,辛德勇辑校本,39、69、70 页,三秦出版社,2006 年。

图 1-26 陕西扶风法门寺唐塔地宫出土鎏金铜塔

风法门寺唐塔地宫中出土的鎏金铜塔模型[1],通高 53.5 厘米,下设三重设勾栏的塔基,塔身面阔、进深均三间,四面均在中心间设双扇板门,两梢间开直棂窗,塔顶为单檐攒尖顶,顶中心置覆莲、宝匣、相轮和刹顶宝珠,制工精致,反映了唐代流行的单层方形佛塔的风貌(图 1-26)。但是有关多层木塔的图像或模型仍然缺乏,只有东邻日本尚保留的时代相当于中国隋唐时期的木塔可资借鉴。东北亚诸国佛教并不是由古印度直接传入,而是经由古代中国传入的,换句话说就是已经中国化

---

[1] 陕西省考古研究院、法门寺博物馆、宝鸡市文物局、扶风县博物馆:《法门寺考古发掘报告》,205 页、彩版一七八,文物出版社,2007 年。

图 1-27　日本奈良法隆寺五重塔

的佛教。特别是佛教建筑深受中国佛教文化影响，佛塔造型已不是覆钵形状，而是汉式方形楼阁多级木塔。目前日本保存时代最早的是奈良法起寺三重木塔，该塔始建于 685 年，建成于 706 年（相当于唐神龙二年），塔通刹高 24.267 米，塔身高 16.934 米。平面方形，由木刹柱自底直贯刹顶，塔第一和第二重每面三间，第三重每面两间，是全木构建筑。另一座是奈良法隆寺西院的五重木塔。法隆寺经火灾后，西院建筑群于 608 年再建，约 710 年完工。五重塔通刹高 112.65 米，塔身高 78.52 米（图 1-27）。平面方形，为全木构建筑，亦由一根刹柱贯通全塔，塔身的第一重至第四重每面三间，第五重缩为每面两间[1]。如按

---

[1]　关于日本奈良法隆寺五重塔和法起寺三重塔的资料及其与中国古代建筑的关系，全转引自傅熹年：《日本飞鸟、奈良时期建筑中所反映出的中国南北朝、隋唐建筑特点》，《文物》1992 年第 10 期 28—50 页。该文后收入《傅熹年建筑史论文集》147—167 页，文物出版社，1998 年。

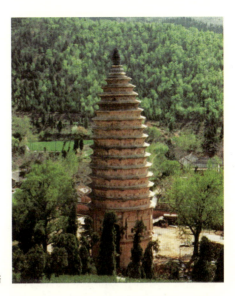

图 1-28　河南登封北魏嵩岳寺塔

当时使用的曲尺计算,总高超过 107 曲尺,正是一座百尺高塔。这些事例说明中国化的佛塔,已成为古代中外文化交流的象征。

然而木塔易毁,一遇火灾,高塔呈烟筒效应,难于救治,南北朝隋唐时著名的高层木塔,多毁于火灾。因此,自北朝后期就开始出现砖构佛塔,现存于世的河南登封嵩岳寺塔就是著名北魏砖塔,它也是唯一的十二边平面的塔(图 1-28)。该塔内做成直通顶部的空筒,塔身分上下两段,在四个正面有贯通上下两段的门,下段其余八面表面平素,上段则各砌出单层方塔形壁龛。塔身以上,用叠涩做成十五层密接的塔檐,塔檐之间仅留短墙,外轮廓形成和缓的曲线。塔刹石造,在覆莲座上以仰莲承受相轮。一般而言,内部可登临的佛塔,每层层高与人体等高,而这座塔各层塔檐间只隔短垣,所以在同等高度间可增设多层塔檐,使塔的外观多增层数,由此开唐宋密檐砖塔之先河。

隋唐时期的砖石结构佛塔有两种类型，一种是沿袭北朝晚期出现的砖构密檐塔，另一种是按传统多重楼阁式木楼形制构建的砖塔。这两种类型的唐代砖塔都有典范留存至今。前一种密檐砖塔，可举唐长安城荐福寺的小雁塔为例。该塔建于景云二年（711），平面方形，底层以上是密檐，采用叠涩挑出的做法，原有十五层密檐，现存十三层。塔内部中空，在底层前后壁都开有券门，塔内壁有砖砌蹬道可供上下，用木楼板分层。在塔底层外壁遗留有梁头卯孔，表明原来曾建有周圈的木构"副屋"。类似小雁塔的唐代密檐塔，目前尚存的还有河南登封永泰寺塔和法王寺塔，以及云南大理崇圣寺塔。后一种楼阁式砖塔，如前已述及的唐长安慈恩寺大雁塔。大雁塔在原来修建时，玄奘法师无意修造中国风的楼阁式佛塔，而是要修一座如他西去取经见到的印度佛塔，即一百八十尺高的土心外包石的五级塔，大雁塔建于永徽三年（652）。这是座不成功的仿制品，没过多久，塔就颓毁了。所以到702年前后，只得拆除旧塔，仍依中国式样改建成多层楼阁式方形砖塔，塔高七层，唐代诗人赞其为"孤高耸天宫"。大雁塔虽经明代修缮，但基本上保持着唐代风貌。现塔高64米，底层和第二层面阔九间，向上递减，第三层和第四层面阔七间，第五层以上诸层面阔五间。每层四面，当心间设有券门，塔身外壁隐出倚柱、阑额。各层塔檐采用正反叠涩砌成。塔顶原来的刹、相轮等已不存。塔内各层铺架木楼板。登临塔上，可从各层券门外视，至顶层可俯瞰、远眺周边景色。西安现存另一座唐代多层楼阁式方形砖塔是建于永隆二年（681）的香积寺塔，原有十三层，现存十层，残高33米余（图1-29）。

到了宋代，佛教中国化进程的特点是佛教日益世俗化。虽然南北朝至隋唐，修建高塔多与皇室贵胄高官有关，隋仁寿年间各州建舍利

图 1-29　陕西西安唐香积寺善导塔

塔,更是由文帝发敕,派僧人官员同一时间按规定的样式和礼仪去建造,但是到了宋代,随着佛教世俗化的加快,除官员外,各地一般信众也参与到集资修寺建塔的佛教活动中。例如,浙江宁波天封塔修建于南宋绍兴十四年(1144)[1],塔砖铭文表明当时民众捐资建造情况,如砖铭有"女弟子马氏庆四娘喜舍砖一百斤""范栓并妻朱氏四七娘买砖添助建天封宝塔"等,地宫中石函瘞埋的浑银地宫殿,是由"明州鄞县武康乡都税务前界生姜桥西居住奉三宝弟子赵允妻李氏四娘"全家捐赠。又如,河南邓州福胜寺塔地宫出土瘞藏舍利的石椁,由顺阳

---

[1] 天封塔元至顺元年(1330)重修时,保留了完好的南宋原建第一层和第二层,三层以上为元代重修时续建,故该塔保留了南宋时所修地宫。林士民:《浙江宁波天封塔地宫发掘报告》,《文物》1991年第6期1—27转96页。

县张君太全家施造,时间是天圣十年(1032)二月。[1]这些民间施舍的舍利容器铭与隋文帝的舍利铭,形成鲜明的对比,从瘗埋舍利建塔这种宗教行为的变化,正可以清楚地显示中国佛教世俗化的进程。佛教中国化和世俗化的加深,也促使佛塔的设计和建造,不再追求所造塔"为天下第一",或宣扬皇威,从而打破统一格局的局限,更关注形体秀美的观赏性,有时还具有地方特色。除宋朝外,北方的辽、西夏及后起的金这些由少数民族建立的政权,统治者和民众都信奉佛教,也有建造佛塔之风,所造佛塔在中国多层楼阁式塔的基础上,各具特色。因此,宋辽金时期佛塔的中国形制日趋成熟,目前在中国各地保留下来的这一时期的佛塔,呈现出缤纷的繁荣图景。总体来看,唐代以后全木构的佛塔已基本退出历史舞台,目前仅遗留有极少的典型建筑,最著名的是辽代修建的山西应县佛宫寺释迦塔(图1-30)。木塔为楼阁式,平面八边形,高九层,因有四个暗层,故外观看只似五层,高67.3米,历史上虽经多次地震,但未遭兵火破坏,保存至今。宋辽金时期大量出现的是多层楼阁式砖石结构,或塔体砖造、外围木构的佛塔,单层塔除墓塔外已不见修造。佛塔的平面不再采用正方形,而是选用多边形,以八边形较常见。塔高层数早已突破木塔七至九级的层数,常达十一层或十三层。砖石结构的楼阁式塔,外观的屋檐、平座、柱额、斗栱等虽用砖石制作,仍仿照木塔,或是适当简化,也有的使用了琉璃面砖,不仅华美且色彩有所变化,如河南开封祐国寺塔所装饰的琉璃面砖呈深褐色,外观似铁,故民众俗称为铁塔(图1-31)。

---

[1] 河南省古代建筑保护研究所、河南省文物研究所:《河南邓州市福胜寺塔地宫》,《文物》1991年第6期38—47页。

图1-30 山西应县辽佛宫寺释迦塔

此时也流行塔体砖造,外围采用木结构,从外观看与木塔无异,但因采用多边形平面和增加层数,所以造型更显秀美,故此这类塔后来常被民间誉为"玲珑宝塔"(图1-32)。另一类砖石结构的塔,是密檐塔,特别是在北方,辽国喜好建造密檐塔,保存至今的辽建密檐砖塔如山西灵丘觉山寺塔、北京天宁寺塔(图1-33)等。楼阁式塔迟至明清时期仍续有修建,长盛不衰。只是在元代以降,因藏传佛教在内地传播,佛塔建筑出现了藏传佛教流行的覆钵式塔,但其覆钵不呈馒头状而呈倒扣的鼓腹罐形状。目前北京的妙应寺塔(图1-34)和北海琼岛上的白塔,是人们熟知的代表性覆钵式塔。由于佛塔高耸适于远眺,于是除了其宗教属性外,更被用于社会生活的其他方面。河北定县建造北

图1-31 河南开封宋祐国寺铁塔

图1-32 上海宋龙华寺塔

图1-33 北京辽天宁寺塔

图1-34 北京元妙应寺白塔

宋开元寺塔，因处于边界，人们就登塔观察军情以防敌方来犯，起到军事瞭望的重要作用，被誉为"料敌塔"（图1-35）。在南方海港城市，如福建泉州的六胜塔和万寿塔（图1-36.1、1-36.2），正在晋江出入海口航道的侧畔，两塔南北遥遥相对，宋元以来一直被往来泉州港商船视为航标。[1]万寿塔也是亲人登临遥望出海者回归的处所，故此又名"姑嫂塔"。此外，杭州的六和塔（图1-37），也有观海和镇潮的功能。

总之，宋代以后，随着佛教的中国化和世俗化的进展，佛塔建筑样式日趋多样化、地方化和民间化，融入平民的社会生活，在人们的心目中其宗教属性日益淡化，而被视为城市文化的重要组成部分。甚至出现了与佛教无关的其他功能的高塔，如风水塔、文风塔等，已被列入全国重点文物保护单位的文风塔，有河南许昌的文风塔[2]和湖北钟祥文风塔[3]。前者是高十三层的楼阁式塔（图1-38），外观与佛塔无区别；后者外观奇特，形似一支冲天的巨笔。由于宝塔已融入中国文化之中，所以元明以后的戏曲小说中，宝塔常出现在戏曲情节之中。例如小说《封神演义》，以右手托塔的佛教护法毗沙门天王为原型创造的人物——托塔天王李靖，他御敌除邪乃至教训儿子的兵器，就是宝塔。更脍炙人口的是戏剧白娘子传奇，法海和尚为破坏白娘子与许仙的人妖美满婚姻，将白娘子镇压禁锢于西湖雷峰塔下。从此，人们忘记了那本是一座佛教舍利塔，只知道它是为

---

[1]《泉州港古建筑》，国家文物局：《全国重点文物保护单位Ⅴ》361—362页，文物出版社，2008年。
[2]《许昌文风塔》，国家文物局：《全国重点文物保护单位Ⅴ》699页，文物出版社，2008年。
[3]《钟祥文风塔》，国家文物局：《全国重点文物保护单位Ⅵ》41页，文物出版社，2008年。

图1-35 河北定县北宋开元寺塔（料敌塔）

图1-36.1 福建泉州石狮六胜塔

图1-36.2 福建泉州石狮万寿塔（姑嫂塔）

图 1-37 浙江杭州宋六和塔　　　　　　图 1-38 河南许昌明文风塔

镇压白娘子而存在的。善良的人们总是期望那座塔快点倒塌,好让白娘子重见天日。终于有一天,雷峰塔倒了,塔基经考古发掘,没有白娘子的遗迹,只有建塔时瘗藏的佛舍利容器,成为佛教中国化和世俗化的重要实物例证。[1] 更重要的是,佛塔一直被视为城市中的重要景观。不论是"西湖十景"中的"雷峰夕照"(图1-39),还是"燕京八景"中的"琼岛春荫",离开了雷峰塔和琼岛白塔的塔影,就难成胜景了,至今如此。故而,18世纪末西方人来到中国,在观察中国城市景观的过程中,自然而然地对高耸秀丽的玲珑宝塔印象极深,将它视为中国城市文化的名片。因此在早期来华西方人的画笔下(那时还未发明照相术,人们只能借助绘画来绍介其他国家的面貌),总

---

[1] 浙江省文物考古研究所:《雷峰遗珍》,文物出版社,2002年。

漫话佛教艺术的中国化　35

图 1-39 明万历三十年（1602）"雷峰夕照"版画

少不了色彩鲜艳的宝塔。记得儿时看到家里藏有曾祖父任清朝驻美公使时携回的美国教育幼童认识世界的画册，在介绍中国时，翻开第一页，左侧全页是一座大玲珑宝塔，右侧一页则画出了一位穿宽大长袍、梳长辫子的男孩和另一位梳辫子的女孩。那座玲珑宝塔，以它漂亮的身姿和华丽的色泽，必然令美国儿童产生极深刻的印象。前文提到的美国人房龙关于孔子的画中就有多座宝塔，可能他幼时在幼稚园看过类似的图画书，从小就认为高耸的宝塔是中国古代城市文化的象征，于是在描绘中国先哲孔子时，自然而然地画出了存在于孔子后世的宝塔来。

前文极为简略地勾画了佛塔传入中国，从形貌到建筑工艺不断中国化，直到融入中国文化，成为中国文化象征的历史演变轨迹，但探

图 1-40　1957 年宿季庚先生带领五三级考古班学生勘测响堂山石窟
（右 4. 宿先生、右 1. 孙国璋、右 2. 刘慧达、左 1. 刘勋、左 2. 作者）

研中国佛塔的历史变迁,并非意在宣扬佛法,而是探研中国的文化传统。也是为了回答人们常问的一个问题:"你说你是无神论者,为啥还津津有味地探研佛教美术考古?"看过这篇"代前言",相信这一问题自然迎刃而解。我对中国境内梵迹探寻的关注,始于 20 世纪 50 年代初。当我在北京大学求学时,初识佛教美术考古,是听阎述祖先生讲授"石窟寺艺术"课。[1] 第一次对梵迹进行实地勘察,是 1957 年宿季庚先生指导我和刘勋、孙国璋（同去的还有赵思训、刘慧达二位）全面勘测响堂山石窟（图 1-40）。此后因在中国科学院考古研究所（现中国社会

---

[1] 后来述祖先生在授课讲义的基础上成书出版,参见阎文儒:《中国石窟寺艺术总论》,天津古籍出版社,1987 年。

科学院考古研究所）汉唐研究室工作，又主要关注三国两晋南北朝考古，这正是中国石窟寺和佛教造像艺术繁荣发展的阶段，所以更加关注有关佛教美术考古的田野考古调查发掘。在这本小书中，我就想将中国学者自20世纪到今天对中国境内有关梵迹（包括佛教寺塔遗址、石窟寺、造像埋藏坑、瘗埋舍利的地宫与容器等）探查的成果，概要绍介给读者。祈望读者能够通过这本小书，通过中国考古学人孜孜不倦地探索中华梵迹的历程，从而对中国佛教文化在中国传统文化中的位置和作用有更深的了解。

一

中国境内深埋地下和湮没山野的梵迹

佛教于汉代自古印度东传华土后,延续流传发展久远。随着岁月的流逝、王朝的兴废,各地的佛教寺庙、塔、幢,以及石窟寺院,随之兴废无常,有的得以延续改建,有的则废弃不存。其主要原因有以下三项:

1 王朝兴废、战乱的破坏

以南北朝至唐宋时期为例,随着改朝换代,前代的都城多沦为废墟,城中佛寺则随着都城的废弃而废弃。如北魏都城洛阳,盛时宫城和外廓城内寺院多达千余所,但随着东魏迁都于邺,洛阳佛教伽蓝盛景无存。东魏武定五年(547),杨衒之因行役重览洛阳,目睹"城郭崩毁,宫室倾覆,寺观灰烬,庙塔丘墟",回忆起原来洛阳城"招提栉比,宝塔骈罗。……金刹与灵台比高,广殿共阿房等壮"的梵寺盛景,感慨万千,因而撰著了《洛阳伽蓝记》。[1]当时东魏都城邺的佛寺已大规模兴建,一直延续到北齐,但是北周灭北齐,邺都随之荒废,城中佛寺亦随城同废。但这次没有如杨衒之那样的人来写书回忆,向后人详述邺都梵宫盛景,只能任其埋没田野。特别是一些石窟寺院,随着时代的推移和朝代的更迭,从前代帝王贵胄崇信的宗教胜境,转而被新统治阶层遗弃,光采顿失,逐渐荒废于山林之中。

除了王朝的更迭,历史上还有许多战乱,同样会造成城市毁灭,佛寺亦难幸免。还有许多农民起义,在起义和遭镇压的过程中,各处城市亦遭到破坏。例如清末"太平天国"起义引致江南地区大动乱,

---

[1] 杨衒之撰、周祖谟校:《洛阳伽蓝记校释》,中华书局,2010年第2版。

许多佛寺和佛教遗迹遭到毁坏。

2 帝王灭法

在中国历史上,帝王灭法之举主要有三次,分别是北魏太武帝、北周武帝和唐武宗,史称"三武灭法"。原因不外是认为佛寺力量(武力和经济力)膨胀到影响帝王的统治,有时也掺杂有佛道相争的因素。

最早的一次是北魏太武帝灭法。在大规模杀僧灭法以前,太武帝已有禁止青壮年出家为沙门,以及禁私养师巫、沙门的命令。[1]导火索则是太武帝平盖吴之乱时至长安,发现佛寺僧人淫乱的实证。"先是,长安沙门种麦寺内,御驺牧马于麦中,帝入观马。沙门饮从官酒,从官入其便室,见大有弓矢矛盾,出以奏闻。帝怒曰:'此非沙门所用,当与盖吴通谋,规害人耳!'命有司案诛一寺,阅其财产,大得酿酒具及州郡牧守富人所寄藏物,盖以万计。又为窟室,与贵室女私行淫乱。……诏诛长安沙门,焚破佛像,敕留台下四方令,一依长安行事。"诏书最后规定:"有司宣告征镇诸军、刺史,诸有佛图形像及胡经,尽

---

[1] 在太平真君七年(446)以前,太武帝早已因青壮年僧徒众多,影响生产及兵源,于太延四年(438)"罢沙门五十已下",采取了年龄的限制,禁止青壮年为僧。且当时并不只禁沙门,太平真君五年(444)诏曰:"愚民无识,信惑妖邪,私养师巫,挟藏谶记、阴阳、图纬、方伎之书;又沙门之徒,假西戎虚诞,生致妖孽。非所以一齐政化,布淳德于天下也。自王公已下至于庶人,有私养沙门、师巫及金银工巧之人在其家者,皆遣诣官曹,不得容匿。限今年二月十五日,过期不出,师巫、沙门身死,主人门诛。"并非因佛道之争,而听信崔浩之辞所为。正如汤用彤所分析:"盖浩既修服食养性之术,又精汉代以来经术历术之学。深欲帝'除伪从真'以应新运,毁佛乃与其劝帝改历以从天道,用意相同。据此毁谤胡神,具有张中华王道正统之义。其事又非一简单之佛道斗争也。"见汤用彤:《汉魏两晋南北朝佛教史》496页,中华书局,1955年。

皆击破焚烧,沙门无少长悉坑之。"[1]时为太平真君七年(446)三月。[2]事发时许多僧人奔南朝境内或藏匿山林得以保命,但长安及北魏各州的佛寺建筑"土木宫塔"和塑像等遭到彻底破坏。[3]

太武帝灭法,消除了寺庙势力膨胀对政权的影响,达到了预期的效果。文成帝继位之初,即下诏取消灭佛之举,规定"今制诸州郡县,于众居之所,各听建佛图一区"。对僧徒出家限定:"大州五十,小州四十人,其郡遥远台者十人。"[4]在文成帝复法以后,僧徒亦汲取了教训,极力维护帝王的统治权威。在道武帝皇始年间,沙门法果曾称:"(皇帝)即是当今如来,沙门宜应尽礼,遂常致拜。谓人曰:'能鸿道者人主也,我非拜天子,乃是礼佛耳。'"[5]受太武帝灭法的教训,复法后,僧徒更是尊皇帝为"当今如来",为皇帝造佛像、建石窟,甚至在造佛像时亦仿皇帝体貌特征。[6]当时佛教完全符合帝王统治的需要,故而得到空前的发展。到北魏晚期,帝王贵胄佞佛导致都城洛阳佛寺林立,空前繁盛,事见前引《洛阳伽蓝记》。及至北魏分裂,东魏—北齐、西魏—北周对峙,但帝王佞佛之风更盛,特别是北齐首都邺城的佛寺,繁荣盛景不逊北魏洛阳。各地寺庙林立,僧徒数量日增,僧尼人数几达二百万之多,迨至北周灭北齐之时,北朝(北周与北齐)僧尼人数

---

[1] 《魏书·释老志》,中华书局校点本,3033—3034页,1974年。
[2] 《魏书·世祖纪下》,中华书局校点本,100页。
[3] 史书所对北魏各州毁佛的具体事例记录不多,只在《魏书·世祖纪下》"太平真君七年四月"记有在"邺城毁五层佛图,于泥像中得玉玺二",101页。邺城自十六国石赵时佛教繁盛,已是北方重要的佛教中心,太武帝灭法时应受到很大破坏。
[4] 《魏书·释老志》,3036页。
[5] 《魏书·释老志》,3031页。
[6] 《魏书·释老志》:"诏有司为石像,令如帝身。既成,颜上足下,各有黑石,冥同帝体上下黑子。"3036页。

更达三百万,寺院经济膨胀,再次构成对国家政治经济的威胁,最终导致中国历史上皇帝第二次灭法之举。

历史上第二次灭法是北周武帝。北周武帝灭法前,曾多次亲自主持集会辩论宗教问题,先辩儒、佛、道之先后,定儒教为先,道教为次,佛教为后。平齐后,他在邺城召集原北齐僧众,叙废佛之意,遭僧人激烈反对,僧人慧远竟以"地狱"威胁武帝:"陛下今恃王力自在,破灭三宝,是邪见人。阿鼻地狱不简贵贱,陛下何得不怖!"气焰极其嚣张。北周武帝为了巩固政权的需要,最终悍然采取灭法之举,同时禁断佛、道二教。没收寺院财产,"融佛焚经,驱僧破塔","沙门释种悉作白衣"。这次灭法与北魏太武帝那次不同,并没有坑杀僧众,只是返僧为民,使"三方释子,减三百万,皆复军民,还归编户"[1]。当时北朝总人口仅约三千多万[2],僧人所占比例已占十分之一,将这部分人口转归编户,对当时社会经济影响巨大。且自此以后,虽然佛教重获发展,但僧尼数量再也没有膨胀到百万以上,隋文帝时佛法振兴,全国僧尼总数只达24万,在全国总人口中所占比例对隋王朝来说还是可以容忍的,这表明北周武帝灭法影响之深远。[3]

第三次皇帝灭法之举,发生于唐武宗会昌年间。会昌五年(845)四月,"敕祠部检括天下寺及僧尼人数,大凡寺四千六百,兰若四万,僧尼二十六万五百"。这次灭法的具体措施与前两次又有不同,不仅没

---

[1]《叙释慧远抗周武帝废佛事》,《广弘明集》卷十,四部丛刊缩本,120页,商务印书馆,1935年。

[2] 见白寿彝主编:《中国通史·7·中古时代·三国两晋南北朝时期(上)》,674页,上海人民出版社,1995年。

[3] 参阅王仲荦:《魏晋南北朝史》,873页,上海人民出版社,1980年。

有完全禁绝佛教,还准许在都城和上州留存佛寺和少量僧人。"秋七月庚子,敕并省天下佛寺。中书门下条疏闻奏:'据令式,诸上州国忌日官吏行香于寺,其上州望各留寺一所,有列圣尊容,便令移于寺内,其下州寺并废。其上都、东都两街请留十寺,寺僧十人。'"敕曰:"上州合留寺,工作精妙者留之;如破落,亦宜废毁。其合行香日,官吏宜于道观。其上都、下都每街留寺两所,寺留僧三十人。上都左街留慈恩、荐福,右街留西明、庄严。"武宗在同年八月的诏书中历数佛寺泛滥之害:"洎于九州山原,两京城阙,僧徒日广,佛寺日崇。劳人力于土木之功,夺人利于金宝之饰,遗君亲于师资之际,远配偶于戒律之间。坏法害人,无逾此道。且一夫不田,有受其饥者;一妇不蚕,有受其寒者。今天下僧尼,不可胜数,皆待农而食,待蚕而衣。寺宇招提,莫知纪极,皆云构藻饰,僭拟宫居。晋、宋、齐、梁,物力凋瘵,风俗浇诈,莫不由是而致也。"[1]灭法同时,也禁绝火祆等外来宗教,"勒大秦穆护、祆三千余人还俗"。这次灭法,"还俗僧尼二十六万五百人,收充两税户……收膏腴上田数千万顷,收奴婢为两税户十五万人"[2]。仅唐武宗会昌灭法,全国"所拆寺四千六百余所……拆招提、兰若四万余所"。在拆毁寺院时,对其中的造像钟磬等按质地不同分别处理,"铜像、钟磬委盐铁使铸钱,其铁像委本州铸为农器,金、银、鍮石等像销付度支……其土、木、石等像合留寺内依旧"。寺既拆毁,其中的土、木、石像随之亦毁。石像被砸毁后多掘坑深埋,因此佛寺废址常保留有残毁的石佛像埋藏坑。灭法热潮退去后,佛教复兴,但不是被拆寺

---

[1]《旧唐书·武宗本纪》,605页,中华书局校点本,1975年。
[2]《旧唐书·武宗本纪》,606页。

院均得重建,有的寺庙重建时会另行选址。因此,许多废寺遗址以及毁废佛像的埋藏坑,就随着岁月的推移而埋没地下。

3 更新或扩建带来的破坏

由于宗派的变迁,以及更新和扩展庙宇的需要,寺庙会拆旧建新或易地再建。特别是被信徒视为金科玉律的一句话是:"重修庙宇,再塑金身。"中国古代小说、戏剧、评书不断复述主人公遇事求佛保佑时如此发愿,这成为老百姓的共识。"重修""再塑"貌似好事,自己认为在做功德,却对前代佛教艺术珍品造成破坏。那些幸运地逃过兵难火灾的寺院建筑和泥塑造像,在"重修"时却在劫难逃。其影响直至近代,典型的事例如民国时期,有人发愿出资修南京栖霞山佛像,将南朝石雕佛像用水泥涂抹重妆,弄得面目全非,造成无法挽回的后果。

当然也有一些佛教信徒为做功德,收集前代残损佛像,建塔瘗埋。例如,北宋时期山东的佛教信徒就有这样做功德的习俗。这与"重修""再塑",后果不同,其掘坑深埋的残像,有的能保存至后代。

由于历史上这三方面的原因,历代毁掉的佛教寺院建筑等有关遗存被深埋地下,数量众多。这些深埋地下或废弃荒野被世人遗忘的遗存,正是今日田野考古要探寻的梵迹。

二 旧中国的梵迹探寻

1 域外人士对中国梵迹的探寻

"长夜难明赤县天,百年魔怪舞翩跹。"

在19世纪末至20世纪初,中国积贫积弱,遭列强欺凌。

中国境内,特别是西北边陲地区的梵迹亦成为外国探险家、学者们觊觎的猎物。英、俄、德、法、瑞典、日、美等国的探险队和学者,如(德)勒科克、(德)格伦威德尔、(英)斯坦因、(法)伯希和、(日)大谷光瑞等,不断深入中国甘青乃至新疆地区探险、考察,由于当时中国政府缺乏有效监督,深入中国境内的外国人为所欲为。在新疆、甘肃荒漠山野间久已沉寂的古代梵迹,被践踏上了外国人的足印。除了一般的考察、测绘、摄影以外,许多重要遗迹还遭到盗掘,大量古代文物被劫掠海外,中国古代文化遗产遭到无法估量的损失。[1]借用英人彼得·霍朴科克写的一本书的书名,他们就是"丝绸之路上的外国魔鬼"。[2]"外国人在掠夺破坏的同时,有的专业人士也做考古记录,他们的记录大约从20世纪二三十年代开始逐渐刊印出版。这些印出来的图籍,一方面是他们自己写下的罪证记录,另一方面也是我们研究各地被破坏的石窟寺院的重要参考资料。"[3]

下面仅举几件突出的事例:

---

[1] 关于外国人对中国西北边陲的探险、考察和盗掘,本书不拟详述,可查《中国大百科全书·考古学》所附《中国考古学年表(1898—1984年)》中有关简介。有关外国人对中国新疆古代石窟的考察、勘测和破坏的简介,可参阅李裕群:《古代石窟》,"一、新疆地区石窟寺的发现与研究",文物出版社,2003年。

[2] 〔英〕彼得·霍朴科克著、杨汉章译:《丝绸之路上的外国魔鬼》,甘肃人民出版社,1983年。

[3] 宿白:《中国佛教石窟寺遗迹——3至8世纪中国佛教考古学》1页,文物出版社,2010年。在2—3页,列有斯坦因、伯希和等人的著作目录,请参看。

图 2-1　英国人斯坦因在盗掠敦煌莫高窟藏经洞文物时在石窟内选掠文物的临时办公地点

英籍匈牙利人斯坦因，在英属印度殖民地政府支持下，曾先后三次进入中国新疆、甘肃地区，进行大规模的地理测量和考古调查。"1900年5月—1901年7月对天山南道等处考察。1906年4月—1908年11月到约特干、丹丹乌里克、米兰、楼兰、敦煌石窟等处考察。1913—1916年前半程考察路线与第二次同，后半程考察了敦煌汉代烽燧遗址、居延烽燧遗址、黑城遗址、高昌古城遗址和墓地，以及唐北庭都护府遗址等。他在考察过程中，盗掘了一些古代遗址，并掠走了大量珍贵文物，其中包括敦煌莫高窟藏经洞的大批写经和幡画（图2-1、2-2、2-3）。1930年他计划对中国西北地区进行第四次考察，因中国学术界人士反对而未能实现。"[1]

---

[1] 张广达、陈俊谋：《斯坦因，A.》，《中国大百科全书·考古学》484页，中国大百科全书出版社，1986年。

二　旧中国的梵迹探寻　49

图 2-2　英国人斯坦因掠去的唐咸通九年刻本金刚经卷

图 2-3　英国人斯坦因掠去的
唐代引路菩萨图

继斯坦因之后，从敦煌莫高窟藏经洞掠走大量文书和幡画的是法国人伯希和。"1905年8月，伯希和受法国金石铭文与文艺学院和法国中亚考察委员会的委派，进行中亚考察。1906年8月底到达中国新疆喀什，直到1908年5月，对新疆的喀什地区和库车图木舒克的脱库孜萨来以及甘肃的敦煌石窟，进行了广泛的考察，并在一些地区进行了盗掘，如在库车附近的杜勒杜尔和苏巴什挖掘了佛寺遗址，掠走了大量的珍贵文物，包括死文字文献。特别是1908年2月到5月，继英国人A.斯坦因之后，他又攫取了敦煌写卷的精华部分数千卷以及幡幢、绘画等文物。"[1]

敦煌莫高窟藏经洞，原为唐代洪詧和尚的"影窟"，后大约在11世纪时，藏入大量经卷幡画等物，其中遗书经卷至少有44000—45000件之多，后被封闭。直到清光绪二十六年（1900），才被当时主持莫高窟的道士王圆箓发现。[2] 藏经洞的宝藏被发现后，并未受到当时清廷的重视，虽也在光绪三十年（1904）由敦煌地方官员进行过清点，但是仍归王道士私人控制，由于他对敦煌宝藏的无知，才使斯坦因和伯希和对这批国宝进行了两次劫掠，精华丧失殆尽。在中国学术界强烈呼吁下，中国政府将劫余的写经等收归国有，后收藏于京师图书馆。

继劫掠敦煌莫高窟藏经洞宝藏后，西方学者又将视线转向莫高窟内的壁画和雕塑。最明目张胆的盗劫者，是美国学者华尔纳，他于1924年到达敦煌莫高窟，使用粘揭壁画的特制胶布，盗剥壁画36方，还盗去第328窟内的一尊唐塑跪姿供养菩萨（图2-4）。他将所作所为

---

[1] 张广达、陈俊谋：《伯希和》，《中国大百科全书·考古学》53页，中国大百科全书出版社，1986年。
[2] 马世长：《关于敦煌藏经洞的几个问题》，《文物》1978年第12期21—33转20页。

图 2-4　美国人华尔纳窃去的敦煌莫高窟唐第 328 窟佛龛右侧供养菩萨（2-4.1）及 328 窟供养菩萨被窃后现状（2-4.2）

记录在《在中国漫长的古道上》一书中："经过了五天由早到晚的艰苦工作，并五夜的内心惭愧；由于我的粘剥，使得这些古代壁画，与洞窟分离。我眼看着这一块块的壁画，被夹放在平板之中，用毡子裹坚，皮条捆牢，准备交付给十八个星期的长途运输。它们将经过颠簸的大车并火车和轮船，送到哈佛大学福格博物馆去。"[1] 这次被盗剥的唐代壁画，有敦煌莫高窟第 323 窟南壁初唐中国佛教史迹画中东晋杨都出金像部分的大船。至今在窟内壁上还清晰地留着壁画被粘走后的残痕（图 2-5），默默地向参观者展示被盗劫破坏后的惨状。华尔纳还窃走了第 328 窟正龛中南侧的一尊初唐供养菩萨像。这次粘取敦煌壁画得手后，华尔纳又于 1925 年再次来华，带来普爱伦等助手，携有大量胶布，拟去敦煌莫高窟，企图将敦煌最重要的有西魏大统年铭记的第 285 窟

---

[1]　华尔纳：《在中国漫长的古道上》（*The Long Old Road in China*）引文中译，依王世襄。见王世襄：《记美帝搜刮我国文物的七大中心》，《文物参考资料》1955 年第 7 期 47 页。

图 2-5 美国人华尔纳粘窃敦煌第 323 窟佛教史迹壁画大船后的遗痕（2-5.2、2-5.3）及法国人伯希和所摄壁画原状（2-5.1）

| 二 旧中国的梵迹探寻 | 53

的全部壁画粘取窃走。但是他劫取敦煌壁画的劣迹已引起中国学界的警惕，在他去敦煌时，陈万里等伴同监督，终使其图谋未能得逞，第285窟得以保存完好。

不仅西北边陲的石窟寺屡遭盗劫，位居中原北方的诸多梵迹，那些以石雕为主要艺术造型的石窟寺同样屡遭劫难。与在西陲的随意劫掠不同，外国人在中原地区所采取的方式主要是与中国奸商勾结，对中原地区石窟中的造像和浮雕，肢解盗凿破坏。最突出的事例是日本山中商会对山西太原天龙山石窟的盗凿，曾将北齐第3窟内几乎全部造像盗凿一空（图2-6），售往美国和日本。再如奸商岳彬与美国人普爱伦签订合约（图2-7），将河南洛阳龙门石窟北魏宾阳中洞窟门内壁两侧的帝后礼佛图巨幅浮雕，凿成碎块运往美国。新中国成立后，岳彬因其罪行伏法，但被盗凿成碎片的礼佛图已流失于异国博物馆，至今窟内被盗凿后留下的残痕仍诉说着这一段屈辱而伤痛的历史，这也是奸商与外人勾结破坏中国珍贵文物的罪证。

还有，日本学者对中国境内梵迹的全面考察，较早的是从建筑和佛教史迹的考察、摄影开始，他们足迹遍及中国大陆的佛寺和石窟寺，出版了多种大型图录。20世纪30年代，京都大学的学者水野清一、长广敏雄等将考察重点转向中国中原地区的著名石窟寺院。他们先是勘测了河北邯郸的北朝响堂山石窟，又考察了河南洛阳的龙门石窟，都发表了考察报告。"七七事变"后，日本帝国主义发动侵华战争，占领中国华北地区，京都大学的学者在侵略军保护之下，对大同云冈石窟进行了长达七年的勘察测绘，还对部分遗迹进行盗掘。在日本侵略者投降后，日本学者仓促间又将部分资料遗留在中国。后来，水野清一、长广敏雄为首的日本学者编著了对云冈石窟的勘察研究报告，该报告

图 2-6　山西太原天龙山石窟第 3 窟石刻造像遭盗凿后的残痕

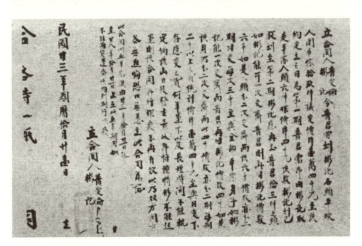

图 2-7　奸商岳彬与美国人普爱伦签订的盗凿龙门石窟北魏宾阳中洞帝后礼佛图浮雕合同

二　旧中国的梵迹探寻

至今还是唯一的对云冈石窟全面勘察和研究的大型报告。

2 中国学者对梵迹的探寻

中国学者在20世纪二三十年代，虽努力对中国境内的梵迹进行科学考察，但无力探寻深埋地下的梵迹，考察的对象是尚存于地上的梵迹，重点集中在尚存的古代佛寺建筑和石窟寺两个方面。

对尚存古代佛寺建筑的勘察，成就显著的是中国营造学社的学者。中国营造学社是于1929年在北平成立的专事研究古代建筑的学术团体，社长朱启钤。由于保存下来的宋代以前的中国重要木构建筑均位于佛寺之内，所以营造学社的学者重点对存在于中原北方的宋辽以前木构建筑，诸如辽建应县木塔、蓟县独乐寺观音阁和山门等，进行了学术考察、测绘。最重要的发现是梁思成对五台山佛光寺东大殿的勘察，该殿于唐大中十一年（857）建成。但是当日本侵华战争爆发以后，日军侵占华北，迫使营造学社南迁四川，对中原北方佛寺建筑的学术考察被迫中止。

对中国古代石窟的学术考察，特别重要的是黄文弼在新疆的考察。1928—1929年，中瑞西北科学考察团在新疆活动，由黄文弼在吐鲁番、罗布淖尔等地区进行考察发掘，他调查记录了库木土拉千佛洞（库木吐喇石窟）、克内什佛洞（森木塞姆石窟）、特特尔佛洞（台台尔石窟）、克子尔石窟（克孜尔石窟）等。在克孜尔石窟，他对石窟进行了分区编号，绘制了洞窟的分布示意图，对部分洞窟进行了测绘和清理。黄文弼揭开了由中国学者对新疆地区石窟进行考察研究的新篇章。

在20世纪30年代，中国学者也对中原北方的石窟寺开展了初步

图 2-8　1942 年石璋如（右 1）在敦煌莫高窟

的考察。中国营造学社的学者在测绘辽代建筑上下华严寺的同时，也对大同云冈石窟进行了考察，特别将重点放在石窟中反映北魏建筑艺术的课题上。学术团体专门组织对石窟的学术考察，首推 1935 年北平研究院史学研究会对河北邯郸响堂山石窟的考察，考察时对响堂山的碑刻资料进行了全面拓制，并编著了《南北响堂寺及其附近石刻目录》。对南京的栖霞山石窟，1925—1928 年向达也进行了三次观察，并著有《摄山佛教石刻小纪》和《摄山石刻补记》。[1]

抗日战争期间，国土沦陷，中国学者南迁。借日本侵略军之荫护，日本学者可在占领区内对中国石窟为所欲为。中国学者南迁后，在极度困难的条件下仍继续对有关梵迹进行探寻，他们将观察的重点转向甘肃敦煌莫高窟。关注敦煌莫高窟的先是艺术家，画家张大千去敦煌临摹创作，并且对洞窟进行全面编号（敦煌莫高窟此前只曾由法人伯希和进行过不完整的编号）。考古学者最早到敦煌莫高窟考察的是石璋如（图 2-8）。1942 年中央研究院历史语言研究所、中央博物院筹备处、

---

[1]　向达:《唐代长安与西域文明》443—469、470—494 页，三联书店，1967 年。

图 2-9　1944 年向觉明师（左）与夏作铭师在敦煌莫高窟

中国地理研究院合组西北史地考察团,考察了敦煌莫高窟。向觉明(向达)师于 1942 年至 1943 年在敦煌莫高窟考察了九个月,同时考察了榆林窟。[1] 又由石璋如于 1942 年 6 月 19 日至 9 月 20 日历时 3 个月,对张大千编号的南区 305 个窟及北区的 4 个窟进行了测绘,其成果发表于半世纪后编著的《莫高窟形》一书。[2] 1944 年,当时的教育部将敦煌莫高窟收为国有,成立了敦煌艺术研究所,开始对洞窟进行清理保护,大规模开展壁画的临摹和艺术研究。1944 年,中央研究院、中央博物院筹备处和北大文科研究所合组西北科学考察团历史考古组,由向觉明师、夏作铭师(夏鼐)和阎述祖师(阎文儒)去甘肃敦煌等地开展考察发掘,于 7 月至 8 月在敦煌莫高窟居住考察(图 2-9),反映他们考察的成果直到 50 年代才予刊布,如向觉明师所写《莫高、榆林

---

[1] 向达:《西征小记》,《唐代长安与西域文明》337—372 页。
[2] 石璋如:《莫高窟形——"中央研究院"历史语言研究所田野工作报告之三》,台北,1996 年。

二窟杂考》[1]、夏作铭师所写《敦煌千佛洞的历史和宝藏》[2]和阎述祖师所写《莫高窟的石窟构造及其塑像》[3]。

抗战胜利以后，国民党发动了反人民的内战，战火弥漫全国，有关学术单位的学者们已没有探寻梵迹的条件。只有敦煌艺术研究所还坚持进行莫高窟的保护和艺术研究。也有些学者个人对一些石窟进行探察，如1946年，冯国瑞探察了麦积山石窟；1946～1947年，画家韩乐然两次到新疆克孜尔石窟临摹壁画，也对克孜尔石窟壁画进行分期对比的探讨。"遗憾的是，他的文稿、画本和他本人都在解放前夕遭到意外的灾难。"[4]

---

[1] 向达：《莫高、榆林二窟杂考》，《唐代长安与西域文明》393—416页。
[2] 夏鼐：《敦煌千佛洞的历史和宝藏——敦煌考古漫记的一章》，《考古通讯》1956年第4期42—48页。
[3] 阎文儒：《莫高窟的石窟构造及其塑像》，《文物参考资料》第2卷第4期上册140—196页，1951年5月。
[4] 参看宿白：《新疆拜城克孜尔石窟部分洞窟的类型与年代》注5，《中国石窟寺研究》30页，三联书店，2018年。

三 新中国的梵迹探掘

"一唱雄鸡天下白。"天亮了,解放了。中国人民从此站起来了。

1949年中华人民共和国建立以后,中国共产党和人民政府对中国的文化遗迹进行管理和保护。从此外国人可以对中国古代梵迹为所欲为的时代宣告结束,揭开了国人对梵迹的考察、探掘、研究的新篇章。

1 新中国对梵迹的保护和勘察

新中国成立前夕,在解放战争中,人民解放军已经注意对古代文化遗存的保护。1949年1月,当解放军包围北平时,毛泽东主席在为中共中央革命军事委员会起草给平津前线总前委聂荣臻等负责人的关于积极准备攻城部署的电报(图3-1)中,强调指出:"此次攻城,必须做出精密计划,力求避免破坏故宫、大学及其他著名而有重大价值的文化古迹。""要使每一部队的首长完全明了,那些地方可以攻击,那些地方不能攻击。绘图立说,人手一份,当作一项纪律去执行。"[1] 北平和平解放后,中国人民解放军北平市军事管制委员会和北平市政府立即对文化古迹(包括庙宇等梵迹)进行保护和管理。在2月份雍和宫发生"五佛冠"被盗案后,军管会和市政府高度重视,案件很快被侦破,盗窃惯犯伽那木桑被绳之以法。[2] 同时因北平城内宗教迷信泛滥,反动会道门猖獗,军管会和市政府在保护具有历史文化意义的梵迹、保护守法宗教活动的同时,大力向市民群众宣传共产党人是无神论者,破除封建迷信,大张旗鼓地镇压以"一贯道"为代表的反动

---

[1] 国家文物局:《中华人民共和国文物博物馆事业纪事1949—1999(上)》,1页,文物出版社,2002年。
[2] 《中华人民共和国文物博物馆事业纪事1949—1999(上)》3页。

图3-1 毛泽东主席于1948年12月7日起草的中共中央军委给平津战役总前委关于保护工业区和保护北京文化古迹区的电报手稿

会道门,稳定了社会秩序。人民解放军在进军西北和西南的过程中,同样极为重视对历史文化遗迹的保护。1949年8月,甘肃兰州解放后,第一野战军司令员彭德怀专门召开过部署文化保护工作的会议,他"严肃地指出,我军已踏上了古丝绸之路,再往西走历史古迹更多,那都是中华民族的瑰宝。如果谁破坏了几千年历史遗产,谁就是将被子孙后代责骂的败家子。他还重点介绍了敦煌石窟,说我军一定要像珍视生命一样,将它保护好"[1]。又如西南军政委员会文教部,专门发布《为保护石钟山石窟致云南省人民政府通知》,转知剑川县政府对石钟山石

---

[1]《中华人民共和国文物博物馆事业纪事1949—1999(上)》7页。

三 新中国的梵迹探掘

窟妥为保护。[1]此外,经过八年全面抗战和三年解放战争,许多庙宇香火早绝、废弃已久,群众强烈要求将庙宇改用于教育。对于这一问题,人民政府进行了妥善处理:"在失学儿童太多的区域,急需增设学校,而适有业已废置且无香火,在群众中亦无多大影响的庙宇,经群众强烈要求改为学校,并经庙宇所在区域内区人民代表会议正式通过请政府办理者,始可根据群众意见,改为学校的意见。但如该废置的庙宇,尚住有僧尼,应与其协商取得其同意,并对其生活作适当的处置。又如该废置庙宇为具有历史文物价值之寺庙,则须妥加保护,防止破坏,不要轻易移作他用,应先与中央文化部洽商取得其同意,而且在使用中还须对该寺庙具有历史文物价值的部份妥慎保护,不得有任何破坏或变更。"[2]这些都充分表明解放初期,党和人民政府对具有历史文物价值的梵迹进行了妥善保护。

1949年10月1日,中华人民共和国成立,中央人民政府文化部下设文物局,从此对全国重要文化遗迹的考察、保护工作,步入正轨。

首要的工作,是对解放区的历史文物遗迹(梵迹,即地面的佛教寺院建筑和石窟寺,是其中的重点项目)进行勘察,并对重要的遗迹进行保护,组建保护机构。由于各地文物保护机构从组建到能够开展工作需要时间,而重要遗迹的勘察工作时不我待,因此文物局首先采取调集在北京的科研单位和大学的专家学者组织大型勘察团的办法,对重点地区的文物遗迹进行学术勘察。在1950年,文物局先后组织了

---

[1]《为保护石钟山石窟致云南省人民政府通知》,《文物参考资料》第二卷第十一期5页,1951年12月。
[2]《中央人民政府文化部办公厅通知 转知关于使用废置的庙宇改为学校问题》,第二卷第九期4页,1951年10月。

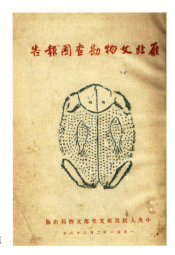

图 3-2 《雁北文物勘查团报告》书影

两次学术勘察团,均由时任文物局博物馆处处长的古人类学家裴文中任团长,一次是雁北文物勘查团,另一次是东北考古发掘团。雁北文物勘查团由裴文中任团长,刘致平(清华大学营建系教授)、陈梦家(清华大学文物馆)任副团长。北京大学文科研究所的阎述祖师与宿季庚师均参加了考古组。考古组成员还有傅振伦(北京历史博物馆设计员)和王逊(清华大学文物馆)。雁北指原察哈尔省雁北专区,此次勘察起因是在山阴县古城驿发现古城遗址,且专区中的应县木塔及五台山佛光寺等处曾遭战火,现况如何,传说不一,确须调查核实。这次勘察所及包括山阴、应县、朔县、浑源、代县、阳高、五台、大同等县市。考古组重点勘察了山阴故驿村城址,广武、阳高的城址和墓葬,浑源和大同的史前遗迹,以及云冈石窟。古建组重点勘察了五台山佛光寺大殿和文殊殿、应县木塔、大同华严寺和善化寺、正定龙兴寺等重要古代建筑遗迹。勘察团返京后,组织编写了《雁北文物勘查团报告》[1],这是新中国成立后组织的首次大规模文物遗迹学术勘察,所撰报告也是新中国成立后出版的第一本文物遗迹学术勘察报告(图3-2)。由于

---

[1]《雁北文物勘查团报告》,中央人民政府文化部文物局出版,1951年2月28日。

图 3-3 《炳灵寺石窟》书影

勘察的古代建筑文物遗迹和云冈石窟,均属佛教遗迹——梵迹,因此这也是新中国成立后首次对国内梵迹的学术勘察。由于对梵迹中的现存古代地面佛寺建筑的勘察、测绘和研究,属于建筑史研究范畴,故本书从略,本书只记述对地下佛寺遗迹等的田野考古勘察和发掘,以及石窟寺遗迹的勘察和研究。

随着原来沉寂于河西地区各地山野的石窟寺遗迹不断被重新发现,文物局又多次组织了以艺术家为主的勘察团,从艺术视角进行考察,主要有1952年9月以赵望云为团长的炳灵寺石窟勘察团和1953年7—9月以画家吴作人为团长的麦积山石窟勘察团,对石窟进行编号、勘察和了解,进行摄影和局部壁画的临摹,也进行了部分洞窟的测量。回京后先出版了《炳灵寺石窟》[1],这是新中国成立后最早出版的一本关于石窟寺的图册(图3-3),以后又出版了《麦积山石窟》[2],那时人们的意识常常只是狭隘地将石窟寺遗迹与艺术相联系。随后在文物局领导下展开对各地石窟寺遗迹的普查和保护,将原来的敦煌艺术研究

---

[1] 中央人民政府文化部社会文化事业管理局编印:《炳灵寺石窟》,1953年。
[2] 文化部社会文化事业管理局编印:《麦积山石窟》,1954年。

所改为敦煌文物研究所，并逐渐在重要的石窟遗迹建立保护机构。在1951年6—9月，组织由古建筑学者和考古学者参加的敦煌石窟勘察团，从自然环境对洞窟的影响、各洞窟损坏概况、关于崖面原状的研究资料、关于洞窟建筑时代的资料、窟檐概况、修理意见等六个方面，提出由陈明达执笔的《敦煌石窟勘察报告》[1]，这表明对佛教石窟遗迹的勘察和探研，已脱出重视艺术观赏性的初始阶段，增强了学术的深度和广度，并开始注入考古学研究的因素。

到20世纪60年代初期，全国石窟寺遗迹的保护工作已步入正轨，特别是在1961年国务院公布了第一批全国重点文物保护单位，共有14处主要石窟寺遗迹得以列入，包括云冈石窟、龙门石窟、敦煌莫高窟、榆林窟、麦积山石窟、炳灵寺石窟、响堂山石窟、克孜尔千佛洞、库木吐喇千佛洞、广元千佛崖和皇泽寺、大足北山摩崖造像和宝顶山摩崖造像、大理石钟山石窟。[2] 当石窟寺遗迹得到妥善保护以后，面临的是对这些重要文化遗迹进行深入研究的新课题。为了深入探讨这一问题，1962年深秋，宿季庚师带领学生去敦煌莫高窟实习，在敦煌文物研究所讲授了《敦煌七讲》。[3] 其中的第六讲《石窟记录与排年》、

---

[1] 《敦煌石窟勘察报告》，《文物参考资料》1955年第2期39—70页。
[2] 《国务院关于公布第一批全国重点文物保护单位名单的通知》《第一批全国重点文物保护单位名单》，《文物参考资料》1961年第4、5期合刊10—16页。
[3] 宿季庚师的《敦煌七讲》讲授于1962年9—11月，经敦煌文物研究所李永宁、潘玉闪、施萍婷等记录、整理后，打字油印。但没有经过季庚师校阅，也没有正式出版过。季庚师生前，我曾数次询问，是否可依据油印本整理，交由文物出版社出版。但得到的都是否定的答复，原因是其中主要内容已在其他文章中刊出，且有些叙述已跟不上形势的发展，故此已无修订刊出的必要。直到2016年三联书店决定将他已出版的学术著作全部重新出版时，我又询问是否可将《敦煌七讲》也整理收入，他依然坚持不同意，因而作罢。

第七讲《佛像的实测和造像量度经》，就为解决这一问题指出努力的方向。但是由于全国各石窟保护机构当时尚缺乏学术研究的基础，《敦煌七讲》虽出，但缺乏反响。直到1965年，文物局想依托《文物》月刊，深入开展有关石窟寺研究的讨论。当时主持《文物》编辑部工作的庄敏约我撰写《关于我国石窟寺研究的几个问题》，经夏作铭师审阅后发表。[1] 该文重点讨论了进行中国石窟寺研究的目的、中国石窟寺艺术到底继承了什么传统等问题，极为简要地说明当时石窟研究要进行的两个阶段：第一阶段是对石窟进行详细的记录和勘察，第二阶段是根据勘察的全面资料，进行分析，也就是去粗取精、消化材料的过程，最后完成编年、分期工作，初步找出石窟发生、发展、衰落的规律，这是开展研究的基础工作。但是投石入水，并未见涟漪。接着"文化大革命"的风暴来临，一切陷于停顿。

对于列入全国重点文物保护单位的石窟寺和摩崖石刻，在"文化大革命"中基本没有受到人为破坏。针对历年自然因素的损毁，20世纪70年代以来，国家对一些重要的石窟寺，如麦积山石窟、云冈石窟、龙门石窟等开展了大规模的加固保护工程。1973年9月，周恩来总理陪同来华访问的法国总统蓬皮杜参观云冈石窟（图3-4），使石窟寺这项中国古代重要文化遗产，重新向全世界展示。1976年以后，随着中国学术研究春天的到来，中国石窟寺研究也步入一个繁荣的新阶段。在进行了普遍勘察的基础上，1982年敦煌文物研究所刊出《敦煌莫高窟内容总录》[2]，随后须弥山石窟等也先后刊出内容总

---

[1] 杨泓：《关于我国石窟寺研究的几个问题》，《文物》1961年第3期45—51页。
[2] 敦煌文物研究所：《敦煌莫高窟内容总录》，文物出版社，1982年。

图3-4　1973年9月周恩来总理与法国总统蓬皮杜在云冈石窟

录,对推进石窟寺研究起了很好的作用。综合性大学和艺术院校组织学生对各地石窟的教学实习勘察,也带动了各石窟寺学术研究的开展。特别是国家文物局教育处1988年在云冈石窟举办的第一届石窟考古培训班,由宿季庚师亲自指导,由北京大学考古系教师负责授课,参加学习的学员来自新疆、甘肃、陕西、宁夏、山西、河北、河南、四川、广西等省区石窟研究和保护单位,并将授课教材编成《佛教石窟考古概要》[1]正式出版,对提高各地石窟保护单位学术研究水平,成效显著。同时针对一些主要石窟先后开展了分期问题的研讨,编著各种类型的图录。特别是1979年以来由文物出版社陆续出版的17卷

---

[1] 国家文物局教育处:《佛教石窟考古概要》,文物出版社,1993年。

本《中国石窟》[1]，每卷中除图录外，均编入有关分期研究的学术论文，以及历史大事年表、内容总录等，推进了对中国石窟寺的考古学和艺术史两个学科的研究。同时在对石窟寺的考古勘察中，还不断引入新的测年技术。例如在缺乏历史文献记录和纪年题记的新疆拜城克孜尔石窟，采用将获取的可靠木质等标本进行碳十四测年的技术手段，并总结了初步经验。这一技术的应用，使某些过去缺少年代资料的石窟有了新的断年方法。

在不断编辑石窟寺各类图录、论文集的基础上，全面记录石窟的考古报告也提上了日程。对于规模有限的小型石窟，编写报告较容易，但是对云冈石窟、龙门石窟、莫高窟、克孜尔石窟等重要的大型石窟，难度极大。在宿季庚师指导下，新疆克孜尔石窟、敦煌莫高窟和洛阳龙门石窟启动了考古报告编写工作。到目前为止，上述三处石窟都已经出版了考古报告的第一卷。出版时间最早的是1997年出版的《新疆克孜尔石窟考古报告（第一卷）》[2]，内容包括第1—6窟、14—19窟、20A—23A窟，共计19座洞窟。2001年，敦煌研究院编著的《敦煌石窟全集》的第一卷《莫高窟第266—275窟考古报告》出版，内容包括莫高窟第266窟、268窟（含267窟、269窟、270窟、271窟）、172窟（含272A、273窟）、274窟、275窟。[3] 龙门石窟的首卷考古报告《东山擂

---

[1] 17卷本《中国石窟》，包括《敦煌莫高窟》5卷、《安西榆林窟》1卷、《巩县石窟》1卷、《克孜尔石窟》3卷、《库木吐喇石窟》1卷、《炳灵寺石窟》1卷、《麦积山石窟》1卷、《龙门石窟》2卷、《云冈石窟》2卷。由于负责主编的学者不同，各卷学术水平也不尽相同，其中《克孜尔石窟》3卷因其在中国石窟寺考古方面的新成果，于1986年获中国社会科学院考古研究所"夏鼐考古学研究成果奖金"一等奖。

[2] 北京大学考古学系、克孜尔千佛洞文物保管所：《新疆克孜尔石窟考古报告（第一卷）》，文物出版社，1997年。

[3] 敦煌研究院：《莫高窟第266—275窟考古报告》，文物出版社，2011年。

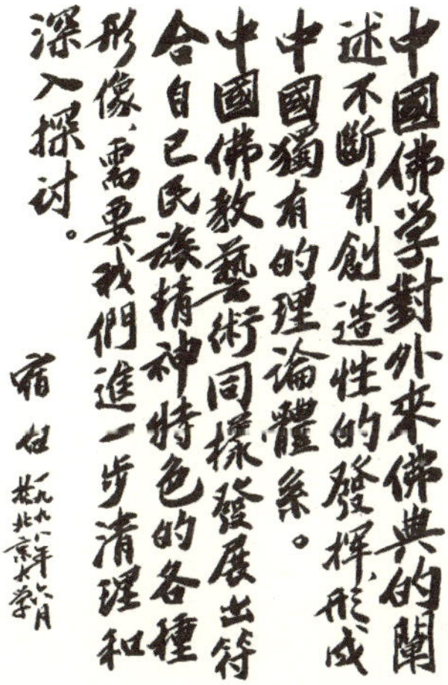

图3-5 宿季庚师为李崇峰题词手迹

鼓台区》[1]也已于2018年出版,内容包括龙门石窟东山第1至9窟洞窟遗存及窟前考古发掘工作。俗话说"万事开头难",但开了头以后继续下去亦大不易,敦煌莫高窟考古报告第一卷出版至今,未闻第二卷继续刊出的消息。任重道远,翘首以待……

2 中国石窟寺考古学的建立

中国佛学对外来佛典的阐述不断有创造性的发挥,形成中国独有的理论体系。

中国佛教艺术同样发展出符合自己民族精神特色的各种形像,需要我们进一步清理和深入探讨。[2](图3-5)

---

[1] 龙门石窟研究院、北京大学考古文博学院、中国社会科学院世界宗教研究所:《龙门石窟考古报告·东山擂鼓台区》,科学出版社,2018年。

[2] 引自李崇峰:《佛教考古——从印度到中国》5页,上海古籍出版社,2014年。

这是宿季庚师 1998 年 6 月为他喜欢的学生李崇峰的题词。教导学生在研究佛教遗迹时，务必要"符合自己民族精神特色"，显示了季庚师学术研究中浓烈的爱国主义高尚情怀。遵从师训，我在撰著《中国美术考古学概论》时，也强调："作为一个中华人民共和国的公民，从事中国美术考古学的研究，与历史学和考古学研究一样，要以马克思列宁主义为指导，贯彻爱国主义，排除干扰，敢于宣扬自己民族的传统文明，具有一个真正的中国人的独立人格。"[1]

从 20 世纪 50 年代起，宿季庚师怀着满腔的爱国热情，开始了建立中国考古学分支学科中国佛教考古学的历程。在此以前，他已经进行了充分的文献学准备，大致分为两个方面：一方面是佛学文献的梳理，这方面成果反映在以后给学生讲授的《汉文佛籍目录》[2]书中；另一方面是古代文献中与石窟寺考古有关的内容，例如与云冈石窟研究有关的《大金西京武州山重修大石窟寺碑》录文，是从缪荃孙抄校的《永乐大典》天字韵"顺天府"条引《析津志》（图 3-6）中录出的[3]。

宿季庚师回忆说："我和中国佛教考古学发生联系，主要由于工作关系。50 年代初，当时各地较大规模的建设工程尚未展开，考古工作以调查地上文物的现况为主。文化部文物局组织的几次重要调查，1950 年雁北地区勘查、东北辽西地区调查和 1951 年敦煌莫高窟的调查，我都参加了。这几次调查，佛教遗迹是主要对象，因此对这个工作发生了兴趣，同时也积累了一些第一手资料。1952 年，北大文科研

---

[1] 杨泓、郑岩：《中国美术考古学概论》2 页，中国社会科学出版社，2008 年。
[2] 宿白：《汉文佛籍目录》，文物出版社，2009 年。
[3] 宿白：《中国石窟寺研究》51 页，三联书店，2018 年。

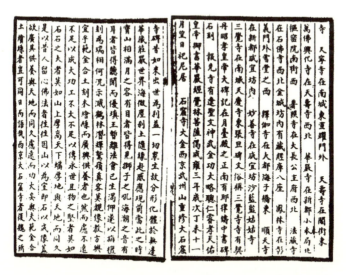

图 3-6　缪荃孙抄校《永乐大典》天字韵"顺天府"条内《金碑》书影（局部）

究所与文物局、中国科学院考古研究所合办考古工作人员训练班和北大历史系成立考古专业，为了开设中国考古学课程，我分工担任汉以后一段考古教学。宗教遗迹是这一段考古学不可缺少的部分，而佛教遗迹又是宗教遗迹中的重要内容，于是分配的工作和个人的兴趣就结合起来了。""佛教遗迹以建筑构造的不同，可分寺院遗迹和石窟寺遗迹；以地区和派系分，主要是汉地佛教遗迹和藏传佛教遗迹。'文化大革命'前我着重的是汉地的寺院遗迹；'文化大革命'后，逐渐扩展重点范围，既包括了石窟寺，又包括了藏传佛教遗迹，因而产生了应当考虑较全面、较有系统的中国佛教考古学的想法。""考古学是以调查、发掘为手段，强调实践的学科，中国佛教考古学也不例外。调查、发掘，强调实践，就是要以清理遗迹的演变的过程为基础，然后再结合文献，进一步分析遗迹的性质与历史。对寺院遗迹是这样要求，对石窟遗迹

三　新中国的梵迹探掘

也是这样要求。"[1]

宿季庚师在中国佛教考古学范畴内,对中国古代佛寺布局[2]和藏传佛教寺院研究[3]方面都有重要贡献,但是最突出的成就仍是中国石窟寺考古学的建立。

1950年宿季庚师参加雁北文物勘查团,曾到大同云冈石窟考察。其后在主持考古训练班和北京大学历史系考古专业实习时,几乎每年都到云冈石窟。1951年6月至9月,他参加敦煌石窟勘察团,较详尽地考察了莫高窟。因此宿季庚师的中国石窟寺考古研究,是从云冈石窟和莫高窟开始的,最早发表的两篇重要论文都发表于1956年,关于云冈石窟的是《〈大金西京武州山重修大石窟寺碑〉校注——新发现的大同云冈石窟寺历史材料的初步整理》[4],关于莫高窟的是《参观敦煌莫高窟第285号窟札记》[5]。1957年,他带领学生到响堂山石窟实习,作了考古调查和勘测。1961—1962年间,他又带领学生到敦煌莫高窟实习,完全依照考古学方法,选择典型石窟进行实测、记录。响堂山

---

[1] 宿白:《我和中国佛教考古学》,《魏晋南北朝唐宋考古文稿辑丛》379—383页,文物出版社,2011年。
[2] 请查阅宿白:《东汉魏晋南北朝佛寺布局初探》《隋代佛寺布局》《试论唐代长安佛教寺院的等级问题》《唐代长安以外佛教寺院的布局与等级初稿》《青州龙兴寺沿革》《独乐寺观音阁与玉田韩家》,均见《魏晋南北朝唐宋考古文稿辑丛》,文物出版社,2011年。
[3] 请查阅宿白:《藏传佛教寺院考古》,文物出版社,1996年;《记西藏拉萨札拉鲁浦石窟寺》,《中国石窟寺研究》404—406页,三联书店,2018年。
[4] 宿白:《〈大金西京武州山重修大石窟寺碑〉校注——新发现的大同云冈石窟寺历史材料的初步整理》,原刊《北京大学学报·人文科学版》1956年第1期,《中国石窟寺研究》51—78页,三联书店,2018年。
[5] 宿白:《参观敦煌莫高窟第285号窟札记》,原刊《文物参考资料》1956年第2期,《中国石窟寺研究》257—268页,三联书店,2018年。

图 3-7 《敦煌七讲》油印本书影

石窟和敦煌莫高窟的两次实习，实际上是中国石窟寺考古学方法两次成功的实验。特别是他在莫高窟为敦煌文物研究所讲授的《敦煌七讲》（图 3-7），当时他是以敦煌莫高窟为例，对石窟寺考古学进行比较全面的论述。这七讲的题目和主要内容如下：

第一讲　敦煌两千年
　　汉代边防和敦煌设郡—魏晋时期敦煌的繁荣—东阳王一家（北魏阶段）—隋唐盛世和中西交通—张、曹割据二百年—喇嘛教的传来—敦煌石窟的明清遗迹
第二讲　石窟寺考古学简介
　　什么是考古学—石窟寺考古学是佛教考古学的一部分—石窟寺考古学如何进行
第三讲　石窟寺研究的业务基础知识
　　理论准备工作—业务基础知识的准备工作—佛教著述和敦煌遗书的知识

三　新中国的梵迹探掘

第四讲　有关敦煌石窟的几个问题
　　　　索靖题壁问题—从乐僔、法良所联想到的问题—试论敦煌魏、隋窟的性质—唐窟性质的逐渐变化—密宗遗迹及其他
第五讲　敦煌研究简介
　　　　敦煌石窟的发现和石窟藏书的分散—石窟藏书的研究—敦煌石窟的研究
第六讲　石窟记录与排年
　　　　石窟记录方法—如何作洞窟排年
第七讲　佛像的实测和造像量度经
　　　　佛像实测和佛像演变规律问题—实测的要求和如何寻找比例的问题—造像量度经简介

师兄徐苹芳曾强调："今天，我评论宿白先生关于中国石窟寺考古学研究时，一定要提到他的《敦煌七讲》，这是他建立中国石窟寺考古学体系的开篇之讲。"他又据季庚师的《敦煌七讲》和后来出版的《中国石窟寺研究》，总结出季庚师所阐述的中国石窟寺考古学的内容和方法，有四个研究程序："考古学的清理和记录，洞窟、造像、壁画的类型组合与题材的研究，分期分区的研究，关于社会历史的、佛教史的和艺术史的综合研究。"[1]

就在中国石窟寺考古学创立方兴未艾之时，到1966年，一切都陷于停顿。

20世纪70年代以后，考古学研究从恢复到发展，中国石窟寺考古也恢复了活力，特别是在北京大学考古系成立以后，宿季庚师带领或指导考古系学生和研究生，赴中原北方、河西地区乃至新疆地区，

---

[1] 徐苹芳:《中国石窟寺考古学的创建历程——读宿白先生〈中国石窟寺研究〉》,《文物》1998年第2期54—63页。

对各地石窟寺进行考古学实习,足迹所至包括龙门石窟、须弥山石窟、河西地区诸石窟,远达新疆拜城克孜尔石窟。由于刘慧达早逝,导致响堂山石窟报告初稿及全部测绘图纸遗失,他又组织北大师生对响堂山石窟进行第二次考古勘察。通过历次实习,不断丰富和完善石窟寺考古工作方法,并引入新的科学方法,例如对克孜尔石窟排年,引入了放射性碳素测年,对解决过去某些缺少年代资料的石窟排年问题,又提供了一种可以参考使用的新方法。同时,他不断深入探研,陆续发表了一系列研究论文,构建和完善了中国石窟寺考古学。

对云冈石窟,继《〈大金西京武州山重修大石窟寺碑〉校注——新发现的大同云冈石窟寺历史材料的初步整理》后,撰著了《云冈石窟分期试论》《〈大金西京武州山重修大石窟寺碑〉的发现与研究——与日本长广敏雄教授讨论有关云冈石窟的某些问题》《平城实力的集聚和"云冈模式"的形成与发展》《恒安镇和恒安石窟——隋唐时期的大同和云冈》《试释云冈石窟的分期——〈云冈石窟卷〉画册读后》。

对敦煌莫高窟,除《参观敦煌莫高窟第285号窟札记》,还撰著了《莫高窟记跋》《敦煌莫高窟早期洞窟杂考》《两汉魏晋南北朝时期的敦煌》《东阳王与建平公二稿》《建平公于义续考》《〈武周圣历李君莫高窟佛龛碑〉合校》《莫高窟现存早期洞窟的年代问题》《敦煌莫高窟密教遗迹札记》。

对克孜尔石窟,有《新疆拜城克孜尔石窟部分洞窟的类型与年代》《有关新疆拜城克孜尔石窟调查工作记略》和《西部大开发中维修和保护新疆石窟寺遗迹应注意事项》。

对武威天梯山石窟,有《凉州石窟遗迹和"凉州模式"》,还有《武威天梯山早期石窟参观记》。

对藏传佛教石窟寺和摩崖遗迹，有《记西藏拉萨札拉鲁浦石窟寺》和《元代杭州的藏传密教及其有关遗迹》。

还有对洛阳地区北朝石窟的《洛阳地区北朝石窟的初步考察》，对江南南朝遗迹的《南朝龛像遗迹初探》[1]。

在编著《中国大百科全书·考古学》时，他撰写了《中国石窟寺考古》，是关于中国石窟寺考古学的概论性文章，因此宿季庚师1989年编集《中国石窟寺研究》时，将其列于卷首。《中国石窟寺研究》的出版，标志着中国石窟寺考古学经历了初创、发展、成熟的历程，成为中国考古学不可或缺的重要分支学科。

宿季庚师在中国石窟寺考古研究中，有两方面的研究应予特别注意：

第一项是宿季庚师与日人长广敏雄关于云冈石窟研究的论战。关于这场论战的性质，师兄徐苹芳曾做过精辟的释读："由于中国近百年是处在半封建半殖民地的社会，在中国历史学和考古学的某些课题研究上，外国人利用特权，掠夺资料，垄断研究，譬如敦煌文书的研究，竟有'敦煌在中国，敦煌研究在国外'的说法。中国石窟寺的研究，也有类似的情况，云冈研究便是一例。当年与京都大学水野清一共同调查云冈的长广敏雄教授，在看到宿白先生《〈大金西京武州山重修大石窟寺碑〉校注》（1956）和《云冈石窟分期试论》（1979）之后，于1980年7月在日本《东方学》第六〇辑上发表《宿白氏の雲岡石窟分期論を駁す》，对中国学者关于云冈石窟的研究，作出了全面否定，极

---

[1] 以上列举的论文均已收入《中国石窟寺研究》和《魏晋南北朝唐宋考古文稿辑丛》二书中，不另注。

不客气地予以反驳。长广的这种心态,我们十分了解,日本学者对云冈石窟的研究经营了多年,而今轻易地便被中国学者重新论定,确实是难以接受的挑战。"[1]

长广敏雄否认《析津志》所载《金碑》的真实性,认为研究云冈石窟的年代与分期,不应重视《金碑》等历史文献,只需以石窟构造和造像的雕刻式样,即他所称的"式样论"为依据。"实际上涉及中国历史考古学上的两个根本问题,一是中国历史考古学应如何对待历史文献;二是中国历史考古学应如何运用类型学(也就是长广所谓的'式样论')。"关于第一个根本问题:"中国历史文献丰富是举世闻名的。中国考古学家应如何对待历史文献,是研究历史考古学的一个首要问题。凡属根据历史文献确定了的历史事实,是不可变更的。具体的史料则要鉴别其真伪价值,因此,研究中国历史考古的学者,应该具备史料学的知识和鉴别能力。虽然,考古学的研究对象和方法与历史学不同,但历史考古学在断定具体年代和解释内容变化时,一定要利用历史文献资料,包括考古发现的碑刻铭记资料在内,这是历史考古学所必有的内容和手段。中国历史考古学在运用类型学时也显然与史前考古学有所不同,历史时期的社会文化是极其复杂的,类型学的排比有时并不反映它们的内在联系,我们必须把考古发现的遗迹遗物置于大的历史环境之内,按照不同对象,分别予以解释。以石窟寺考古为例,既要考虑整个历史的发展,又要从佛教史上予以特殊的分析。"

---

[1] 徐苹芳:《中国石窟寺考古学的创建历程——读宿白先生〈中国石窟寺研究〉》,《文物》1998年第2期54—63页。本节论述均依徐文,凡加引号未加注的引文,均引自徐文。

为了回复长广敏雄的驳难，宿季庚师在1982年发表《〈大金西京武州山重修大石窟寺碑〉的发现与研究——与日本长广敏雄教授讨论有关云冈石窟的某些问题》一文。他讲明《金碑》提供的资料是可信的，探讨了碑中所记十寺的历史和十寺的位置，关于护国、崇教等寺的问题。关于"样式论"，文中指出："长广先生认为研究中国石窟的方法，第一，应从石窟构造与佛像及其他一切雕像、彩画的样式出发；第二，弄清造像铭记；第三，参考可靠的历史资料、文献；第四，参照研究史。长广文章明确地说：议论的根本是雕刻论，即高低、深浅的立体问题，那是基于视觉和触觉的艺术。我们认为作为历史考古学研究对象的云冈雕刻，无论'样式论''雕刻论'如何重要，但排比它们的年代和解释它们的变化，都有赖于第二、第三两项。第四项即前人研究成果……当然要吸取，但每当新资料发现后，必然要对以前的研究进行复查，这应是学术前进的共同的道路；其实，就是仅就原有资料，提出另外的看法，也是经常出现的事，长广自己曾屡次修正他们50年代的云冈分期论，就是一例。""考虑石窟问题，总是以第二、三两项来探索、解释第一项的。"关于石窟寺考古类型学和分期问题，他指出："分期是手段，它的目的不仅是为了解决时间问题，更重要的是它反映的社会意义，因此，在《试论》中作了一些探索性的论述。这一点，大约是长广所不感兴趣的。可是，具有某些社会意义的类型与分期，不是更加强了所要解决的时间问题确切性吗？至少我们是这样认为的。""很清楚，长广是特别重视形象的艺术造型与技法的。这一项，我们并不怀疑它的重要性，因为它的差异，同样也是植根于社会原因，所以它的特点也是极为显著的。"但是造型与技法在几年与几十年期间，由于社会新旧形式的转换要有一个过程，不能截然区分。因此，"研究云冈造像，我们应充分估计当时云冈特定的历史背景，而不宜以'样式论'或'雕刻论'的一般情况来作硬性的规范"[1]。

对宿季庚师与长广敏雄的论战，徐苹芳总结说："长广敏雄教授研究云冈所处的时代是 20 世纪的 40 年代，最迟也不超过 50 年代中期。中国考古学自 50 年代开始，有了突飞猛进的发展。中国石窟寺考古学研究也已从 50 年代开始，作了一系列的工作，取得了突破性的进展。宿白先生领导主持了中国石窟寺考古学的创立。宿白先生和长广教授是代表了两个不同时期研究中国石窟寺的学者。学术的发展和进步，与历史的发展有惊人的相似之处，它是不以个人意志为转移的。'落花流水春去也'，长广教授所代表的中国石窟寺研究的时代已经结束了，以宿白先生为代表的中国历史考古学家所创立的中国石窟寺考古学已经建立。这是中国考古学史上一个重要的学术成果。"[2]

第二项是关于现存敦煌莫高窟早期洞窟的时代问题，宿季庚师在 20 世纪 50 年代初，对可以依据纪年铭记推知确切建造时间的第 285 窟，将莫高窟现存最早的洞窟比定为北魏时期，并将莫高窟魏窟（从北魏至隋初）分为三期，第 285 窟为中期。指出"早于 285 号窟的如第 259 号、第 275 号、第 272 号、第 257 号等共六七个窟，属于早期"[3]。后来在《敦煌七讲》中，开卷第一讲就是《敦煌两千年》，是从敦煌石窟历史入手，首先是关于敦煌开窟的年代，其次是确认现存

---

[1] 宿白：《〈大金西京武州山重修大石窟寺碑〉的发现与研究——与日本长广敏雄教授讨论有关云冈石窟的某些问题》，《中国石窟寺研究》96—129 页，三联书店，2018 年。
[2] 徐苹芳：《中国石窟寺考古学的创建历程——读宿白先生〈中国石窟寺研究〉》，《文物》1998 年第 2 期 54—63 页。
[3] 宿白：《参观敦煌莫高窟第 285 号窟札记》中第五节《从第 285 号窟说到敦煌魏洞的分期问题》，《中国石窟寺研究》263—264 页，三联书店，2018 年。

洞窟的年代。特别指明这组早期洞窟建造时,"云冈模式"已基本形成,政治因素影响着文化,因之目前敦煌所存早期洞窟显然是接受东来北魏都城平城云冈石窟的影响,而不能单纯强调西方。十分清楚,他对敦煌魏窟的排年,是其敦煌研究的基础工作。在将莫高窟现存早期洞窟定为魏窟多年以后,传来炳灵寺石窟第269窟发现西秦纪年铭记的消息,一时人们猜测在河西其他石窟或许会找到可以提早到十六国时期的纪年铭记,于是热衷于到莫高窟和麦积山石窟去寻找,但找不到实证资料。又因有些地区和单位的主事者,不从尊重历史出发,总以把该地排年提得早为荣,至少也得将现存洞窟排年揳早到与炳灵寺同样的十六国时期,人们就只能再拾起"西来"和"样式学",于是有人著文以论述莫高窟"北朝洞窟"为标题,却在文末不顾与标题矛盾,将莫高窟的第268、272、275窟提早定到北朝以前的东晋十六国时期的北凉。[1] 再由当时敦煌文物研究所的负责人著文宣称:"大家公认268、272、275一组是最早洞窟……经过调查研究和论证,初步确定这一组洞窟属于北凉时代,现已基本上得到国内外学者承认并引用,但不同意见仍然存在。"[2] 但是对以上新说,宿季庚师明确予以批驳,针对所谓"国内外学者承认并引用"之说,他特别选择在香港中文大学《中国文化研究所学报》刊出《莫高窟现存早期洞窟的年代问题》,再次强调在20世纪70年代以后,"逐渐认识到莫高窟现存早期洞窟与自成体系的新疆石窟的关系,虽在绘画技法方面有某些相似处,但从石窟全部内涵上考察,则远不如与中原北方石窟关系密切;

---

[1] 樊锦诗、马世长、关友惠:《敦煌莫高窟北朝洞窟的分期》,《敦煌研究文集》365—383页,甘肃人民出版社,1982年。

[2] 段文杰:《八十年代的敦煌石窟研究》,《中国文物报》1988年10月7日。

莫高窟尽管地接西域，但仍然属于中原北方石窟系统"。他指出，莫高窟中缺乏现知可靠的北凉遗存时代特征的造型特点，另一些"与北凉石塔、炳灵寺壁画中有某些类似的形象造型，如U字形体态的飞天和男女供养人服饰等，并不能作为早于云冈的证据，因为这些类似的内容，是包括云冈在内的5世纪末期以前中原北方窟龛所共有的因素"。再从窟室形制和造像题材详加论述，明确指出："我们拟定莫高窟现存这组最早洞窟年代的上下限是：从接近太和八年（484）和太和十一年（487）起，至太和十八年（494）迁洛阳以后不久。"他公开告诫主张将时代提早到北凉的马世长等学生："在目前没有发现更多的新资料的情况下，是值得商榷的。"[1]

3 新中国对梵迹的田野考古发掘

对深埋地下的古代梵迹，包括寺院遗址、佛塔基址、有关佛教遗物（主要是造像）的埋藏坑等，只有通过科学的考古发掘，才能重新展示在世人面前。新中国成立之初，田野考古力量相对薄弱，对梵迹的发掘还没能列入日程。只是在出现遗迹遭到破坏时，进行一些抢救性的清理工作，例如1953年对河北曲阳修德寺佛像埋藏坑的清理[2]，当时派去的人员尚未按考古规范进行工作，只是简单地将坑内造像及从民间收回的造像，进行编号运返北京。在新中国成立后的前10年

---

[1] 宿白：《莫高窟现存早期洞窟的年代问题》，《中国石窟寺研究》343—355页，三联书店，2018年。
[2] 罗福颐：《河北曲阳县出土石像清理工作简报》，《考古通讯》1955年第3期34—38页。

内,各地主要是对一些遭到破坏的遗址进行抢救性的清理。在北京地区,较早的梵迹考古清理,应是1956年阎述祖师应北京市约请,对房山云居寺南塔附近辽石经的清理发掘。[1]北京市为了扩展西长安街马路,曾拆除"庆寿寺和埋葬蒙古释教国师海云和尚及其弟子可庵和尚骨灰的双塔,清理出一批殉葬的器物"[2]。

20世纪60年代,对地下梵迹的清理,主要是一些废弃佛塔基,多忽视塔基本身的科学发掘,注意力集中在塔基地宫中瘗埋的遗物,其中重要的发现,例如1964年对河北定县北魏塔基[3]和甘肃泾川唐大云寺塔基[4]的清理,都出土有成组的舍利容器。同时各地在维修佛塔时,还不断在佛塔的地宫或天宫中,发现许多瘗藏的遗物。[5]在维修敦煌莫高窟和大同云冈石窟等石窟寺时,也不断清理发掘了部分窟前遗迹。[6]值得注意的是,这一时期已开始在大型城市遗址中清理发掘佛寺中的佛殿遗址,如1964年在黑龙江宁安渤海都城址勘察中清理的第1号、9号等佛殿遗址。[7]

---

[1] 北京市文物局考古队:《建国以来北京市考古和文物保护工作》,《文物考古工作三十年(1949—1979)》9页,文物出版社,1979年。关于石经、石窟及摩崖刻经,以及在石窟、塔室发现的佛经,应做专门研究,本书篇幅有限,从略。
[2] 北京市文化局文物调查研究组:《北京市双塔庆寿寺出土丝、棉织品和绣花》,《文物参考资料》1958年第9期29页。
[3] 河北省文化局文物工作队:《河北定县出土北魏石函》,《考古》1966年第5期252—259页。
[4] 甘肃省文物工作队:《甘肃省泾川县出土的唐代舍利石函》,《文物》1966年第3期8—15转47页。
[5] 徐苹芳:《唐宋塔基的发掘》,《新中国的考古发现与研究》613—616页,文物出版社,1984年。
[6] 潘玉闪、马世长:《莫高窟窟前殿堂遗址》,文物出版社,1985年;云冈石窟文物研究所:《云冈保护五十年》,文物出版社,2005年。
[7] 中国社会科学院考古研究所:《六顶山与渤海镇》,中国大百科全书出版社,1997年。

20世纪70年代以后,随着考古文物事业的蓬勃发展,对地下梵迹的考古清理发掘工作也步入新阶段。1979—1861年,对北魏都城洛阳的永宁寺遗址进行了有计划的全面发掘,探明了寺院的平面布局,发掘了塔基和东、西、南门址(北门址已遭破坏)[1],揭开了古代佛寺遗址考古的新篇章。对遭到现代城市建筑叠压的古代都城遗址,如唐长安城遗址中的重要佛寺,尽可能地进行了局部揭露,发掘清理了青龙寺和西明寺的部分遗迹。[2] 对佛塔塔基的发掘也有重要发现,发掘了陕西扶风法门寺塔唐代地宫。[3] 在四川、山东、陕西等地清理了多处南北朝时期的造像埋藏坑,获得了众多的石刻佛像标本。[4]

进入21世纪,对地下梵迹的田野考古发掘继续开展。对古代都城重要佛寺遗址持续的大面积发掘工作,主要在东魏、北齐都城邺南城遗址进行,自2002年开始,对邺南城南的赵彭城佛寺遗址进行大面积揭露,首先发掘的是位于寺院中心位置的方塔塔基,以后陆续探明寺院四围环沟,并发掘了塔基以南的东、西两座内建佛殿的院落,虽然至今发掘工作仍在运行中,但可以认清这是一座以佛塔为中心的多院落大型佛寺遗址,对中国早期佛寺平面布局的演变,提供了重要资料。也是在邺南城遗址,于2004年在邺南城外郭东侧北吴庄清理了一座埋有约3000件造像的埋藏坑。[5] 同时,全国各地也继续对地下梵迹进行

---

[1] 中国社会科学院考古研究所:《北魏洛阳永宁寺——1979—1994年考古发掘报告》,中国大百科全书出版社,1996年。
[2] 中国社会科学院考古研究所:《青龙寺与西明寺》,文物出版社,2015年。
[3] 陕西省考古研究院、法门寺博物馆、宝鸡市文物局、扶风县博物馆:《法门寺考古发掘报告》,文物出版社,2007年。
[4] 详见本书第十二章。
[5] 中国社会科学院考古研究所、河北省文物研究所邺城考古队:《河北邺城遗址赵彭城北朝佛寺与北吴庄佛教造像埋藏坑》,《考古》2013年第7期49—68页。

田野考古发掘和清理工作,不断有佛寺遗址、塔基、造像埋藏坑和石窟寺窟前遗迹被揭示出来。[1]值得注意的是,对新疆地区的佛寺遗址和遭损毁的石窟寺的发掘清理工作,自21世纪以来有不少新进展,诸如对策勒达玛沟佛寺遗址[2],以及对鄯善吐峪沟石窟已损毁窟室[3]的大规模清理发掘。宋代以后时代较迟的重要佛寺遗迹,也列入了考古发掘的日程表。较值得注意的如对杭州雷峰塔塔基[4]的考古发掘,和南京明代大报恩寺遗址[5]较全面的探查。

相信随着全国文物考古事业的不断进展,更多的沉埋于地下的古代梵迹遗存,会陆续被揭露出来,这将不断丰富中国佛教考古学的内涵,对研究中国古代佛教史和佛教文化,以及佛教中国化的进程,做出更多的贡献。

---

[1] 详见本书第十至十三章。
[2] 中国社会科学院考古研究所、中共策勒县委、策勒具人民政府:《策勒达玛沟——佛法汇集之地》,香港大成图书有限公司,2012年。
[3] 中国社会科学院考古研究所边疆民族考古研究室、吐鲁番学研究院、龟兹研究院:《新疆鄯善县吐峪沟东区北侧石窟发掘简报》,《考古》2012年第1期7—16页;《新疆鄯善县吐峪沟西区北侧石窟发掘简报》,《考古》2012年第1期17—22页。
[4] 浙江省文物考古研究所:《雷峰塔遗址》,文物出版社,2005年。
[5] 祁海宁、周保华、龚巨平:《大报恩寺北区考古发掘》,《2010中国重要考古发现》178—181页,文物出版社,2011年。

四

佛教艺术初传中国

1　佛教兴起于古印度

在古代中国，将创建儒学的大学者孔子尊称为"圣人"。与孔子生活的公元前6至前5世纪年代约略同时，在古印度也出现了一位圣人，因为他出身于释迦族，所以被尊称释迦牟尼（Sakyamuni），意即"释迦族的圣人"。正是古印度的这位圣人，创建了世界上三大宗教之一的佛教。

相传公元前6至前5世纪，在古印度北天竺迦毗罗卫国（在今尼泊尔境内），净饭王之子悉达多·乔答摩（Siddhartha Gautama）离开宫城出游时，见到民间生老病死各种疾苦，从此不愿再享受王宫优裕的生活，开始思考解脱之道。他逃出宫，到原野去苦修，直到折磨得憔悴虚弱，方悟苦修不能解决问题，于是在菩提树下结跏趺坐，冥心思考，终于觉悟，形成完整的思想体系，开始为信徒说法。他组织僧团，周游古印度诸国，宣讲佛法，从而创立了佛教。信众尊称他为释迦牟尼，佛教徒更尊他为"佛陀"（Buddha，意即"觉者"）。经过将近半个世纪的传教活动后，释迦牟尼于80岁时离开人世，佛教徒称其为"涅槃"，按古印度习俗遗体火化。火化后遗留的"舍利"，被分为8份，由8个小国的国王分别携归，瘗埋后起塔供养。后来佛教徒将释迦牟尼从降生到涅槃的经历，增添了许多神异的传说，使其散发出神圣的光采，形成佛传（或佛本行）故事，结集成经书[1]，并用绘画和雕刻等

---

[1] 专讲佛传的有《佛本行经》。唐朝道世撰《法苑珠林》的卷八至卷十二，有降胎、出胎、侍养、占相、游学、纳妃、厌苦、出家、成道、说法、涅槃等引述诸经详述佛传故事，可参看（唐）释道世撰，周叔迦、苏晋仁校注：《法苑珠林校注》，中华书局，2003年。

艺术手法再现其情景,向信众传播。佛教徒又将许多古印度流传的故事,转稼成为佛前世的种种经历,形成佛本生故事。随着佛教的东传中土,这些描绘佛本行和佛本生的艺术图像,随之东传中国,因其故事性强,易于在群众中传播,因此在佛教初传时起到很好的宣传作用。中国目前留存时间最早的石窟寺——新疆克孜尔石窟,壁画的主要题材之一就是大量的佛本生故事画。描绘佛本行的艺术品,则在中国的石窟寺和地面佛寺内一直流传,至今不息。佛本行故事的主要内容包括太子从乘象投胎,树下诞生,指天立地作狮子吼、步步生莲花、九龙灌顶,仙人占相(图4-1),王子比武,出游四门:见生、老、病、死,乘马离宫、四天王捧马足、白马吻别,林间苦修,悟道降魔,初转法轮(图4-2)、鹿苑说法,直到涅槃,甚至涅槃后八王争舍利等情节,多采用连环画长卷的艺术形式。目前在中国保存时代最早的作品,当属北魏大同云冈石窟第6窟的石刻,是以龛像和浮雕相结合的方式,且有极高的艺术价值和文物价值。但后世也常选佛本行中的重要内容,单独造像供养。最常见的是苦修、降魔、转法轮、说法和涅槃,特别是涅槃像,被中国百姓称为"卧佛",有的体量极大,如四川安岳卧佛院的唐释迦涅槃像(图4-3),身长达23米。

在中国古代,又称佛教为"像教",认为其立像以设教。佛教还未在中国成为众人信奉的宗教时,佛形象早已传入中土。其实认为佛教一开始就立像设教,是不了解佛教历史的误解。原因十分简单,因为佛教在古印度开始传布时,并不为佛陀造像,因此缺乏有关佛陀的早期造型艺术品。很长时期佛教徒的礼拜对象是佛陀的象征性造型艺术品,如塔、菩提树、佛座、法轮、佛足迹、三宝标等,其中塔象征佛成道,法轮象征佛法或转法轮,三宝标则象征三宝:佛、法、僧。到1

图4-1 山西大同云冈石窟北魏第6窟佛传中仙人占相

图4-2 山西大同云冈石窟北魏第6窟佛本行初转法轮

图 4-3　四川安岳卧佛院唐释迦涅槃像

世纪末或稍后贵霜王朝统治时期,在犍陀罗地区(今巴基斯坦北部和阿富汗东部)才首先出现佛陀造像。2 世纪初,在秣菟罗地区(恒河中游西北部)也出现了佛像。此后,佛教造型艺术日渐兴盛。3 世纪中期,贵霜王朝走向衰落,笈多王朝建立,佛教艺术出现了新的高潮,秣菟罗地区的造像也达到了新的高峰,直到 5 世纪中叶,那里的佛像艺术仍处于鼎盛时期。

2　关于佛教初传中国的传闻

关于佛教到底是何时传入中国,史书缺乏明确的记载。经过学者多年的探研,通常认为佛教在两汉之际通过丝路经由大月氏等国输入中国，是可信的。[1]开始是传入了口授的佛经，随后将浮图与黄老一起作为神仙信奉，时间约在1世纪前后。有关文献中，以《魏略·西戎传》所记时间最早，认为是西汉哀帝时事。"昔汉哀帝元寿元年，博士弟子景卢受大月氏王使伊存口授浮屠经。"[2]至迟到东汉初年，统治阶级上层已有同时信仰浮屠与黄老的事例。楚王刘英"晚节更喜黄老，学为浮屠，斋戒祭祀"。汉明帝永平八年（65），为退还楚王英送上的赎罪缣，明帝给他的诏书中说："楚王诵黄老之微言，尚浮屠之仁祠，洁斋三月，与神为誓。何嫌何疑，当有悔吝？其还赎，以助伊蒲塞、桑门之盛馔。"[3]文中所述伊蒲塞，即男居士，桑门，即沙门。这表明将浮屠这种外来的宗教视为汉代流行的黄老神仙方术之一，已是从东汉皇帝到皇族高官的共识。

关于东汉明帝（58—75年在位）时与佛教有关的传闻，还有他夜梦金甲神人，因而遣使者去大月氏求法的事。最早出现于《四十二章经》序，后来在《牟子理惑论》中再次记述，情节有所发展，说明帝曾遣使者"于大月支写佛经四十二章，藏在兰台石室第十四间。时于洛阳城西雍门外起佛寺，于其壁画千乘万骑，绕塔三匝"[4]。还说明帝"又于南宫清凉台及开阳城门上作佛像。明帝时预修造寿陵，陵曰：'显节'，亦于其上作佛图像"。关于汉明帝遣使求经事，《魏书·释老志》记录的故事又有新的发展。再到南齐王琰的《冥祥记》中，故事又有发展，加上"初使者蔡愔、西域沙门迦叶摩腾等，赍优填王画释迦倚像。帝重之，

---

[1] 任继愈主编：《中国佛教史》第一卷，中国社会科学出版社，1981年。
[2]《三国志·魏书·乌丸鲜卑东夷传》裴注引《魏略·西戎传》，859页。
[3]《后汉书·楚王英传》，1428页。
[4]《弘明集》卷一，《四部备要》本。

如梦所见也,乃遣画工图之数本,于南宫清凉台及高阳门显节寿陵上供养"。按照上述说法,则汉明帝时佛陀造像艺术已传入中国。

原本汉明帝时从大月氏传入佛经,在洛阳为外来佛僧建寺,都是可信的史实,但加上输入"优填王画释迦倚像",就违反了历史真实。与佛陀造像于1世纪末才出现的史实相对照,就知道在1世纪中叶古印度还没有出现佛陀造像,那么将佛像传入中国的说法自然是不可信的,应该是缺乏佛教史知识的中国佛教徒为了说明佛教在中国古已有之,为了在佛道之争中占得先机,编造的"历史"而已。

在东晋十六国至南北朝时期,正是佛教在中国寻求发展,道教从早期走向成熟的关键时刻,为了扩大各自的宗教势力,争取统治者的支持,佛道之争颇为激烈。双方为了在论争中占据有利地位,常常不顾历史真实,而制造一些有利于自己的"传说"。在佛教徒一方,主要是制造佛教在中国古已有之的传闻,虽然还不敢于说佛教就是中国人发明的,但要把从印度传入中国的时间说得越早越好。不断在社会流传的传闻综合起来大略有以下八项:一是三代以前已知佛教,二是周代已传入佛教,三是孔子已知佛教,四是战国末年传入佛教,五是中国在先秦曾有阿育王寺,六是秦始皇时有外国僧人来华,七是汉武帝时已知佛教,八是刘向发现佛经。对于以上八项传闻,研究佛教史的学者早已批驳[1],此处不再赘述。而道教徒制造的故事更为荒谬,就是所谓"老子化胡"的故事,还编成"经",认为老子出关至胡地化成胡神——佛,所以佛是老子化成的。总之,今天我们探寻佛迹时,必须拨开古人出于宗教偏见散布的迷雾,以正确的道路去追寻历史的真实。

---

[1] 任继愈主编:《中国佛教史》第一卷,45—67页。

3 佛教图像出现于东汉末年墓葬中

西来的佛陀形象出现在中国古代墓葬雕塑或绘画中的时间,应是在2世纪中叶的东汉桓帝和灵帝时期。在那时的墓葬壁画、雕刻乃至随葬品的艺术装饰中,都出现过佛陀的形象。

对于中国年代最早的佛陀形象的考古学探寻,在抗日战争时期的大后方已经有了两项值得注意的成绩:

其一是在四川乐山麻浩1号崖墓发现的佛陀坐像。新中国成立后,又对麻浩1号崖墓进行过考古勘察,清楚地知道在乐山的麻浩1号崖墓和柿子湾1号崖墓,都刻有跌坐的佛像[1]。麻浩1号墓的佛像刻在前室东壁的门楣石上,头后有圆形头光,身着通肩大衣,右手似施无畏印、左手握带,衣裾遮足(图4-4)。

其二是在1941至1942年对四川彭山江口镇附近的崖墓发掘中,于豆芽坊沟166号崖墓中发现有1件泥质灰陶摇钱树座(M166:14),高21厘米。[2] 正面是三尊像,中为高髻着通肩大衣的跌坐佛像,衣裾遮足,左右各有立姿供养者。下面底座图像中为圆壁,两侧为一龙一虎(图4-5)。这一墓群还出土多件陶插座,仅此件图像为佛,其余插座图像以仙人、神兽为主,有仙人跨翼羊、蛙首人身坐像(图4-6)等题材。

新中国成立以后,随着田野考古发掘工作的开展,不断在墓葬中发现与佛教艺术造型有关的壁画、雕刻和随葬品。

---

[1] 乐山市文化局:《四川乐山麻浩一号崖墓》,《考古》1990年第2期111—115转122页。
[2] 南京博物院:《四川彭山汉代崖墓》,文物出版社,1991年。

图 4-4 四川乐山麻浩
1 号汉崖墓门雕佛坐像

图 4-5 四川彭山豆芽坊沟汉崖墓陶佛像摇钱树座

图 4-6 四川彭山豆芽坊沟汉崖墓陶蛙首人身摇钱树座

四 佛教艺术初传中国

有关佛教艺术造型的壁画，如在内蒙古呼和浩特和林格尔新店子东汉晚期墓[1]的壁画中，在前室墓顶，四侧分绘四神、凤凰等仙禽神兽。其中，西侧左边绘一只尾羽华美的凤鸟，旁有榜题为"凤皇从九韶"；右边绘一头大白象，象背上端坐一位红衣人，可惜人头部已残损，旁有榜题为"[仙]人骑白象"（图4-7）。据考证，应为释迦乘象投胎的画像。[2]据原发掘者的笔记，原来"仙"字是完整的，后来脱落了。另外，在与骑象仙人对应的东侧壁画原来绘有青龙和东王公，在东王公侧还绘有一盘状物，内放四个圆球形的东西，上方榜题"猞猁"。[3]但是以后再考察时东王公像已剥落，后来盘状物与"猞猁"榜题亦脱落，所以在编写考古报告时正式发表的图版中仅存凤凰和头部缺失的骑象仙人。东汉墓的随葬陶俑中也有童子骑象的造型，在河南古路沟汉墓和洛阳汉墓中都有出土（图4-8），至于他们是否与和林格尔汉墓壁画中的仙人骑白象壁画的含义相同，还是表现的是汉代百戏中的象戏，尚难确论。

有关佛教艺术造型的雕刻，如山东沂南北寨村画像石墓的画像中，有头环项光的人像。[4]在该墓中室的八角形都柱上，每面都刻有画像。南面画像最上是一人袖手胸前的正面立像（图4-9），面貌似童子，腰带以下似垂饰一周覆莲莲瓣，裤子宽肥，足部已漫漶不清。在头后刻出圆形的双重光环，形似佛像的圆形头光。其下在柱中部刻背生羽翼的神

---

[1] 内蒙古自治区博物馆文物工作队：《和林格尔汉墓壁画》，文物出版社，1978年。
[2] 俞伟超：《东汉佛教图像考》，《文物》1980年第5期68—77页。
[3] 《东汉佛教图像考》引述墓葬发掘者李作智的笔记，俞伟超据此考证"猞猁"为佛教所称的"舍利"。但原图及榜题已不存，无法作为论证的依据括，只能聊备一说而已。见《文物》1980年第5期68—69页。
[4] 曾昭燏、蒋宝庚、黎忠义：《沂南古画像石墓发掘报告》，文化部文物事业管理局，1956年。

图 4-7 内蒙古呼和浩特和林格尔新店子东汉墓壁画仙人骑白象

图 4-8 河南汉墓陶童子骑象俑（上：古路沟汉墓出土，下：洛阳汉墓出土）

图 4-9　山东沂南汉墓八角都柱南面人像线图

图 4-10　山东沂南汉墓八角都柱北面人像线图及人像拓本

人坐像,像下有一神兽似举双臂托神人的的坐席。再下面是一条升龙。与其对应的北面,最上面也是头后有双重光环,形似佛像头光的立像(图 4-10),同样在腰下垂莲瓣,但宽肥的裤子下面露出尖头的鞋。下面刻仙人、奔牛和升龙。该柱西面主像是上张华盖、坐在仙山座上的西王母,也有升龙和神兽;东面主像同样是上张华盖、坐在仙山座上的东王公,下有灵龟、升龙和神兽。其余四斜面,则满刻仙人、龙、凤和各种仙禽神兽。由此推测,带有头光的人像应与佛教造像艺术形貌有关。

　　有关佛教艺术造型的随葬明器,主要是摇钱树,集中出土于四川地区的崖墓之中,跌坐的佛像主要出现在墓内随葬的摇钱树枝干上。但是彭山江口镇豆芽坊沟 M166 出土的陶佛像摇钱树座,再也没有发现过。自20世纪50年代以来出土的摇钱树陶座,上面塑出的图像主要是神仙和神兽。出土时结构比较好的标本有1972年在彭山双江乡发现的1件[1],树高90厘米,陶座高45.3厘米,铜树顶立朱雀衔珠,尾饰钱纹,树干旁伸五层旁枝,树干有西王母等神仙及神兽图像,枝杈多饰钱纹,绿釉陶座,饰神兽纹。这是很典型的摇钱树标本(图4-11)。但是有一些铜摇钱树的树干上,在通常饰有西王母等神仙图像处改饰佛像,如1989年绵阳何家山1号东汉崖墓出土的铜摇钱树树干。[2]树干已残断为4节,尚可接合,残长76厘米,自上而下纵列5尊佛像(图4-12)。佛像造型相同,坐姿,头顶上有高肉髻,头后有圆形头光,鼻下有八字胡须,右手举掌外向,似施无畏印,左手握拳置膝上。佛衣平素不见衣纹,遮膝不见足部,似汉人通常坐姿。在像的左右两侧饰连钱纹,保存完整者可见上下连施三枚方孔圆钱(图4-13)。何家山墓的年代,发掘简报定为东汉晚期。与何家山1号墓相邻、向西6米的2号墓中,也出土有陶座铜摇钱树,其装饰图像完全是西王母等神仙和神兽,不见佛像踪影。[3]与何家山1号墓铜摇钱树干佛像近似的标本,年代稍迟的四川忠县涂井蜀汉崖墓的5号墓和14号墓中也有出土。[4]在5号墓中,摇钱树的陶座为灰陶盘龙形,铜摇钱树干分6节,每节长18厘米,每节树干上有一尊坐像,形貌基本与何家山佛像相同,头上高肉髻但没有头光,也在身两侧各饰一组3枚方孔圆钱纹

---

[1] 四川博物院:《四川博物院文物精品集》,第七编图版1,文物出版社,2009年。
[2] 绵阳博物馆何志国:《四川绵阳何家山1号东汉崖墓清理简报》,《文物》1991年第3期1—8页。
[3] 绵阳博物馆何志国:《四川绵阳何家山2号东汉崖墓清理简报》,《文物》1991年第3期9—19页。
[4] 四川省文物管理委员会:《四川忠县涂井蜀汉崖墓》,《文物》1985年第7期49—95页。

图 4-11 四川彭山双江乡汉陶座铜摇钱树

图 4-14 四川忠县涂井蜀汉崖墓铜摇钱树干上侧联钱纹佛像

图 4-13 四川绵阳何家山 1 号汉崖墓铜摇钱树干佛像

图 4-12 四川绵阳何家山 1 号汉崖墓饰佛像铜摇钱树干拓本

图 4-15 四川忠县涂井蜀汉崖墓铜摇钱树干上侧联钱纹蝉纹佛像

（图4-14）。14号墓出土的铜摇钱树干佛像同样是高肉髻无头光，身两侧装饰图纹是上方两枚钱纹下为蝉纹（图4-15）。[1]

此外，又有人认为江苏连云港孔望山的早期道教摩崖石刻中，也有佛教造像。[2]

上面列举在东汉末至蜀汉墓葬中发现的与佛教有关的造像，都毫无例外地与中国汉代传统神仙和神兽等图像掺杂在一起。这些造像并不是作为单一的宗教崇敬礼拜的造像出现，而是如实反映了当时的历史现实。

正是在东汉晚期，文献中出现了在皇宫中祠黄老的同时也祠浮图（浮屠，即佛）的记录。《后汉书·孝桓帝纪》载，延熹九年（166）七月曾"祠黄老于濯龙宫"，又说曾"饰芳林而考濯龙之宫，设华盖以祠浮图、老子"。同时，襄楷上桓帝的奏议中，也提出"又闻宫中立黄老、浮屠之祠"，还说"或言老子入夷狄为浮屠"[3]。《魏书·释老志》说："浮屠正号曰佛陀，佛陀与浮图声相近，皆西方言，其来转为二音。华言释之则谓净觉，言灭秽成明，道为圣悟。"[4]近人研究认为"浮屠"与"佛"系据不同的外语，前者来源是印度古代俗语，而后者的来源是吐火罗语。[5]

东汉末将浮图（浮屠，佛）与老子同祠，表明当时的人们不论是皇帝还是民众都认为，浮图与黄老没有什么不同，只不过是厕身于黄

---

[1] 四川忠县涂井蜀汉墓铜摇钱树佛像图片，见《佛教初传南方之路文物图录》图版9~12，文物出版社，1993年。
[2] 步连生：《孔望山东汉摩崖佛造像初辨》，《文物》1982年第9期61页。
[3] 《后汉书·襄楷列传》，1082页。
[4] 《魏书·释老志》，3026页。
[5] 季羡林：《浮屠与佛》。

老神仙中的一位来自胡人的神仙而已。趺坐的佛像也选取了大衣遮足的造型,与汉代西王母、东王公等神仙的传统跪坐的姿态有近似之处。如果佛像以双足盘于身前的趺坐姿态出现,会遭汉人唾骂为不懂礼法,难以接受。采取佛衣遮足的造型,就避免了胡人坐姿不守中国礼法的问题,这是很聪明的选择,于是胡人神仙可以与黄老同祠了。这从另一个侧面说明,当时人虽祠浮图,但是佛教作为外来宗教尚未被汉人完全接受。虽然在都城洛阳已修建有佛寺,但只是外来胡僧译经、居留和进行佛事的场所,与汉人无关。所以到东晋十六国时,后赵王度曾向石虎上奏,主张禁止赵人信佛教,在奏议中举汉朝为例,说:"往汉明感梦,初传其道,唯听西域人得立寺都邑,以奉其神,其汉人皆不得出家。魏承汉制,亦修前轨。"[1]这充分说明东汉时佛寺的性质,以及从汉至三国时汉人不得出家之事实,亦说明佛教直到三国曹魏时也未成为一个可以被大众正式信奉传播的宗教。

4　三国孙吴墓葬随葬品上出现的佛教图像

三国孙吴时期,江南的孙吴墓葬中随葬遗品出现不少佛教图像,这应与孙权时佛教向江南区域传播有关。

佛教初传孙吴,关键人物是康僧会。康僧会是西域康居国人,在孙权赤乌十年(247)来到建邺。在他以前,曾有月支人支谦来吴,"孙权闻其才慧,召见悦之,拜为博士,……但生自域外,故吴志不载","时孙权已制江左,而佛教未行"。支谦为优婆塞(即佛教居士),他在吴

---

[1] 释惠皎撰、汤用彤校注:《高僧传·晋邺中竺佛图澄传》,352页,中华书局,1992年。

地将梵文佛经译为汉文。"从吴黄武元年（222）至建兴（252—253）中，所出《维摩》《大般泥洹》《法句》《瑞应本起》等四十九经，曲得圣义，辞旨文雅。又依《无量寿》《中本起》制菩提连句梵呗三契，并注《了本生死经》等，皆行于世。"[1]他译的佛经能行于世，使吴地初识佛教，为佛教以后在江南的传播，作了理论方面的准备。随后到来的康僧会，与支谦不同，他是以其宗教行为来传教，并用舍利出现的幻术，说服孙权，让他在吴地建首座佛寺建初寺。详细的故事记述于《高僧传》中："时吴地初染大法，风化未全，僧会欲使道振江左，兴立图寺，乃杖锡东游，以吴赤乌十年初达建邺，营立茅茨，设像行道。时吴国以初见沙门，睹形未及其道，疑为矫异。有司奏曰：'有胡人入境，自称沙门，容服非恒，事应检察'。权曰：'昔汉明帝梦神，号称为佛，彼之所事，岂非其遗风耶？'即召会诘问，有何灵验。会曰：'如来迁迹，忽逾千载，遗骨舍利，神曜无方，昔阿育王起塔，乃八万四千。夫塔寺之兴，以表遗化也。'权以为夸诞。乃谓会曰：'若能得舍利，当为造塔，如其虚妄，国有常刑。'会请期七日，乃谓其属曰：'法之兴废，在此一举，今不至诚，后将何及。'乃共洁斋静室，以铜瓶加几，烧香礼请。七日期毕，寂然无应，求申二七，亦复如之。权曰：'此寔欺诳。'将欲加罪，会更请三七，权又特听。……三七日暮，犹无所见，莫不震惧。既入五更，忽闻瓶中锵然有声，会自往视，果获舍利。明日呈权，举朝集观，五色光炎，照耀瓶上。……权大叹服，即为建塔，以始有佛寺，故号建初寺，因名其地为佛陀里。由是江左大法遂兴。"[2]但是为胡僧建造佛寺，

---

[1]《高僧传·魏吴建业建初寺康僧会传》，15页。
[2] 同上书，15—16页。

仍与汉末曹魏相同,并不意味着也准吴人为沙门,仍是将佛这位胡神视为与黄老神仙一样。这就是在考古发掘中,不断在孙吴时期墓葬遗物上发现以佛像为装饰的主要原因。

孙吴时期的遗物中,目前发现数量较多的是在青瓷器皿上出现的以佛像为装饰的图纹。主要是随葬于墓葬中的谷仓罐(魂瓶),也有青瓷香薰、罐、钵甚至唾壶上装饰有佛像。在新中国成立以前,中国考古工作者还没有正式发掘清理过三国孙吴时期的墓葬。20世纪50年代,在江苏南京开展对孙吴墓葬的探查和清理发掘,并在1956年召开的全国考古工作会议上做专题报告,揭开了对孙吴时期考古探研的序幕。[1]报告发表,在南京赵史岗第7号孙吴凤凰二年(273)墓中,出土了1件青瓷谷仓罐,在罐腹部贴塑许多装饰图像,有铺首、凤鸟、挂杖仙人等,其中有一尊坐佛像(图4-16)。在此以后,又陆续在南京地区孙吴时期墓葬的青瓷或陶质的谷仓罐上,发现有贴塑的坐佛像。这种有大小5个罐口,上面堆塑许多人物、飞鸟及建筑模型的随葬明器,是沿袭江南汉墓随葬的五口瓶或五联罐,以五联罐为基本造型,增添华美的堆塑,发展而来的新式随葬明器。在孙吴墓中流行的时间,大约始于末帝孙皓凤凰至天册年间,其后一直流行到江南的西晋墓,迟至东晋还偶有使用。谷仓罐上的堆塑花样日趋复杂繁缛。其中有部分标本,在罐腹上贴塑的装饰图像中,与赵史岗凤凰二年墓的谷仓罐一样,贴塑有佛像(图4-17)。除了在谷仓罐腹部贴塑坐佛像的方式外,值得注意的是还有另一种用坐佛像装饰谷仓罐的方式,是将模塑出的小型坐佛像,

---

[1] 江苏省文物管理委员会:《南京近郊六朝墓的清理》,《考古学报》1957年第1期187—191页。

图 4-16 南京赵史岗孙吴第 7 号凤凰二年墓青瓷谷仓罐

图 4-17 南京上坊孙吴凤凰元年墓青瓷谷仓罐

四 佛教艺术初传中国

图 4-18 南京甘家巷高场 1 号墓陶谷仓罐

沿罐口沿竖立布置,这就与贴塑不同,呈现了立体形貌的造像。最早发表的此类器物出土于南京甘家巷高场 1 号墓。那件谷仓罐为黑陶质,但罐顶方阁的屋顶是加盖上的黄陶屋顶(图 4-18)。除了在下层罐口沿的 4 个小罐旁及双阙间都竖立小型坐佛像外,在上层大罐口沿满竖多尊小坐佛,更在罐顶建一间方阁,四面开门,每面门内,都有一尊坐佛像[1],这件谷仓罐上,总计至少有 20 尊小坐佛像。与之近似的在罐沿立有多尊坐佛像的器物,1979 年在南京殷巷孙吴墓中也有出土(图 4-19)[2]。

---

[1] 金琦:《南京甘家巷和童家山六朝墓》,《考古》1963 年第 6 期 303—307 转 318 页。
[2] 南京市博物馆:《六朝风采》图版 208,文物出版社,2004 年。

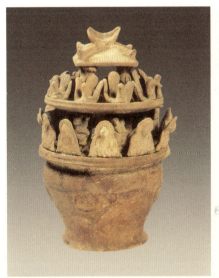
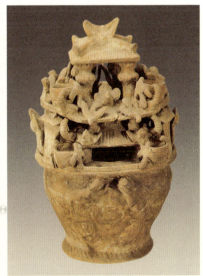

图 4-19　南京殷巷孙吴墓陶谷仓罐及罐后部塑佛像

图 4-20　南京孙吴墓青瓷唾壶

　　除了谷仓罐以外，孙吴墓随葬的日用陶瓷器中，如壶、罐、唾壶、香熏等也有贴塑坐佛像。贴塑佛像的唾壶，在南京市的孙吴墓曾有出土（图 4-20）。[1] 其中特别值得注意的器物，是带有釉下褐彩的青瓷器。1983 年在南京雨花台长岗村出土的孙吴时釉下彩青瓷带盖盘口壶（图 4-21），在壶体遍饰釉下褐彩持节仙人羽人像，同时又在壶体贴塑坐佛像。[2] 另一件釉下彩的盘口壶（图 4-22），出土于南京大行宫，也在壶体贴塑坐佛像。[3] 这类贴塑坐佛像作为装饰的做法，也沿袭至江南的西晋墓中，南京狮子山西晋墓出土过贴塑佛像的青瓷双系罐（图 4-23），湖北鄂城西晋墓中还发现有以佛像支撑的青瓷香熏

---

[1]《六朝风采》图版 97。
[2] 易家胜：《南京出土的六朝早期青瓷釉下彩盘口壶》，《文物》1988 年第 6 期 72—75 页；南京市博物馆：《南京长岗村五号墓发掘简报》，《文物》2002 年第 7 期 4—10 页。
[3]《六朝风采》图版 19。

图 4-21　南京雨花台长岗村孙吴墓釉下彩青瓷带盖盘口壶

图 4-22　南京大行宫出土孙吴釉下彩青瓷盘口壶及佛像细部

图 4-23　南京狮子山 1 号西晋墓青瓷双系罐

四　佛教艺术初传中国　　109

图 4-24　湖北鄂城 2081 号西晋墓青瓷香熏

图 4-25　湖北鄂城 2017 号西晋墓青瓷酒樽

（图 4-24）和贴塑佛像的青瓷酒樽（图 4-25）。[1] 贴塑佛像的谷仓罐继续流行于西晋墓中，但多为与仙人神兽鱼蟹等一起贴饰于罐腹等处，

---

[1] 南京大学历史系考古专业、湖北省文物考古研究所、鄂州市博物馆：《鄂城六朝墓》彩版 5：2、9：1，科学出版社，2007 年。

图 4-26 浙江萧山东晋墓青瓷谷仓罐

个别器物甚至能延至东晋,如浙江萧山发掘的东晋元帝永昌元年(322)墓[1],可算是贴塑佛像谷仓罐流行的尾声(图 4-26)。

在孙吴墓的随葬品中,还有以佛像为图案的铜镜。主要是佛像夔凤镜,典型的标本 1975 年出土于湖北鄂州五里墩孙吴墓(图 4-27),在钮座的三瓣内饰坐于莲台上的佛像,佛像有头光,所坐莲台两侧附有前伸的龙首,形如西王母所坐龙虎座。另一瓣内佛像为半跏思惟状,坐于莲台上,佛身后立一执伞侍者,佛前有跪拜的供养人[2]。比其时代稍迟、风格近似的铜镜,1960 年在湖南长沙左家塘西晋墓曾出土一面(图 4-28),在铜镜柿蒂纹钮座的四瓣内,装饰图案是坐佛像,其中三

---

[1]《佛教初传南方之路文物图录》,图版 106。
[2]《鄂城六朝墓》,图版 105:4、5。

四 佛教艺术初传中国

图 4-27　湖北鄂州五里墩孙吴墓铜佛像夔凤镜　图 4-28　湖南长沙左家塘西晋墓铜佛像夔凤镜

图 4-29　湖北武昌莲溪寺孙吴墓鎏金铜饰

瓣内坐佛两侧的胁侍是肩披毛羽的仙人（羽人），另一瓣内是身后有执伞侍者的半跏思惟状坐佛。[1]

孙吴墓中还发现过带佛教造像的铜饰，如1956年在武昌莲溪寺孙吴永安五年（262）校尉彭卢墓中，出土有鎏金铜饰片（图4-29），

---

[1] 刘廉银：《湖南省长沙左家塘西晋墓》，《考古》1963年第2期107页，图版捌：8。

其上镂刻立姿菩萨像。[1]这种杏叶状垂饰明显是马具中用于鞘带的鎏金铜饰。

这些被装饰于器物上的佛像，只被人们列入传统熟知的神仙、羽人、神兽图像行列，还不是人们顶礼供养的宗教尊像。如果说谷仓罐还是与葬俗有关的特殊明器，贴塑佛像与神仙有关。但是不能想象虔诚的佛教信众会将佛像随意装饰什物，尤其是用来作马鞘带的垂饰，以及支撑酒樽或香熏的足，更不可能在承痰的唾壶上贴饰佛像。

除了各种随葬器物以外，孙吴墓中的随葬俑群也发现有与佛教艺术相关的标本。最早被认定可能与佛教艺术有关的标本，是在一些陶俑的额部贴施凸起的圆形物，可能是仿效佛教造像的白毫像。发现最早的标本，与前述鎏金铜饰片一起出自 1956 年清理的湖北武昌孙吴彭卢墓中。该墓随葬 4 件青瓷坐俑，都在额部眉心间有凸起的圆形物（图 4-30），可能与佛教造像中的白毫像有关。[2]额头同样有凸起圆形物的坐姿俑，后来在安徽马鞍山佳山孙吴墓中也有出土（图 4-31）。[3]

更让人值得注意的考古发现，还有两项。一项是在 1992 年鄂州石山乡塘角村清理的 4 号孙吴墓，这是一座具有横前堂和矩形后室的砖室墓，在前堂通往后室的甬道西侧，放置一尊坐佛像，坐像两侧有两个侍立陶俑。这座墓虽然没有发现纪年资料，但是据墓内随葬的青瓷器，发掘报告推定为孙吴墓，时代略早于同一墓地出有孙吴永安四年（261）铭砖的 2 号墓。[4]佛像施酱色釉，高 20.6 厘米，头上有高肉

---

[1] 湖北省文物委员会：《武昌莲溪寺东吴墓清理简报》，《考古》1959 年第 4 期。
[2] 杨泓：《国内现存最古的几尊佛教造像实物》，《现代佛学》1962 年第 4 期 33 页。
[3] 安徽省文物考古研究所：《安徽马鞍山市佳山东吴墓清理简报》，《考古》404—428 页。
[4] 湖北省文物考古研究所、鄂州市博物馆：《湖北鄂州市塘角头六朝墓》，《考古》1996 年第 11 期 1—27 页。

图 4-30　湖北武昌莲溪寺孙吴墓釉陶坐俑　　图 4-31　安徽马鞍山佳山孙吴墓釉陶坐俑

髻,无头光,佛衣通肩,衣纹环垂,双手平置腹前,佛衣悬垂遮膝及足,故只呈坐姿,下无佛座(图4-32)。这是孙吴西晋时墓葬中罕见的没有附贴于其他器物的佛像,在墓中亦没有与其余随葬品混放,而摆放于特定位置,左右各有胁侍立俑,可视为一铺三尊像的雏形,可能具有尊崇礼拜的含义。

另一项是湖北襄樊菜越三国孙吴墓出土的陶楼阁模型,顶上安置有刹和相轮(图4-33)。[1]详情及图像已在本书代前言中记述,此处从略。这件标本恰可与文献所记笮融大起有重楼、阁道、相轮的浮图祠相对应。笮融督广陵、丹阳漕运,是在汉献帝初平四年(193)陶谦任

---

[1] 襄樊市文物考古研究所:《湖北襄樊城菜越三国墓发掘报告》,《考古学报》2013年第3期391—430页。

图 4-32 湖北鄂州塘角村孙吴墓釉陶佛坐像

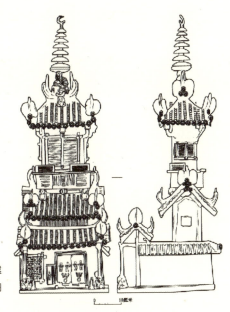

图 4-33 湖北襄樊菜越孙吴墓带刹、相轮陶楼阁模型线图

四 佛教艺术初传中国

徐州牧时[1]，表明当时吴地已有中国式的重楼上设刹和相轮的佛塔。

贴塑和装饰佛像的器物在墓葬中随葬，只能说明当时在江南地区，佛教还没有成为上自帝王下至百姓虔信的主要宗教，只能视为佛教东传初始，佛像混杂于神仙、神兽中的实际情况。但塘角村孙吴墓中安置的釉陶佛三尊像，以及莱越孙吴墓出土的带刹和相轮的中国式重楼佛塔，则显示出佛教日趋在吴地突破只为胡僧建塔设寺的限制，向民间有较广泛的传播，吴地佛教和佛教艺术真正步入繁荣，还是要等到即将来临的东晋十六国时期。

---

[1]《三国志·吴书·刘繇传》，1185页。

五 中国石窟寺院的建立

1　古印度的佛教石窟寺

古印度的佛教石窟寺遗存，目前主要分布于西印度马哈拉施特拉邦境内，其中包括为中国人熟知的阿旃陀石窟等，可以认为那里是世界佛教石窟的摇篮。石窟寺院是供佛教僧徒礼拜或修行的场所。但从佛传记述看，释迦牟尼离宫苦修到真正悟道，都是在原野的树下进行的。在菩提树下得道，而后向弟子传教，也多在林中或露天庭园，所以引得鹿来听经。到后来信徒日众，门徒形成僧团，才有信徒施舍精舍，逐渐发展，建造具有一定规模的寺院。至于石窟寺院的建造，远迟于地面佛寺建筑。到孔雀王朝阿育王时，为了表示对一切宗派的包容，在他在位第十二年（约前257）时，开始为"邪命外道"在巴拉巴尔山凿建两座石窟，自此开宗教信徒为修行开凿石窟之先河，但是当时还没有为佛教徒建石窟的记述，此后佛教徒效仿，也开始凿建石窟寺。在古印度，由于地域和气候的关系，天气炎热，但在酷暑时节，山洞中仍可保持较清凉的环境，宜于禅居修行和聚会。而且在山石中开凿的洞窟，比一般地面建筑牢固耐久，是可以长期维持的宗教场所。目前保存佛教石窟遗存最多的地区是西印度，多坐落在马哈拉施特拉邦境内，其中又以塔庙窟（礼拜窟）的数量最多。西印度最早开凿塔庙窟的活动，是在公元前2世纪后半叶展开的。可能是由于定都于普拉蒂什塔纳的娑多婆汉那王朝的统治者，虽然自身为婆罗门教徒，但是准许佛教在其领地传播和发展，因此信徒大力捐赠，凿建佛教石窟寺，使其得到很大发展。许多石窟都是由众人出资布施建造。从现存塔庙窟中保留的题铭可以看出，石窟的各个组成部分，如外立面、门道、栏楯、石柱、塔、水池、小室等，各有不同的捐赠者，大家合力，

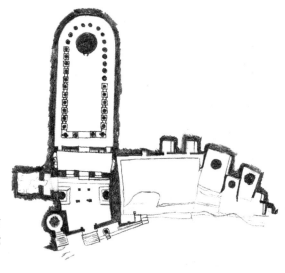

图 5-1 古印度佛教石窟塔庙窟根赫里第 2 窟和第 3 窟半面示意图

最终完成整座洞窟的建造工程。后来随着娑多婆汉那王朝的衰亡,佛教石窟寺的兴建一时中断。至 4 世纪前后,大乘佛教传到西印度,后来瓦加塔格王朝统治者也与娑多婆汉那王朝统治者一样,虽信婆罗门教,但对佛教的传播采取兼容政策,所以佛教石窟寺的凿建得以继续进行。由于大乘佛教的传播,石窟寺除沿袭前期基本形制以外,又增添了佛陀的造像,供信徒顶礼膜拜。

古印度的佛教石窟寺,主要由两类洞窟组合而成,一类是内设覆钵塔的塔庙窟,另一类是供僧徒禅修和居住的僧房窟。塔庙窟也可称为礼拜窟(图 5-1),音译为"支提",也就是后部设置覆钵塔的礼拜堂,其形制是后部设置佛塔部分平面呈半圆形,前厅呈长方形,后壁与两侧设列柱,有的窟顶雕出仿木梁架结构,前壁雕出门拱和明窗。洞窟外壁常有雕饰精美的门墙(图 5-2)。僧房窟音译为

图 5-2 古印度阿旃陀石窟第 19 窟外观

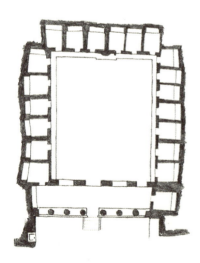

图 5-3 古印度佛教石窟僧房窟纳西克第 3 窟平面示意图

图 5-4 古印度阿旃陀石窟第 19 窟内覆钵塔上佛像

"毗诃罗",在大窟旁有多间可供居住和禅修的小室(图 5-3)。早期的石窟凿建于公元前 2 世纪后半,即公元前 150—100 年。除了象征佛陀的覆钵塔外,早期石窟中并没有佛陀的造像。后期石窟约在 4—5 世纪,塔庙窟中覆钵塔上正面已开大龛雕佛像(图 5-4),在窟壁和柱间也雕刻或绘画多尊单身佛像或三尊佛像,与塔连成一体的主尊佛像是主要的礼拜对象。僧房窟也在中厅正中建有三尊佛像的佛堂,中厅四面是列柱回廊,在左、后、右三面开凿多个供居住修行的方形小室。[1]

---

[1]. 本节内容皆引述自李崇峰所著《佛教考古——从印度到中国》(上海古籍出版社,2014 年),读者想更多了解古印度石窟寺的情况,请阅读原书。

2　目前发现的中国境内建造最早的石窟寺——克孜尔石窟

当佛教通过丝路向东传播，进入今日中国国境以后，首先到达今新疆地区。遗憾的是，在这一地区的考古调查和发掘中，至今未发现佛教初传中国时（约东汉）的寺院、佛塔遗迹。类似古印度佛教早期石窟形制的石窟，即还没有设佛陀造像的石窟，目前在中国境内也没有被发现。古印度出现了佛陀造像的后期石窟，通过中亚影响到中国新疆地区，现在可以看到的遗迹就是龟兹地区的石窟寺院。以克孜尔石窟为代表的龟兹石窟寺，也就是目前所知中国境内时代最早的佛教遗迹。

龟兹地区的佛教石窟寺院，规模最大的应数拜城克孜尔石窟（图 5-5），也称为克孜尔千佛洞。克孜尔石窟位于新疆维吾尔自治区拜城东南约 60 公里处，克孜尔为维吾尔语，意为红色。洞窟凿建于木札提河岸明屋达格山南麓的峭壁上，被苏格特沟分割成谷西、谷内、谷东等几部分（图 5-6）。现存已编号洞窟 236 个，但只有约三分之一的洞窟形制较完整，窟内壁画遗存较多，塑像已损毁殆尽。由于在龟兹地区山体岩石并不适于精雕细刻，所以无法完全仿照古印度石窟原型进行凿建，只得因地制宜，在开凿出洞窟以后，在窟室内以泥塑佛像取代石雕，塑制供礼拜的佛像，并在壁面绘制彩色壁画。这种因地制宜的做法，显示佛教石窟寺从初传中国开始，已经探索着走上一条佛教艺术中国化的历程。此后，从新疆到河西地区的佛教石窟，均沿袭克孜尔石窟做法，在凿洞形成窟室以后，窟内佛教造像以彩塑和壁画为主要艺术形式。

在古代西域诸国中，龟兹比较强大，且地理位置重要，控制着丝

图 5-5 新疆拜城克孜尔石窟全景

图 5-6 克孜尔石窟谷西区

路北道中段，早在西汉宣、成、哀帝时已与汉朝有密切的联系，元康元年（前65）龟兹王绛宾还曾到都城长安朝贺，深受汉文化影响。[1]龟兹一直在西域诸国中较为强盛，物产丰富，制铁手工业发达，所产铁器行销西域各地。由于龟兹地当丝路要冲，佛教东传可能较早传至该地，不过史籍中缺乏关于佛教何时传入龟兹的记载。但是至少在3、4世纪之际，已有较多的龟兹佛教徒到中国内地译经，表明佛教早已在龟兹盛行。长期居留长安的名僧鸠摩罗什即生于龟兹，据《出三藏记集·鸠摩罗什传》记载，4世纪中期"时龟兹僧众一万余人"，亦可证当地佛教之盛。又据《高僧传》中记昙摩密多、法朗等到龟兹，均受到龟兹王供养礼遇。[2]从5世纪初到5世纪中期龟兹王礼僧情况，亦足见当地佛教之兴盛。在这样的时代背景下，4世纪后期到5世纪掀起了克孜尔石窟兴建的高潮。9世纪中期到13世纪，这一地区由高昌回鹘王国控制，虽然佛教仍然流行，但克孜尔石窟已经日趋衰落。14世纪，蒙古察合台汗国控制这一地区以后，强制推行伊斯兰教，克孜尔石窟遭到大规模破坏，洞内佛教造像均已无存，但壁面上的壁画破损不大。石窟废弃以后，自然因素的破坏随之日益严重，岩面崩陷，洞窟塌毁或被沙湮埋。

3 克孜尔石窟的考古勘察

在清末，徐松就曾在《西域水道记》中记述克孜尔石窟。进入20

---

[1]《汉书·西域传》，3916页。
[2]《高僧传·宋上定林寺昙摩蜜多传》，121页；《高僧传·宋高僧释法朗传》，387—388页。

世纪，克孜尔石窟屡遭域外人士劫掠，以德国人犹甚，大量壁画惨遭盗割，与被盗掘的文物一起运往德国。

新中国成立以后，从20世纪50年代以来，先是在1953年由西北文化局新疆文物勘察组对克孜尔石窟进行勘察，以后陆续进行勘察、保护，并成立了克孜尔千佛洞文物保管所，克孜尔石窟由此得到维修和保护。在20世纪七八十年代，对克孜尔石窟最重要的一次考古勘察，是1979—1981年，在国家文物事业管理局、新疆维吾尔自治区文化局与自治区文管会支持下，由北京大学历史系石窟考古实习组与拜城县克孜尔千佛洞文物保管所合作开展的考古勘察。[1]在记录、清理部分洞窟遗址的同时，进行了龟兹地区石窟类型与阶段划分的初步探索。由于克孜尔石窟缺乏有关开窟年代的古代记录，早期洞窟中也缺乏纪年铭记等资料，所以从洞窟形制组合和壁画内容风格，特别是洞窟本身的改建和打破关系，初步考虑了克孜尔石窟的类型和部分洞窟的阶段划分问题。[2]将克孜尔石窟分为三个阶段：指出现存洞窟第一阶段最早在4世纪初，这处石窟初创的年代或许还要更早些。但其最盛的第二阶段，可能在4世纪后期到5世纪之间。克孜尔石窟的一些木件和墙皮中的麦秸曾被送作放射性碳素测定年代的标本，经北京大学历史系考古教研室实验室测定的数据，第一阶段大约接近于310±80—350±60年。虽然距佛教初传中国已过了几个世纪，仍是目前所知中国

---

[1] 这次考古勘察的考古报告，到今天只出版了第一卷，就是北京大学考古学系、克孜尔千佛洞文物保管所编著的《新疆克孜尔石窟考古报告（第一卷）》，文物出版社，1997年。这次考古勘察的研究成果，特别是研究论文，都刊载于文物出版社出版的《中国石窟·克孜尔石窟》中。
[2] 宿白：《新疆拜城克孜尔石窟部分洞窟的类型与年代》，《中国石窟寺研究》7—32页。

图 5-7 克孜尔石窟中心柱窟第 80 窟中心柱正面

图 5-8 克孜尔石窟新 1 窟后室佛涅槃像残迹

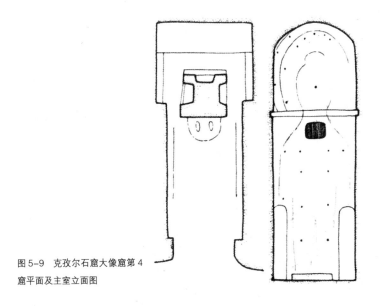

图 5-9 克孜尔石窟大像窟第 4 窟平面及主室立面图

境内最早的佛教遗迹,比新疆以东现存最早的石窟至少要早约 1 个世纪左右。第二阶段大约接近于 395±65—465±65 年,以迄 6 世纪前期。第三阶段大约接近于 545±75—685±65 年及其以后。

克孜尔石窟中 4 世纪的早期洞窟,也就是我们要叙述的目前所知中国境内建造年代最早的石窟,主要有塔庙窟和僧房窟。塔庙窟主要有两种形式,一种是中心柱窟(图 5-7),应是由原来古印度的塔前开龛造佛像的后期塔庙窟演变而来,只是将覆钵形塔改成从地面直连窟顶的方形塔柱,也在前壁开龛,龛内塑造佛像,供信徒环绕礼拜。有的将柱后的甬道扩大成为后室,或在后室造台塑造佛涅槃像(图 5-8)。另一种是更具龟兹本地石窟特色的大像窟,这类洞窟的主室高大宽敞,在正壁前的像台上塑一尊高大的立姿佛像,大像高度一般超过 5 米,有的更超过 10 米,两侧壁前也设置塑像(图 5-9)。大像窟有的也有后室,其中也塑

五 中国石窟寺院的建立 | 127

图 5-10　克孜尔石窟第 38 窟佛本生故事壁画

有横卧佛涅槃像。由于龟兹当时盛行小乘佛教，所以供养的均为释迦牟尼造像，壁面所绘壁画的内容大都是表现释迦牟尼前生的本生故事（图 5-10），以及释迦降生、修行、教化等佛传和因缘故事（图 5-11）。有的是展开的横卷构图，有的以菱格山峦为背景，每一菱格内绘一个独立的故事画面（图 5-12）。只有窟内券顶中脊，纵绘表示天空的日神、风神、立佛、金翅鸟、月象等图像（图 5-13）。壁画的绘制技法独特（图 5-14），采用当地流行的晕染法，具有明显的凹凸效果。僧房窟（图 5-15）因为是供僧人生活起居而凿建的，因此以设有禅床的居室为主，室侧有甬道以连接出入的通道，居室多为券顶，前壁开有采光的明窗，室内设取暖的壁炉（图 5-16）和灶坑，有的还附有储物的小室。这些僧房为遵守僧人戒律规定，壁面平素，不绘壁画，最多只是加饰简单的彩色线条而已。除了塔庙窟和僧房窟外，还有一些平面呈方形或长方形的洞窟，前壁开门并设明窗，有的窟内设龛造像，绘有壁画，这种洞窟的用途还难以确定，但其中应有一些可能用于僧人传戒、说法，作为讲堂。观察克孜尔石窟各类洞窟分布的情况，可以看出往往在一个塔庙窟近旁有一个或多个僧房窟，或再有讲堂，合成一处石窟组群（图 5-17）。在克孜尔石窟，

图5-11 克孜尔石窟第38窟券顶西侧佛本生和因缘故事壁画

图5-12 克孜尔石窟第14窟壁画菱形山峦纹分格构图

图5-13 克孜尔石窟第38窟洞顶天象壁画

图 5-14 克孜尔石窟第 38 窟主室东壁上部伎乐壁画

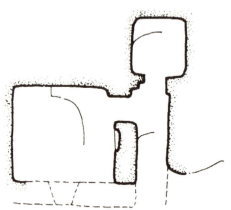

图 5-15 克孜尔石窟僧房窟第 6 窟平面图

图 5-16 克孜尔石窟僧房窟第 6 窟内壁炉遗迹

以第二阶段洞窟保留下的石窟组群遗存更为明显。推想当年一处石窟组群，应该就是一处石窟寺院。

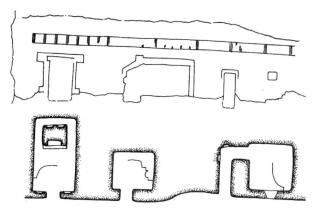

图 5-17　克孜尔石窟第 38—40 窟洞窟群组

龟兹地区的佛教信仰延续时间很长,所以克孜尔石窟的修建、使用一直延续到隋唐时期。同时那里的佛教信仰又由小乘佛教转成大乘佛教,也对石窟的造型和内容有所影响。据现存石窟观察,大约在 8 世纪初中期,那里的部分洞窟已经荒废了。但克孜尔石窟最终被毁坏,则是伊斯兰教势力进入新疆地区以后,洞窟中的塑像几被毁除殆尽,只有壁面上的壁画还残存较多。所有大像窟中的大像早已无存,今天只能由尚存的像座和后壁残留的大像痕迹,去推测复原当年窟内大像的宏伟庄严了。

同时,分布在龟兹地区的早期石窟,除克孜尔石窟外,还有比克孜尔石窟开凿时代稍晚,位于木札提河东岸的库木吐喇石窟、库车东北库鲁克达格山口的森木塞姆石窟、库车西北的克孜尔尕哈石窟(图 5-18)、拜城东的台台尔石窟等,反映出当时龟兹地区佛教繁荣的情景。这几处石窟中的早期洞窟具有与克孜尔石窟早期石窟共同的特点。例如,克孜尔尕哈石窟,现存洞窟大致可以分为五组,各组都包含有塔庙窟、僧房窟和讲堂窟,其中第 23 窟中原塑有高达 10 余米的

图 5-18　新疆库车克孜尔尕哈石窟

大佛立像，是典型的大像窟，显示出这里是受克孜尔石窟影响而建造的石窟寺。

　　从地理位置看，以克孜尔石窟为代表的早期龟兹石窟，正处在佛教和佛教艺术从丝路进入中国传播路线的西端，是佛教东渐的关键地点。如前所述，克孜尔早期石窟凿建的时间，早于目前所知新疆以东诸石窟约 1 个世纪，经过如此漫长的时间，其向东之影响应在意料之中。河西地区各石窟多采用彩塑与壁画为主的艺术形式，以及设置中心柱的窟型，显然汲取了克孜尔石窟的经验。最值得注意的是具有龟兹特色的大像窟中高大的立佛像，现存于新疆以东石窟中的大佛立像，最早的只是北魏时的作品，晚于克孜尔石窟百年。龟兹地区以西，中国境外葱岭以西的大型立佛，以阿富汗被毁的巴米扬东、西两大佛最著名，一般推测建造于 4—6 世纪之间，如在 4 世纪，则与克孜尔石窟早期遗迹约略同时；如迟至 5—6 世纪，就迟于克孜尔早期遗迹了。可见龟兹大像窟对其东、西佛教石窟影响之深远。

六

十六国时期诸石窟

以彩塑和壁画为主要艺术形式的中国石窟

1 从后赵时对赵人能否信佛出家的宫廷辩论看十六国时期佛教勃兴的社会因素

大约到 4 世纪初,佛教在中国传播的势头日渐加强,在玉门关内的丝路沿线,开始出现凿窟造像的热潮,这与当时进入中原建立政权的古代少数民族关系密切。西晋王朝已经覆亡,一些原居住在北方或西北的古代民族,如匈奴、鲜卑、羯、氐、羌等,纷纷入主中原,一时间古代中国的政治地图,不断变换,在北部中国,各地先后建立的政权达十多个,史称"十六国"。这一时期,战乱频繁,社会动荡,民族矛盾激化,民众流离迁徙,社会经济凋敝,因此广大民众强烈企望平安幸福,为宗教的传播提供了土壤。同时,汉民族一统天下的局面被打破,过去被视为戎狄的胡人纷纷建立政权,成为统治民族。他们的民族习俗得以扩散,传统的汉魏礼仪制度受到冲击,也使得域外宗教——佛教,摆脱中国传统礼俗的羁绊,佛陀不再像在汉代时被视为附属于黄老神仙的胡神,为佛教的传播开辟了广阔的道路。特别是一些少数民族出身的帝王,由于民族习俗等原因,多虔信佛教,他们的倡导更促成佛教的空前兴盛。突出的事例是后赵石虎称帝时,中书著作郎王度曾上奏指斥:"佛出西域,外国之神,功不施民,非天子诸华所应祠奉。"主张"华戎制异,人神流别。外不同内,飨祭殊礼,华夏服祀,不宜杂错"。力主禁绝佛教,不准民众诣寺烧香礼拜,为僧者还俗。但是他忘记天子石虎本非汉人而是戎人,所以石虎下书斥责说:"度议云:佛是外国之神,非天子诸华所可宜奉。朕生自边壤,忝当期运,君临诸夏。至于飨祀,应兼从本俗,佛是戎神,正所应奉。夫制

图 6-1 后赵建武年铭金铜佛像

由上行,永世作则,苟事无亏,何拘前代。"[1]从此赵地佛教更加盛行。遗憾的是目前在后赵都城邺城遗址,还没有发现与佛教有关的遗迹或遗物。仅在传世文物中,保留有个别后赵时期的小型金铜造像(图6-1)。正是在十六国时期,新疆克孜尔石窟创建以后约一个世纪,在今甘肃地区掀起了第一次开窟造像的高潮。

2 重新发现凉州石窟——天梯山石窟的调查和文物搬迁

在甘肃地区第一次开窟造像的高潮中,目前所知凿建年代最早的石窟有凉州石窟。临松卢水胡人沮渠蒙逊在凉州建立北凉后,在凉州南百里山中开窟造像,出现了目前所知甘肃地区最早的石窟——凉州石窟,即今甘肃武威的天梯山石窟(图6-2)。

---

[1]《高僧传·神异上·晋邺中竺佛图澄传》,352页。

六 十六国时期诸石窟——以彩塑和壁画为主要艺术形式的中国石窟

图 6-2　甘肃武威天梯山石窟（2000 年摄）

在沮渠蒙逊建立北凉前，凉州（今甘肃武威）已是河西地区的佛教中心。[1] 西晋永宁元年（301）张轨任凉州刺史，将凉州建设成河西地区的政治、经济、文化中心。西晋末年中原动乱时，凉州成为中原人士趋安避乱的去处。张轨在经营凉州的基础上，于西晋覆亡后，一直控制凉州地区，最后建立前凉（前凉自张轨始，经九主，立国 76 年，301～376）。张轨崇信佛教，故凉州地区佛教盛行。《魏书·释老志》说："凉州自张轨后，世信佛教。"[2] 沮渠蒙逊于 411 年据有姑臧，次年称河西王，迁都姑臧，史称北凉。"沮渠蒙逊在凉州，亦好佛法。"[3] 在他的统治下，凉州继续成为河西的佛教中心，也掀起大规模开窟造像的高潮。

---

［1］宿白：《凉州石窟遗迹和"凉州模式"》，《中国石窟寺研究》33—50 页，三联书店，2018 年。
［2］《魏书·释老志》，3032 页。
［3］《魏书·释老志》，3032 页。

北凉沮渠蒙逊开凿的凉州石窟，在凉州南百里山中，"就而斫窟，安设尊仪，或石或塑，千变万化。有礼敬者，惊眩心目"[1]。沮渠蒙逊还曾为其母造丈六石像于山寺。[2] 关于他开窟造像的时间虽无记载，但由义熙八年（412）沮渠蒙逊迁姑臧称河西王，改元玄始，在位33年，死于义和三年（刘宋元嘉十年，433），凉州石窟应即凿建于412—433年这一时期。但是隋朝以后武威地区经历大地震，使石窟损毁严重，北凉所造大像已崩毁无迹可寻。唐至元明清，对凉州石窟又有所修建或重妆。1927年大地震使石窟又遭较大损毁，日趋衰落，逐渐离开世人的视线。以致后人虽知文献中有关沮渠蒙逊建凉州石窟的记述，但已弄不清凉州石窟的具体位置。明清时期编修的《凉州府志》《武威县志》等地方志中，提及凉州石窟都缺乏具体方位。

20世纪40年代，中国学者开始探寻十六国时期沮渠蒙逊凿建的凉州石窟。向觉明师在20世纪40年代初，赴河西地区考察，在武威已经注意对凉州石窟具体位置探索问题。在所著《西征小记》[3]中写道："北凉沮渠蒙逊于凉州开石窟寺，唐释道宣《集神州三宝感通录》卷中述之云：'凉州石崖瑞像者，昔沮渠蒙逊以晋安帝隆安元年据有凉土，二十余载，陇西五凉，斯最久盛。专崇福业。以国城寺塔修非云固，古来帝宫，终逢煨烬，若依立之，效尤斯及。又用金宝，终被毁盗。乃顾眄山宇，可以终天，于州南百里，连崖绵亘，东西不测，

---

[1] 释道宣：《集神州三宝感通录》卷中。
[2] 《高僧传·译经中·晋河西昙无谶传》，78页。
[3] 向达：《西征小记——瓜沙谈往之一》，《唐代长安与西域文明》337—372页，三联书店，1957年。

就而斫窟，安设尊仪，或石或塑，千变万化。有礼敬者，惊眩心目。中有土圣僧，可如人等，常自经行，初无宁舍。遥其便行，近瞩便止，视其颜面，如行之状。或有罗土垒地，观其行不，人才远之，便即踏地，足迹纳纳，来往不住。如此现相，经今百余年。彼人说之如此。'（所云土圣僧灵迹亦见《释迦方志》卷下通局篇）其规模之大于此可以想见。所记土圣僧灵瑞，则中国敬奉宾头卢罗汉之最早见于记载者也。据《魏书·释老志》，前凉佛教从敦煌一转手，而北魏又得自前凉。是凉州石窟寺恰介乎敦煌与云冈之间，为研究中国佛教艺术史绝重要之材料。然其所在，唐以后便无人道及，存否至今成为一谜。或以安西万佛峡当之，非也。张掖东南百四十里有马蹄寺，石窟为数约四十，三十一年地理组吴印禅、李承三、周廷儒三先生自青海越祁连山至张掖，曾便道往游。据其所述石窟形式，层累而上，与道宣所纪亦复不类。在武威时曾以凉州石窟所在叩诸郝仁甫先生，郝先生亦不知之，唯云武威东南张义堡山中有大佛寺，佛为石镌，甚大，寺前一方石，上镌'晏筵石'三字，体类六朝。寺左右石崖上依稀有石窟痕迹，唯以凉城地震剧烈，石崩崖摧，多不可辨云云。则成一谜之凉州石窟，或犹在武威南一带山中欤？安得好事者负粮裹糗一访之也！"觉明师所关心的凉州石窟未解之谜，因当时缺乏入山考察之条件，在旧中国始终未能解开谜底。新中国成立之初，甘肃地方政府和学者就非常注意省内古代石窟的探寻和保护。1952 年，省图书馆冯国瑞在参加土改时，到过觉明师在文中提及的张义堡天梯山大佛寺，做过短暂的调查，首先提出了天梯山石窟即凉州石窟的看法。1954 年，史岩到天梯山进行了历时 6 天的调

图 6-3　甘肃武威天梯山石窟（1959 年文物搬迁前摄）

查，发表调查报告[1]，认为天梯山石窟可能是沮渠蒙逊凉州石窟的所在。但因为 1927 年大地震时，窟群西北部的洞窟多被震垮，有的仍埋土中。尚存洞窟体量都较小，又遭后世多次重妆。完全解开凉州石窟之谜，还需要进一步的工作。1959 年，天梯山石窟的命运又出现了新的转折。因为要在天梯山前面修建黄洋河水库，当水库建成后，天梯山石窟的大部分洞窟将会被水淹没。为了保护天梯山石窟（图 6-3），当时拟定了几种方案，主要有筑坝保护或文物搬迁，最终选定详尽勘察清理后将文物搬迁保护。成立了由敦煌文物研究所、甘肃省博物馆联合组成的武威天梯山勘察搬迁工作队，从 1959 年 11 月到 1960 年 4 月，完成了勘察搬迁工作。除了勘察、测绘、摄影、临摹以外，还尽可能地对残存洞窟及仍埋土中的洞窟进行清理，发掘出第 18 窟等大型洞窟。由于洞窟内壁画多被后代重修，有的多达

---

[1]　史岩：《凉州天梯山石窟的现存状况和保存问题》，《文物参考资料》1955 年第 2 期 76—96 页。

图 6-4　天梯山石窟第 18 窟北凉壁画忍冬纹莲花化生童子边饰摹本

数层，一般常规勘察不得揭掉后世壁画再去观察下面被掩盖的早期遗迹，而这次需揭取壁画另行保护，因而得以揭去后世壁画，显露出最下层的早期珍迹。例如在第 18 窟中心柱正面中层和上层柱体之间的柱檐最下一层墙皮上，剥出了一条两米多长的北凉创建时所绘忍冬纹莲花化生童子边饰（图 6-4）。在第 1 窟和第 4 窟也剥露出北凉时的壁画。由天梯山石窟揭取和搬移的佛像、壁画等文物，现藏于甘肃省博物馆。[1]

　　武威天梯山石窟，现仅残存 19 座不同时期修建的洞窟，其中只保留有 4 座早期的塔庙窟，即第 1、2、4 和 18 窟，被推定为北凉时期所开的洞窟。天梯山石窟并没有保存下来任何早期纪年题记，缺乏确切的年代依据。第 1、2、4 和 18 窟，都是具有中心塔柱的塔庙窟，窟内的中心柱造型颇具特色，是两层或三层上大下小的塔式中心柱（图 6-5），每层各面开有 3—5 个圆拱尖楣龛，内有石胎泥塑像。前室有横长的仿木式人字披顶。其中第 1 和第 2 窟体量较小，第 1 窟面阔 5.94 米，进深 6 米，中高 5.3 米，前壁与窟顶前半部已塌毁（图 6-6）。洞内造像及壁画全为后代重修，清理时曾在右壁剥出一身

---

[1]　敦煌研究院、甘肃省博物馆：《武威天梯山石窟》，文物出版社，2000 年。

图6-5 天梯山石窟搬迁时第1窟中心柱
(龛内为晚期塑像)

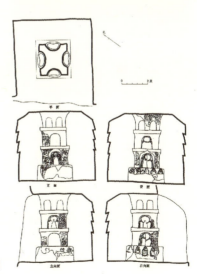

图6-6 第1窟平面、剖面图

六 十六国时期诸石窟——以彩塑和壁画为主要艺术形式的中国石窟   141

图 6-7 搬迁时第 1 窟右壁剥出的早期缺头泥像

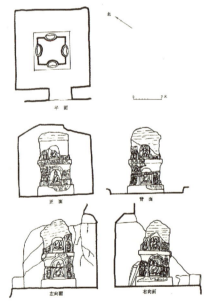

图 6-8 第 4 窟平面、剖面图

图 6-9 第 4 窟中心柱剥出的北凉菩萨和天王壁画

高约 30 厘米的早期缺头小坐像，惜未能保存（图 6-7）。第 4 窟平面方形，面阔 5.3 米，进深 5.32 米，四壁原高 4.1 米。洞内中心柱平面亦呈方形，边宽 2.5—2.52 米（图 6-8）。洞内所有造像都为明清另塑或重妆。只在右壁残存一些早期壁画，还从中心柱残留的泥层中剥出早期壁画，有菩萨、天王等（图 6-9），现存较完整的北凉菩萨立像，就是从第 4 窟中心柱剥出的。第 18 窟是规模最大的洞窟，具有前后两室，前室面阔 14.4 米，进深 5.8 米，后室面阔 10.6 米，进

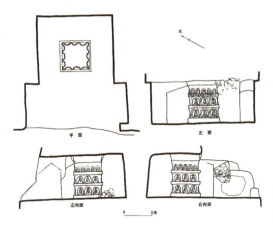

图 6-10 第 18 窟平面、剖面图

图 6-11 第 18 窟中心柱清理情况

深 9.3 米（图 6-10）。中心柱平面近方形（图 6-11），边宽 4.5—4.3 米，高 5.2 米。惜洞内没有保存早期塑像，仅剥出零星的早期壁画，最重要的是前文提过的忍冬纹莲花化生童子边饰。有的窟内后壁尚存石胎泥塑大型立佛的残迹，如第 15 窟壁上所留石胎残高 3.4 米。第 17 窟也留有直径 3.4 米、宽 1.2 米的半椭圆形佛座石胎，表明原来座上应立有大像。所以天梯山石窟原来也可能有大像窟。残存的壁画供养菩萨，面相浑圆（图 6-12），其自由姿态和发髻、服饰的形式，与

图 6-12 第 4 窟剥出的壁画
北凉供养菩萨立像

酒泉、敦煌等地出土的北凉石塔基座所雕供养菩萨像近似，具有同样的时代艺术风格。虽然天梯山石窟保留的遗迹和遗物不多，但从塔庙窟和大像窟的形制，以彩塑和壁画为主要艺术形式，以及残存壁画的绘画风格，一方面表现出天梯山石窟受到古龟兹地区石窟寺的影响。另一方面也可看到塔式中心柱、人字披顶等结构为以后河西地区的石窟所承袭，如年代略晚于它的金塔寺和马蹄寺，以及敦煌莫高窟的早期塔庙窟，影响深远。

六 十六国时期诸石窟——以彩塑和壁画为主要艺术形式的中国石窟

3　炳灵寺石窟第169窟的新发现——目前所知唯一有明确纪年的中国最早佛教石窟

炳灵寺石窟[1]位于今甘肃临夏回族自治州永靖王台乡小坪村东北2.5公里的小积石山大寺沟中。现存窟龛主要集中在下寺西岸南北长350米、高30米的峭壁上（图6-13），附近的佛爷台、洞沟、上寺等处也有零星窟龛分布，现存从十六国时期西秦至元各代窟龛共216处，其中下寺附近有184处。[2]清代以后这里逐渐荒废，在20世纪前半叶，已罕为人知。新中国成立以后，1952年秋文化部组织勘察团进行了初次勘察[3]，有关情况在本书第三章已有叙述。当时发现最早的只是北魏延昌二年（513）摩崖刻石。1963年4月，为了做好全国重点文物保护单位的管理工作，甘肃省文物局文物工作队再次组织炳灵寺石窟调查组，进行第二次调查[4]，对炳灵寺石窟的窟龛进行了重新编号。在这次调查中，在炳灵寺石窟的第169窟中，发现西秦建弘元年（420）的题记（图6-14），这是目前所知有明确纪年的中国最早的石窟。

西秦是十六国时期鲜卑乞伏国仁建立的政权，传四世，从385—432年仅存在47年。在其子乞伏炽磐时国势最盛，领地"跨有陇西，西接

---

[1]　炳灵寺，北魏以前称唐述窟，唐代称灵岩寺，一直沿用到明代。炳灵寺（冰灵寺）一名，最早见于宋代记载，大约宋、元、明时"灵岩""炳灵"互用。清代藏传佛教兴盛，不再称灵岩而专用炳灵。"炳灵"系藏语"香巴本郎"音译的简称，"香巴"即弥勒佛，"炳"为数词十万，意为"十万弥勒佛州"。

[2]　炳灵寺石窟的窟龛数，据《全国重点文物保护单位（第一批至第五批）》第Ⅲ卷479页《炳灵寺石窟》，文物出版社，2004年。

[3]　《炳灵寺石窟》，中央人民政府文化部社会文化事业管理局印，1953年。

[4]　甘肃省文物工作队：《调查炳灵寺石窟的新收获——第二次调查（1963年）简报》，《文物》1963年第10期1—6页。

图 6-13 甘肃永靖炳灵寺石窟鸟瞰

图6-14 炳灵寺石窟第169窟西秦题记

凉土"。乞伏炽磐时西秦佛法甚盛,许多名僧如玄高、释昙弘等,于此时来到西秦。另外,"有外国禅师昙无毗来入其国,领徒立众,训以禅道"[1]。也正是这一时期,炳灵寺石窟迎来了修造佛像的热潮,第169窟题记中出现的建弘元年,正是乞伏炽磐当政后第二次更改的年号,这座洞窟中大量出现的西秦时所修龛像,正是当时西秦境内佛教盛行的缩影。

炳灵寺石窟的第169窟,是早期石窟中很特殊的例子,它不是人工开凿的,而是利用了自然的大型洞穴,洞口在高30余米的崖面上(图6-15),洞内深19米,广27米,高14米,或认为该洞可能与文献中记述的唐述窟或时亮窟有关[2]。从西秦到北魏,在第169窟的左、右、后三壁,陆续塑像(泥塑或是石胎泥塑)和绘制壁画,目前尚存

---

[1]《高僧传·宋伪魏平城释玄高传》,410页。
[2]《水经注》引《秦州记》:"河峡崖傍有二窟。一曰唐述窟,高四十丈。西二里,有时亮窟,高百丈,广二十丈,深三十丈,藏古书五笥。亮,南安人也。下封有水,导自是山。溪水南注河,谓之唐述水。"石窟藏书之传闻,唐时仍盛,故杜甫《秦州杂诗》有"藏书闻禹穴,读记忆仇池"之句。

图 6-15 炳灵寺石窟第 169 窟洞口及登洞栈道   图 6-16 炳灵寺石窟第 169 窟内景（南壁）

佛龛 30 余处，造像数十尊，以及大量壁画（图 6-16）。洞内造像的修造可能是从后壁（西壁）开始的，后壁上下均有造像，上部居中是一身高达 4 米的石胎泥塑立佛，两侧有多躯较小的坐佛，都是单体造像。左壁（北壁）分布着较多的造像龛，书有西秦建弘元年墨铭的佛龛内塑无量寿佛坐像，胁侍为观世音和大势至菩萨立像（图 6-17），身旁都书题铭，分别为"无量寿佛""得大势至菩萨"和"□观世音菩萨"。佛像跌坐于仰莲座上，佛衣半掩肩，面相浑圆，双肩宽厚，体态硕壮。菩萨顶上束发，发辫齐肩，裸上身或右袒，下着裙，手握披帛，一手横抬胸前，一手下垂。佛和菩萨肢体涂白色，墨描眉、目、须、发，

六　十六国时期诸石窟——以彩塑和壁画为主要艺术形式的中国石窟　149

图6-17 炳灵寺石窟第169窟西秦题记龛内无量寿佛和胁侍菩萨像

图6-18 炳灵寺石窟第169窟西秦立佛像

浓墨点睛。衣服朱红，缘饰绿边，色彩对比强烈。窟中西秦立佛佛衣通肩，衣褶稠叠，衣纹贴体，下垂感强（图6-18）。可以看出早期的佛像较多地保留着古印度佛像的艺术造型，或认为近于印度秣菟罗造像的特征。

炳灵寺第169窟建弘元年西秦造像龛的发现，准确地揭示出十六国时期佛教造像的艺术特征，也为我们提供了辨识十六国时期造像的标尺，实属20世纪60年代石窟寺考古的一项重大发现。

4 河西诸窟的考古勘察

河西地区古代石窟中，现存规模最大的当数敦煌莫高窟（图6-19）。它坐落在鸣沙山东麓，洞窟南北绵延长达1680米，现存壁画或彩塑的

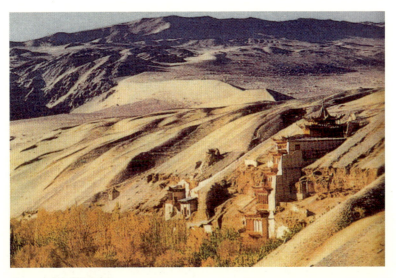

图 6-19 甘肃敦煌莫高窟

不同时代洞窟492个,是中国以彩塑和壁画为主要艺术形式的重要石窟群。敦煌莫高窟历史久远,据武周圣历元年(698)《李君莫高窟佛龛碑》记载:"莫高窟者,厥初秦建元二年有沙门乐僔戒行清虚,执心恬静,尝杖锡林野,行至此山,忽见金光,状有千佛,遂架空凿险,造窟一龛。次有法良禅师,从东届此,又于僔师窟侧,更即营建,伽蓝之起,滥觞于二僧。后有刺史建平公、东阳王等,各修一大窟,自后合州黎庶造作相仍。"[1]依唐人说法,前秦建元二年(366)沙门乐僔在敦煌鸣沙山创凿石窟,其后法良在乐僔所开窟旁开窟,为今日莫高窟

---

[1] 宿白:《〈武周圣历李君莫高窟佛龛碑〉合校》,《中国石窟寺研究》,330—342页。武周圣历元年《李君莫高窟佛龛碑》,碑原存莫高窟第332窟,现石已破损,北京大学图书馆藏有旧拓本,碑文见宿白:《〈李君莫高窟佛龛碑〉三种拓本与两种录文合抄》,《中国石窟寺研究》附录三 472—473页,三联书店,2018年。

六 十六国时期诸石窟——以彩塑和壁画为主要艺术形式的中国石窟　　151

创建之始。以后北魏至西魏任瓜州刺史的东阳王元荣和北周瓜州刺史建平公于义都在这里修建大窟，引领合州黎庶，在莫高窟兴起前后两轮建窟高潮。但是今日在敦煌莫高窟已无法寻到乐僔、法良造窟的那些早期遗迹了。只有与东阳王和建平公有关及与他们同时期的遗迹犹存，其时代已迟到北魏，乃至西魏到北周了。

关于敦煌莫高窟有无早于魏窟的讨论，是人们所关心的课题。早在1956年，宿季庚师曾撰文，依据莫高窟现存年代最早的纪年题记的第285窟，对敦煌早期洞窟进行考古学分期，"向上、向下把所有魏窟排列了一个初步的顺序"[1]，将敦煌魏窟（包括北魏、西魏和北周）归纳为三期：早于285窟的为初期，如259窟、275窟、272窟、257窟等共六七个窟；与285窟相近的263窟、249窟、248窟、288窟、431窟等共十一二个窟为中期；晚于285窟的如432窟、428窟、296窟等共约十个窟为晚期。初期的时代上限大约和云冈石窟一期接近[2]，初期和中期的分界线约在太和十年（486）左右。晚期的下限是隋初。当炳灵寺石窟发现西秦纪年题记后，不少人也想把敦煌莫高窟早期的时代向前提，包括季庚师的学生马世长等不断撰文，将一些敦煌莫高窟早期洞窟的时代提早到十六国时期。[3] 对此，季庚师指出："我们认为这个新说，在目前还没有发现更多的新资料的情况下，是值得商榷的。"

---

[1] 宿白：《参观敦煌莫高窟第285号窟札记》，原刊《文物》1956年第2期。后经修改收入《中国石窟寺研究》，见三联书店2018版257—268页。

[2] 这里说的大同云冈一期石窟，包括昙曜五窟即第16—20窟，以及第7—10窟。见《中国石窟寺研究》268页注37。

[3] 樊锦诗、马世长、关友惠：《敦煌莫高窟北朝洞窟的分期》，《敦煌研究文集》365—383页，甘肃人民出版社，1982年。段文杰：《八十年代的敦煌石窟研究》，《中国文物报》1988年10月7日。

因而再次专文阐述莫高窟现存早期洞窟的年代问题[1]。他明确指出："敦煌莫高窟第268（包括267、269、270、271四个禅窟）、272（包括273和另一个未编号的小龛）、275三窟左右毗连，是大家公认莫高窟现存最早的一组洞窟。遗憾的是，这组洞窟本身没有纪年铭记，和它们接近的莫高窟其他早期洞窟也没有纪年铭记。因此，探讨这组洞窟的年代问题，一直为研究我国石窟遗迹的学者们所关注。""（20世纪）50年代，我们探讨莫高窟这组洞窟的年代问题时，曾因《魏书·释老志》'敦煌地接西域，道俗交得其归式，村坞相属，多有塔寺'的记载，估计它们有可能和今新疆地区某些石窟接近，但经过70年代后期以来，开展多次对新疆石窟较全面的调查工作之后，逐渐认识到莫高窟现存早期洞窟与自成体系的新疆石窟的关系，虽在绘画技术上有某些相似处，但从石窟全部内涵上考察，则远不如与中原北方石窟关系密切；莫高窟尽管地接西域，但仍然属于中原北方石窟系统。中原北方石窟主要有两个中心，一是北凉都姑臧以后（412—460）的北凉领域内及其附近诸遗迹；一是从460年开始开凿的平城武州山石窟，即今大同云冈石窟。前者主要遗迹发现甚少，就已知的迹象与莫高窟这组最早洞窟差异较大，而后者遗迹丰富，与莫高窟相似之处远较北凉遗迹为多。"指出莫高窟这组现存最早洞窟，许多特征与约在北魏孝文帝都于平城时的主要石窟（云冈石窟第7—13、1—3窟）相似，并从窟室形制、造像题材和壁面布局等方面深入剖析，"拟定莫高窟现存这组最早洞窟年代的上下限是：从接近太和八年（484）和太和十一年（487）起，

---

[1] 宿白：《莫高窟现存早期洞窟的年代问题》，原刊香港中文大学《中国文化研究所学报》第二十卷（1989），后收入《中国石窟寺研究》，见三联书店版342—355页。

图 6-20 甘肃天水麦积山石窟

至太和十八年（494）迁洛阳以后不久。"

本书对敦煌莫高窟现存早期洞窟年代的叙述，遵从季庚师。

与敦煌莫高窟近似，天水麦积山石窟也存在始建时间和早期洞窟是否存在的问题。麦积山石窟（图6-20）位于今甘肃天水东南45公里秦岭山脉西段北麓，因山形似麦垛而得名。现存各时代洞窟194个，分布于高80米、宽200米的垂直崖壁上。麦积山在十六国时已是僧人修行的场所，《高僧传》记载后来居于北魏平城的玄高，年青时曾"杖策西秦，隐居麦积山。山学百余人，崇其义训，禀其禅道。时有长安沙门释昙弘，秦地高僧，隐在此山，与高相会，以同业友善"[1]。表明当时麦积山为僧徒隐居禅修所在，并未记有开窟造像的活动。当炳灵寺石窟发现西秦纪年题记后，有人希图在麦积山有同样的发现，但寻

---

[1]《高僧传·宋伪魏平城释玄高传》，409—410页。

到的都是晚期的题记。在晚到南宋绍兴二十七年（1157）的题记中，才有"麦积山阁胜迹，建于姚秦，成于元魏"的概况记述，这则距姚秦千年后的笼统记述，确实难以为据。[1]由于麦积山屡遭地震破坏，中部有大面积崖面崩剥残迹，以致对寻找早期洞窟遗存造成极大困难。麦积山现存石窟较早的是北魏时遗迹，建造盛期应在西魏、北周时期，其艺术造型明显接受自北朝都城兴起的佛教艺术新风，与佛教中国化的历程相适应。

---

[1] 这则南宋题记，原在攀登散花楼上层阶梯转角处崖面上。见于1953年《麦积山勘察团工作报告》(《文物参考资料》1954年第2期)。中央美术学院教授金维诺多次考察，而未注意到，1962年带学生实习时偶然发现，才仔细释读并临摹，见金维诺：《麦积山石窟的兴建及其艺术成就》，《中国石窟·天水麦积山》165页，文物出版社，1998年。

七

中原北魏石窟

以石雕为主要艺术形式的中国石窟

对中原北魏石窟寺遗迹的考古勘察和研究，首先要将着眼点放在北魏平城时期凿建云冈石窟，正是文成帝拓跋濬和平初年沙门统昙曜在武州塞开山为皇帝凿窟造像，开启了北魏一代凿建石窟的热潮。此后，终北魏平城时期，武州塞一直是皇室贵胄开窟造像的集中地域，形成规模宏大的石窟群，为今人留下了闻名于世的山西大同云冈石窟。因此对北魏平城时期石窟寺的考古勘察和研究，自然要把目光集中在云冈石窟。[1]待到孝文帝将都城南迁洛阳以后，北魏皇室凿建石窟的地点也随之移至洛阳附近的伊阙，到北魏晚期，更扩展到洛阳周围区域，著名的如河南巩义的大力山石窟，所以对北魏洛阳时期石窟寺的考古勘察和研究，也自然地把着眼点转向河南的龙门石窟和巩义石窟以及周边的石窟。[2]下面就让我们沿着北魏佛教石窟开凿发展的轨迹，进行探寻北魏佛教石窟寺遗迹的旅程。

1 平城时期北魏的灭佛与兴法

5世纪50年代，北魏都城平城西郊三十余里的武州塞十分热闹，成百上千的工匠正在开山凿石，凿建为皇帝祈福的石窟寺，这一浩大工程的组织者是沙门统昙曜。据《魏书·释老志》记载，当时"凿山石壁，开窟五所，镌建佛像各一。高者七十尺，次六十尺，雕饰奇伟，冠于一世"[3]。这时上距太武帝拓跋焘太平真君七年（446）三月"诏诸州坑

---

[1] 宿白：《云冈石窟分期试论》《平城实力的集聚和"云冈模式"的形成与发展》，见《中国石窟寺研究》，76—88、114—144页，文物出版社，1996年。
[2] 宿白：《洛阳地区北朝石窟的初步考察》，《中国石窟寺研究》153—175页。
[3] 《魏书·释老志》，3037页。

沙门，毁诸佛像"[1]不过十余年，佛教僧徒对那场灭法浩劫记忆犹新。

据《魏书·释老志》记载："魏先建国于玄朔，风俗淳一，无为以自守，与西域殊绝，莫能往来。故浮图之教，未之得闻，或闻而未信也。"[2]随着拓跋鲜卑实力不断壮大，控制北方广大地域，建国并迁都平城，北魏皇帝开始接受佛教，也接受黄老之学。到天兴元年（398）道武帝拓跋珪时下诏"夫佛法之兴，其来远矣。济益之功，冥及存没，神踪遗轨，信可依凭。其敕有司，于京城建饰容范，修整宫舍，令信向之徒，有所居止"。在平城作五级佛图，从此开始构筑佛寺，北魏佛法勃兴，日渐发展。明元帝拓跋嗣时，仍是"亦好黄老，又崇佛法"。直到太武帝拓跋焘时，他初始也是佛与黄老并重，但更偏向黄老，信寇谦之道，以其清净无为，有仙化之证。司徒崔浩主政，主张禁绝佛教，至于引致灭佛的导火线，是平盖吴之变时在长安佛寺所见："会盖吴反杏城，关中骚动，帝乃西伐，至于长安。先是长安沙门种麦寺内，御骖牧马于麦中，帝入观马。沙门饮从官酒，从官入其便室，见大有弓矢矛盾，出以奏闻。帝怒曰：'此非沙门所用，当与盖吴通谋，规害人耳！'命有司案诛一寺，阅其财产，大得酿酒具及州郡牧守富人所寄藏物，盖以万计。又为屈室，与贵室女私行淫乱。帝忿沙门非法，浩时从行，因进其说。诏诛长安沙门，焚破佛像，敕留台下四方令，一依长安行事。"又诏曰："彼沙门者，假西戎虚诞，妄生妖孽，非所以一齐教化，布淳德于天下也。自王公已下，有私养沙门者，皆送官曹，不得隐匿。限今年二月十五日，过期不出，沙门身死，容止者诛一门。"[3]太武帝

---

[1]《魏书·世祖纪下》，100页。
[2]《魏书·释老志》，3030页。
[3]《魏书·释老志》，3033—3034页。

又曾下诏:"自今以后,敢有事胡神及造形像泥人、铜人者,门诛。"又云:"诸有佛图形像及胡经,尽皆击破焚烧,沙门无少长悉坑之。"[1]灭法令虽严苛,但除长安外各地在执行前留有一段缓冲期,所以僧众还有时间改变身份或逃匿。在昙曜以前任沙门统的师贤,"假为医术还俗",才逃过此劫。昙曜当年曾"誓欲守死",后经监国的皇太子拓跋晃劝谕,才"密持法服器物"隐匿,因而也逃过此劫。因此,他们都深知在当时的政治环境中,佛教得以恢复和弘扬,只有依靠人世间最高统治者的恩赐。所以文成帝拓跋濬复法后,名僧都极力将当今皇帝与佛陀联系在一起。其实早在道武帝拓跋珪皇始年间(396—398),僧人法果就曾称道武帝为"当今如来",宣扬说:"能鸿道者人主也,我非拜天子,乃是礼佛耳。"经历了太武帝灭法以后,僧人更进一步认识到法果的主张必须承袭。所以在复法后,令师贤出任道人统,极力将佛教造像之举与帝王联系在一起,他在担任道人统当年,就将官修的佛像比拟皇帝的形貌。据《魏书·释老志》:"是年,诏有司为石像,令如帝身。既成,颜上足下,各有黑石,冥同帝体上下黑子。论者以为纯诚所感。"看来当时雕造的有可能是等身石像。到兴光元年(454),又在平城的五级大寺内"为太祖已下五帝,铸释迦立像五,各长一丈六尺,都用赤金二万五千斤"[2]。这是身高近4.5米的大像,至少已有人体高的2.5倍,立在寺庙中已是十分宏伟了。但是当年毁寺破像的阴影仍旧笼罩在昙曜等僧众心头,因此当和平初年昙曜代替师贤任沙门统后,立即想要建造体量更为巨大更难毁坏的佛像,那就要借助高山崖壁,雕造高六十至七十

---

[1]《魏书·释老志》,3034—3035页。
[2]《魏书·释老志》,3036页。

尺的大像。他在请示皇帝以后，立即在武州塞开始了空前浩大的凿岩开窟造像工程，这也就揭开了今日云冈石窟历史的大幕。

2 北魏平城时期的云冈石窟——从和平初年到太和年间

平城西武州塞的山体，石质虽为砂岩，但适于雕刻，沙门统昙曜主持在这里凿窟造像，就避免了此前从新疆到河西建造石窟时，因石质不宜雕刻，只能在凿洞后以彩塑和壁画为主营造的困局。在开凿洞窟后，继续在洞中进行石雕造像，以圆雕和浮雕为主要艺术形式，开启了在中原北方修建石窟寺院的高潮。

云冈昙曜所开凿的五所石窟，今人都认为是云冈石窟被编为第16号至第20号的5座（图7-1）。这5座大形石窟，平面均为椭圆形（或说是马蹄形），顶为穹隆顶。它们依次布列在云冈石窟区的中部偏西处，多在窟内雕造三佛，正壁主像形体巨大，高13.8—16.5米，两侧雕像形体较小，更显主像高大雄伟。除第17窟主像为未来佛弥勒菩萨，其余主像均为释迦。或认为与兴光元年在平城五级大寺为太祖以下五帝铸释迦像一样，也是为太祖以下五帝所造。洞内的主尊最高的是第19窟中的佛坐像，高达16.8米（图7-2）。第20窟因为前壁和左右两壁前部早

图7-1 山西大同云冈石窟第16—20窟平面示意图

图 7-2 云冈石窟第 19 窟大佛

图 7-4 作者与宿季庚先生在第 20 窟大佛前留影

图 7-3 云冈石窟第 20 窟大佛

图 7-5 云冈石窟第 18 窟大佛

年已经塌毁,以致窟内大像暴露成露天的状态(图 7-3),所以人们一来到云冈,首先映入眼帘的就是这座大佛的宏伟身姿,它也不断出现在中外书刊之中,成为云冈石窟的艺术象征(图 7-4)。其实此像身躯的高度在昙曜五窟中排在倒数第二,仅有 13.8 米。

因为昙曜本系来自凉州的禅僧,且太武帝灭北凉后,将凉州国人,包括僧人、工匠迁至平城,所以云冈开窟工艺也应深受凉州影响。"太延中,凉州平,徙其国人于京邑,沙门佛事皆俱东,象教弥增矣。"[1] 但是石雕艺术比泥塑更贴近古印度佛陀造像的原貌,昙曜五窟中佛像的服饰及雕刻手法,诸如第 20 窟主尊的服饰和衣纹明显接近犍陀罗造像的样式。又如第 18 窟主尊服饰显单薄贴体(图 7-5),衣纹更接近秣

---

[1]《魏书·释老志》,3032 页。

七 中原北魏石窟——以石雕为主要艺术形式的中国石窟　　163

图 7-6　云冈石窟昙曜五窟外观

菟罗造像的样式。有人认为，佛像的面容形貌有仿效拓跋族甚至是北魏帝王形貌的可能。但椭圆平面穹隆顶形貌的窟形，却在南亚、中亚到中国新疆、甘肃地区皆无先例。所以昙曜五窟的新样式，"应是5世纪中期平城僧俗工匠在云冈创造出的新模式"，可称之为"云冈模式"的开始。[1]

昙曜五窟无一例外都是椭圆平面穹隆顶的窟形（图7-6），过去多认为是模拟僧徒修行的草庐。纵观比云冈石窟建造为早的自新疆到河西走廊诸石窟，从龟兹克孜尔石窟到武威天梯山石窟，以及有西秦建弘纪年的炳灵寺第169窟等，却看不到这样的椭圆平面穹隆顶的窟形。令人感兴趣的是，近年来在大同地区发掘北魏平城墓出土的随葬明器中，出现陶质毡帐模型（图7-7）。在大同沙岭北魏墓的壁画中，更可以看到成群的穹隆顶毡帐（即穹庐）的画像（图7-8），该墓出土漆书文字中有太武帝拓跋焘太延元年（435）纪年。也让人想起后来拓跋人用鲜卑语高唱的豪迈歌谣："天似穹庐,笼盖四野。天苍苍,野茫茫,

---

[1]　宿白：《平城实力的集聚和"云冈模式"的形成与发展》。

图 7-7　山西大同北魏墓出土陶毡帐（穹庐）模型

图 7-8　山西大同沙岭北魏墓壁画穹庐

风吹草低见牛羊。"穹庐，即毡帐，正是鲜卑民族长期游牧生活的居室，显示着浓郁的民族特征。想来北魏时鲜卑拓跋族选用本民族传统居室穹庐的形貌，来创造佛的居室，应是顺理成章的事。

用穹庐的形貌来凿建石窟，也就引起对早期云冈石窟佛像艺术造型的思考，通俗地讲，就是当时造像所依据的"粉本"究竟来自何方？这又引起对佛教艺术如何传入中土的思考。

昙曜五窟的艺术造型特征，首先在于其雄浑宏伟的气势。各窟主尊佛像都以其巨大的体量和雄伟的体姿，显露出北魏各代皇帝的无上权威。佛的面容前额宽阔，直鼻方颐，弯眉细目，大耳下垂，口唇紧闭，微露笑意（图 7-9），面相威严又显慈祥。或说佛像面相

图 7-9　云冈石窟第 20 窟大佛面部　　　　图 7-10　云冈石窟第 16 窟大佛

模拟北魏诸帝容貌，尚无确证，将来如积累拓跋鲜卑族人头骨资料再做面相复原，对照大佛面相特征进行研究，或许能有答案。佛衣衣纹厚重，更增造像宏伟气势的力度（图 7-10）。再结合粗犷的穹庐窟形，形成对新兴北魏王朝不可阻挡的发展势头的赞歌。佛教在鲜卑族皇帝统治的北魏得以盛行，其缘由也应与后赵近同，创建本民族传统建筑形式穹庐形貌的石窟窟形，在一定意义上也拉近了拓跋鲜卑与西来佛陀之间的距离，更具亲切感。至于昙曜五窟内佛陀艺术造型的渊源，自然是来自佛教的故乡古印度。但是佛教的艺术造型，开始并不是由印度直接输入，而是辗转迂回，经由中亚，进入今中国新疆境内，再沿河西走廊，继续输往中原北方地区。从进入中国境内东传开始，随着佛教一步步深入中国内地，也是其不断中国化的历程。还应注意到，随着北魏王朝逐渐掌控北方，将各地民众、僧徒和工匠等迁到平城地区。来自青州、凉州、长安以及定州等地的僧徒和工匠，应该全都汇聚到昙曜指挥的工程队伍之中，他们可能带来了不同来源的粉本和工艺。所以当时对佛像的雕造，看来是博采各家之长，对艺术造型的再创造，从而形成了北魏石窟的时代特色。这也就使仅重视样式学的某些美术史家从云冈造像中或寻到犍陀罗艺术的影响，或注意了秣菟罗艺术的风格，甚至探寻到地中海沿岸诸文明（希腊、埃及）的影响，或是将统一的艺术作品生硬地分割为西来传统及中国传统，纷纷攘攘，不一而足。但是像云冈昙曜五窟这样具有艺术震撼力和时代风格的造型艺术品，其创作绝不能只被认为是不同来源艺术的"拼盘"。"北魏皇室以其新兴民族的魄力，融合东西各方面的技艺，创造出新的石窟模式，应是理所当然的事。"[1]

昙曜五窟艺术造型粗犷雄浑的气势，随着时间的推移而逐渐消逝，代之而起的是新的精工细琢的富丽之风。历史时期步入北魏孝文帝太和初年，在云冈雕造洞窟的代表是第5、6窟，第7、8窟，第9、10窟等几对双窟，还有第11、12、13窟一组三窟，这是在崖面上从昙曜五窟向东延伸而逐渐开凿的（图7-11）。这时已进入孝文帝当政的前期，直到迁都洛阳前，约为471—494年。除皇室外，官吏和上层僧尼也参与开凿石窟，最典型的实例是文明太后宠阉钳耳庆时于太和八年（484）兴建、太和十三年（489）工毕的第9、10窟，其为"国祈福之所建"，应为二圣——冯太后与孝文帝所造，故为双窟。完工于太和十八年（494）迁洛以前的第6窟，最能展示出这一阶段石窟

---

[1] 宿白:《平城实力的集聚和"云冈模式"的形成与发展》，142页。

图 7-11　云冈石窟第 9-13 窟外观

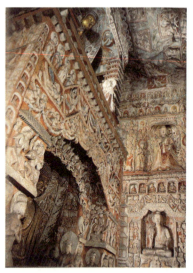 

图 7-12　云冈石窟第 6 窟中心柱与东壁雕刻　　图 7-13　云冈石窟第 9 窟西壁、北壁及窟顶

艺术精致而华美的场景（图7-12）。这些洞窟呈现在人们面前的是与昙曜五窟完全不同的景观，穹庐形貌的窟形变成模拟中国式样的仿木构建筑（图7-13）的石雕，佛像面容清秀，服饰宽博飘垂，一般认为具有汉式袍服"褒衣博带"之情趣，显示着与此前的石窟明显不同的新造型艺术风格。这一突然的变化，难道只是出自那一时期指导开建石窟的僧人和雕窟造像的匠师因师承和艺术流派而发生主观改变吗？答案是否定的。因为决定佛教石窟雕造面貌的不是现场的僧人和匠师，而是幕后的功德主——北魏皇帝和权臣，在他们心目中宗教行为是从属于政治大方向的。从孝文帝初年到太和十四年（490）文明太后冯氏去世，主持政务的实际是临朝听政的文明太后。当时摆在北魏最高统治集团面前的主要问题，正是如何巩固已被拓跋鲜卑政权统一了的中国北部江山和以汉族为主的广大民众。原来以拓跋鲜卑传统规制为主的政治构架，已然难以维持，为了长治久安，必定要进行彻底的政治改革，也就是历史书中所谓的"汉化"。有着汉文化素养的文明太后冯氏，起用汉族官员李冲、游明根、高闾等，改革鲜卑旧习，班俸禄，整顿吏治，推行均田制，不断进行政治改革。在这样的大背景下，生活习俗、埋葬礼仪等方面的汉化势头也越来越强，与之相关的造型艺术随之呈现新的面貌。以墓内葬具为例，在太和元年（477）宋绍祖墓中葬具是仿木构建筑的石棺，在三开间的殿堂前设置檐柱和门廊（图7-14）。在延兴四年至太和八年（474—484）司马金龙夫妇墓中，以石础漆画木屏风三面围护的石床也是令人瞩目的标本。特别是司马金龙墓中漆画屏风历史题材的画像中，人物面相、体态、服饰都与东晋画家顾恺之绘画摹本中的人物相似，面容清秀，衣裾宽博，女像衣带飘飞，男像褒衣博带、高冠大履，明显是受到当时江南绘画艺术新

图 7-14 山西大同北魏宋绍祖墓带前廊殿堂形石棺示意图

风影响的作品（图 7-15）。司马金龙家族本是东晋皇族，于刘宋政权建立之初逃亡北地，故此能在北魏急于获取南方艺术新风时投其所好。当时北魏朝廷也起用来自青州地区（这一地区并入北魏版图前曾由东晋、刘宋统治了半个世纪）熟悉工艺技能的人士，其中代表人物就是蒋少游。当时为了获取先进的汉文化艺术，一方面力图从解析汉魏旧制来承袭汉文化传统，另一方面想方设法去南方获取最新的文化艺术信息，蒋少游在这两方面都起了很大作用。前一方面，如北魏朝廷曾特地派他去洛阳，"量准魏晋基址"，以在平城营建太庙太极殿。后一方面，李彪出使南朝时，派他担任副使，密令其观南方"宫殿楷式"，以获取南朝建筑艺术等方面的新成就。这也引起南朝士人的警惕，清河崔元祖就向齐武帝建议将蒋少游扣留，说："少游，臣之外甥，特有公输之思，宋世陷虏，处以大匠之官，今为副使，必欲模范宫阙。岂可令毡乡之鄙，取象天宫？"从中可知当时北魏朝廷想获取江南汉族先进文明的急迫心态。在这样的大历史背景下，孝文帝太和初年，云冈石窟开始第二波开窟造像的热潮。

图7-15 山西大同北魏司马金龙墓出土漆屏板画

太和初年与和平年间昙曜在云冈开窟造像时虽然只过了五分之一个世纪,但是北魏平城景观已有较大的改变,鲜卑族传统的毡帐只在郊野才有保留,在都城内依汉魏旧制的宫殿和礼制建筑群日趋完备,而且宫殿的修建力求华丽,装饰更趋精美。前述太和元年宋绍祖墓石棺作前带檐柱、前廊的殿堂形貌,正是反映人间殿堂的艺术模拟造型。因此在凿建佛教石窟时,同样舍弃了鲜卑族传统穹庐的形貌,改为模拟人间帝王的殿堂,前列由巨大檐柱支撑的前廊(图7-16),室内顶部也模拟殿堂中的平棋藻井,连许多佛龛也雕成上为脊装鸱尾

图 7-16　云冈石窟第 9 窟前廊檐柱

的庑殿顶，下为带有前廊的殿堂形貌（图 7-17）。洞窟内部的布局也打破了昙曜五窟仅在正壁安置主尊而两侧安置胁侍的模式，在室内中央凿建直达室顶的方形塔柱，在塔柱三壁和室内两侧壁开龛造像，塔柱与后壁间留出佛徒旋塔礼拜的通道，明显是汲取了自龟兹到河西凉州

图 7-17　云冈石窟第 12 窟殿堂形佛龛

图 7-18　云冈石窟第 6 窟明窗下维摩、文殊对坐像

诸石窟中心塔柱室内布局的成熟经验。这样的布局使塔柱正面龛内主尊与昙曜五窟比，身高和体量都有所缩减，以致雕造精细而绮丽有加，但缺乏雄浑气势。加之壁面及藻井都满布雕刻，除龛像和飞天伎乐外，还出现许多颇具故事情节的新的题材，如维摩、文殊对坐（图 7-18），特别是第 6 窟中佛传故事雕刻占据了壁面的绝大部分，形成连续的从释迦投胎诞生直到得道的历程，生动具体（图 7-19）。更值得注意的是，窟内佛像的艺术造型同样出现很大的变化。

图 7-19 云冈石窟第 6 窟佛传中乘象投胎

太和年间的云冈佛像不再具有巨大的体量和雄伟的体姿，面相也不再是直鼻方颐的威严形貌，而是清秀慈祥可亲。所披佛衣的质地由模拟厚重的毛织物，改为模拟轻柔的丝绸。披着方法排除了斜袒裸臂等旧模式，改为自双肩下垂再裹披身躯，外貌近似双领下垂的汉式袍服，且佛衣下垂宽博飘展，近似汉族士大夫的"褒衣博带"形貌（图7-20）。

云冈石窟的窟形、室内布局和佛像造型的变化，强烈地显示出随着北魏汉化的加剧，自山东青齐、江苏徐州，乃至河西凉州诸地的艺术影响进一步汇聚融和，形成太和初年平城石窟造像的时代特点，反映出佛教艺术造型的中国化又向前迈进了一大步。

图 7-20 云冈石窟第 6 窟西壁上层立佛

当太和年间云冈石窟进入新艺术高潮的时候，北魏王朝的政治生活又出现了新的转折。太和十四年（490）文明太后逝世，孝文帝终于摆脱了祖母阴影的笼罩，只过了三年，孝文帝就借口伐齐，统领百万大军南下，实际是开启了迁都洛阳的行程。经过两年，到太和十九年（495），北魏六宫及官僚机构尽迁洛阳，平城从此失去都城的地位。当北魏的政治中心迁离平城以后，随着皇室显贵的离去，热闹了 30 余年，由北魏皇室主持的云冈石窟大规模凿建工程渐趋沉寂，今日云冈第 3 窟前庭和前室未完成的工程遗迹，就是那段历史的实物见证。继续凿建的都是一些中小型的洞窟，主要集中于崖面西部，造像面容更趋清

图7-21 云冈石窟第38窟供养人像

秀(图7-21)。但是直到孝昌初年因六镇起义平城荒废为止,云冈还有小规模的开窟活动,甚至还有些领先于洛京的新创举,例如三壁设坛形成三壁三龛的佛像组合即滥于云冈,以后才流行于中原石窟。

太和初年云冈石窟开窟造像出现的面相清秀、佛衣宽博飘垂的艺术风格,表明北魏平城造型艺术已追赶上江南自顾恺之至陆探微为代表的艺术水平。但是那时在江南又出现了艺术新风,人物造型由瘦骨清俊转向面短而艳,中国绘画史研究将艺术新风的代表人物归于张僧繇,其实这一风格的佛教造像在南齐永明年间就已出现。四川成都西安路南朝佛像窖藏出土的齐永明八年(490)比丘释法海造弥勒成佛石像的面相,已经显现出这种艺术新风,且蜀地造像较南朝统治中心都城建康还会滞后一些时日,比之北魏,时当太和十四年,云冈造像尚以清秀面相为新兴时尚。当以张僧繇为代表的艺术新风影响呈现于北魏洛阳,已是皇家大寺永宁寺塔中的塑像,大约塑造于孝明帝神龟二年至正光元年(519—520)。那时的云冈石窟,已因柔然主阿那瓌的强大,侵扰北魏旧京平城,因而彻底衰落,从历史记载中消逝了。

3 北魏洛阳时期的龙门石窟——宾阳中洞的创建

随着北魏的都城迁至洛阳,皇室官吏又在新的政治中心附近选择适于开窟造像的地点,所选中的就是城南的伊阙。太和十七年(493)开始,已有官员显贵利用伊水西山的天然洞穴凿龛造像,即今龙门石窟的古阳洞。由于利用天然洞穴,所以洞窟是敞口。该窟平面呈纵长方形,正壁(后壁)所雕为一佛二胁侍菩萨三尊像。主尊为坐像,高肉髻,面相长圆,佛装呈褒衣博带样式,跏坐于方台上。两侧为胁侍菩萨立像(图7-22),在左胁侍菩萨下垂衣褶外侧和右胁侍菩萨右肩外侧,都开有正始二年(505)雕造的小龛,表明这三尊主像雕造于正始二年以前。如窟内辅国将军杨大眼开龛题记所述,是为"先皇"即孝文帝所造。在这座洞窟内两侧壁面都开凿有三层大龛,每层四龛,又开有许多小型龛,所以龛像满布四壁甚至伸向顶部(图7-23)。依据所刻发愿文,可知造龛者有北魏皇室、高官,乃至高僧。后世很看重这些发愿文的书法艺术,拓成碑帖,研习魏碑书法的名帖"龙门二十品",绝大部分出于古阳洞内。

到宣武帝景明初,北魏朝廷开始在龙门营建皇家石窟。"景明

图 7-22 龙门石窟古阳洞左胁侍菩萨　　图 7-23 龙门石窟古阳洞北壁诸佛龛

图 7-24 远眺龙门石窟宾阳三洞

图 7-25 龙门石窟宾阳中洞主尊坐佛

初,世宗诏大长秋卿白整准代京灵岩寺石窟,于洛南伊阙山,为高祖、文昭皇太后营石窟二所。初建之始,窟顶去地三百一十尺。至正始二年中,始出斩山二十三丈。至大长秋卿王质,谓斩山太高,费功难就,奏求下移就平,去地一百尺,南北一百四十尺。永平中,中尹刘腾奏为世宗复造石窟一,凡为三所。从景明元年至正光四年六月已前,用功八十万二千三百六十六。"[1]这石窟三所,即今龙门石窟的宾阳三洞(图7-24)。由于只有宾阳中洞雕造完工,所以它是龙门石窟中皇室凿建石窟的典型代表。这座石窟的雕建,一方面承继着云冈模式,另一方面也显露着迁洛以后出现的艺术新风。宾阳中洞依旧是扁椭圆形平面,窟内圆雕三佛,正壁主尊坐像(图7-25),两旁侍立二弟子二菩萨,左右侧壁各雕一立佛二菩萨

---

[1]《魏书·释老志》,3041 页。

图 7-26 龙门石窟宾阳中洞三佛展开示意图

图 7-27 龙门石窟宾阳中洞窟顶莲花飞天

（图 7-26）。三佛服饰宽博，面容丰腴适度，弯眉直鼻，嘴角微翘，似含笑意。室内穹顶中心雕巨大的重瓣覆莲，供养飞天环绕莲花凌空飞舞，有极强的韵律感（图 7-27）。前壁满布浮雕，自上而下分栏雕刻，分别为文殊、维摩对坐说法，萨埵太子本生和帝后礼佛图

图 7-28 龙门石窟宾阳中洞前壁窟门两侧的帝后礼佛图（被盗凿后现貌）

图 7-29 龙门石窟宾阳中洞窟门洞右侧大梵天

（图 7-28）。在礼佛的宏大行列中，帝王侍臣的服饰均已遵照孝文帝改制后的服制，从构图、技法均可看到江南画艺新风的影响。在窟门外两侧，各开有屋形龛，龛内雕护法力士立像。在门内甬道两侧，一侧浮雕大梵天像（图 7-29），另一侧雕帝释天像。由于龙门地区

七　中原北魏石窟——以石雕为主要艺术形式的中国石窟　　181

图7-30 龙门石窟莲花洞造像和窟顶莲花

石质优于云冈,所以这里的雕刻更为精细,艺术造型更生动感人。特别是帝后礼佛图浮雕,人物众多,构图疏密得当。人像的身份显示分明,姿态各异,纹饰刻画精细,实属北魏大型浮雕之精粹。可惜在旧中国被洋人勾结奸商,将这两幅浮雕盗凿运到国外,现在宾阳洞内仅留盗凿的遗痕,令人遗憾。

除了皇家的洞窟外,同一时期北魏显贵高官也在龙门修造石窟。大约与宾阳中洞同时修建的大型石窟,还有因天然洞穴修造的莲花洞,其体积与古阳洞相当,平面也呈纵长方形。正壁后壁雕立佛,左、右两侧雕面朝主尊的胁侍菩萨。窟顶雕忍冬纹围护的巨大莲花,由衣带飘飞的飞天围绕巨莲飞舞,构图基本与宾阳中洞相同(图7-30)。但是该洞只雕成主像三尊与窟顶飞天绕莲,修建工程就突然中断。废弃后,该窟周壁就成为后人开凿小龛之所,从这些后开小龛中纪年最早的是正光二年(521)来看,该窟工程中断而遭废弃的时间,当不晚于正光二年。至于中断修建的原因,不外乎与主持修建的功德主在政治上失势有关。

比以上几座大型洞窟修造时间晚的一些中型石窟,大约凿建于北魏朝政归于胡太后到其遭幽禁又复出的熙平、神龟、正光之间(约515—525)。这时北魏经济情况良好,"神龟、正光之际,府库盈溢"[1]。因此在洛阳城区,大举兴建佛寺,著名的皇家大寺永宁寺就兴建于这一时期。在龙门石窟,除了延续未完工的皇家大窟工程外,贵胄高官也有开窟之举,一些中型的石窟陆续兴建。这些洞窟与皇家大窟采用椭圆平面、莲花穹顶不同,多是沿用云冈石窟已出现的三壁三龛或三壁设坛的窟形,以胡太后舅父皇甫度所开凿的皇甫公窟为代表,该洞布局紧密,雕饰精丽,在设计、形象和装饰各方面都有创新。这是一座模拟寺院佛殿形貌的佛殿窟,洞门上有莲瓣形尖拱门楣,上雕七佛。门楣上方雕出具鸱尾瓦垄的屋檐。门柱两侧原雕有护法力士像。洞窟平面近方形,穹隆顶,地面雕饰华美,在居中的通道两侧各雕3朵直径超过1米的仰莲图案,窟顶亦雕莲花,使窟内呈现出富丽华美的氛围(图7-31)。洞内正壁出现一佛二弟子二菩萨二思惟菩萨的七尊像,北壁龛雕释迦多宝像,南壁龛雕弥勒像,形成新的造像布局。南、北、后三壁下方又雕出有众多仪卫的供养礼佛行列,更显示出造窟功德主与众不同的身份地位。[2]在洞窟门楣上方,同样雕有具鸱尾屋脊和瓦垄屋檐,石窟寺洞窟保存较完整

---

[1]《魏书·食货志》,2858页。
[2] 马世长:《龙门皇甫公窟》,《中国石窟·龙门石窟(一)》240—251页,文物出版社,1991年。

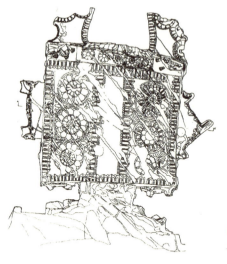

图 7-31 龙门石窟皇甫公窟平面图

图 7-32 龙门石窟石窟寺洞窟门上方雕鸱尾瓦垄屋檐

（图 7-32）。这一时期雕建的中型洞窟，还有魏字洞、普泰洞、火烧洞、弥勒洞等。由于北魏政治变乱，许多洞窟常因功德主政治上失势而导致工程中断，如火烧洞、普泰洞等俱未完工。此外，在正光、孝昌年间，在龙门还大量雕造了小型窟和小龛。到孝昌以后，北魏王朝日趋衰微，龙门石窟的营造随之日渐衰落，到北魏分裂，东魏迁邺，龙门石窟的营造遂告中断。

4 北魏洛阳时期洛阳周边的中小型石窟——巩县石窟

在北魏洛阳近旁,除龙门石窟外,周围还散布多座中小型石窟,与龙门石窟组合在一起,更全面地显现出北魏迁洛以后石窟寺艺术的全貌。目前所知有巩县大力山石窟、渑池鸿庆寺石窟、偃师水泉石窟、新安西沃石窟、孟县莲花洞石窟、孟津谢庄石窟、嵩县铺沟石窟、宜阳虎头寺石窟等处。[1]其中规模较大的属巩县大力山石窟。偃师水泉石窟[2]虽只有一座大型洞窟和一座小型禅窟,但大窟为就天然溶洞而修建的敞口纵长方形殿堂窟,进深9.5米。在正壁雕两尊高5米余的立佛像(图7-33),形貌衣饰近似龙门宾阳中洞两侧的立佛。在大窟左侧保留有摩崖大碑,惜残存右半,但据残存碑文尚能得知该窟为比丘昙覆以"私力崇营",为"皇帝陛下、皇太后敬造石[佛]"。由于龙门古阳洞中曾有"石窟主昙覆敬造"的小龛,纪年为熙平二年(517),可以推知昙覆在水泉建窟造像也当在孝明帝初年,所以碑文中所述皇帝和皇太后,应为孝明帝和胡太后。[3]这种将主尊安排为二佛并立的双像,是一种适应政治形势出现的新布局,与云冈石窟出现双窟性质近同。

巩县大力山石窟,坐落在北魏都城洛阳以东约55公里处,洞窟开凿于芒山东端大力山南麓,面临洛水(图7-34)。现存洞窟5座,以具

---

[1] 本文讲述洛阳周边中小型石窟,皆据宿白:《洛阳地区北朝石窟的初步考察》中《二龙门以外的北朝石窟及其年代》,《中国石窟寺研究》159—169页,文物出版社,1996年。

[2] 刘景龙、赵会军:《偃师水泉石窟》,文物出版社,2006年。

[3] 《洛阳地区北朝石窟的初步考察》,167页。

图 7-33　河南偃师水泉石窟后壁二立佛像

图 7-34　河南巩义巩县大力山石窟外貌

图 7-35 巩县石窟第 1 窟中心柱东龛佛像及南壁东侧礼佛图

有中心塔柱的窟形为主(图 7-35),又以前壁浮雕的多栏礼佛图最受人注意。与云冈和龙门不同,巩县石窟缺乏有关凿建的时间和造像主身份的文献记述,也缺乏任何与之有关的题记铭刻,这就为今人留下了难解之谜。因为巩县第 1 窟的工程较大且雕造精致,前壁又与龙门宾阳中洞近似,在洞门两侧整壁上下分栏浮雕帝后礼佛图,因此推断其与北魏皇室营造有关。但是北魏朝廷官方在龙门凿建的皇家大窟宾阳三洞中还有两座尚在修建中,缘何又会东去大力山另起炉灶,重启工程?因此对于开窟的功德主为谁,不同学者发表了多种意见,但对于开窟的时间,都认为应略迟于龙门石窟,大约在神龟、孝昌之间,也就是胡太后前后主政时期。5 座洞窟中,开建时间应略有先后,除第 2 窟仅凿出雏形就辍工外,第 1 窟最早,第 4 窟次之,大约开建于胡太后当政前期,第 5 窟和第 3 窟开建时期又晚一些,约当胡太后被幽禁后再当政的后期。由于北魏政局不断变动之故,有的洞内雕刻收工草率,有的甚至辍工停建。

七 中原北魏石窟——以石雕为主要艺术形式的中国石窟

巩县石窟的艺术造型出现许多与龙门石窟不同之处。首先是窟形的选择，与龙门宾阳中洞椭圆平面、穹隆顶、三壁造像不同，也与龙门大中型窟三壁三坛或三龛造像的窟形不同，而是从云冈石窟选用了第6窟的设中心柱、平棋藻井的样式。巩县石窟先建成的第1、4窟和后续的第3窟及未建成的第2窟，都是选用了中心柱的形制，只有第5窟是三壁三龛的样式（图7-36）。巩县石窟采用了龙门石窟创用的一些新样式，特别是沿用宾阳中洞在前壁两侧布置帝后礼佛图的新格局，并有所发展，成为整壁上下分栏的大幅构图，更显宏伟气势（图7-37）。巩县石窟佛像的面相已接受北魏仿效南朝张僧繇兴起的艺术新风，由秀骨清像转向丰腴适度（图7-38）。又如在各壁面的壁脚处，除布置伎乐外，更增刻了形态和手持物各异的神王（图7-39），以及体姿矫健的异兽（图7-40）。同时还选用了雕饰精美的宝帐形佛龛（图7-41）。巩县石窟兴起的这些艺术新风，都开启了流行于东魏北齐时的新样式，影响深远。

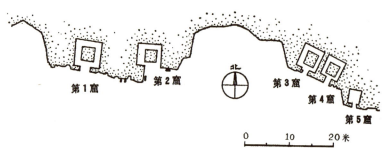

图7-36　巩县石窟总平面图

图 7-37　巩县石窟第 4 窟南壁东侧礼佛图

图 7-38　巩县石窟第 1 窟中心柱西龛佛面部

图 7-39　巩县石窟第 4 窟中心柱底座西面和南面神王

图 7-40　巩县石窟第 3 窟北壁壁脚异兽之一

图 7-41　巩县石窟第 4 窟中心柱南面二层宝帐形佛龛

七　中原北魏石窟——以石雕为主要艺术形式的中国石窟

八

北朝晚期石窟

中国石窟艺术的发展

1 响堂山石窟和天龙山石窟

北魏分裂以后,东魏将都城自洛阳迁至邺城,后来北齐取代东魏,仍都邺城,于是皇室贵胄营建石窟的场所随之迁往邺都附近。但是东魏刚迁到邺城时,或因须集中力量从事新都建设,石窟的凿建暂归沉寂,到东魏晚期至北齐时,才又出现了凿建石窟的新势头。在邺城附近,兴建了响堂山石窟。又由于北齐统治者高氏兴起于晋阳,所以也在晋阳附近兴建石窟,主要有天龙山石窟、童子寺和西山的摩崖大像。此外,还有一些小型石窟,散布在邺城和晋阳周围。邺城附近的如河南安阳小南海石窟[1]、宝山灵泉寺石窟[2]、河北涉县娲皇宫石窟[3]等。晋阳附近有姑姑洞石窟[4]、瓦窑村石窟[5]等。还有一些小型石窟修凿于从邺城通向晋阳的交通要道附近,如山西左权的石佛寺石窟与高欢云洞石窟[6]等。这些东魏—北齐时建造的石窟,特别是响堂山石窟,从洞窟外貌到造像风格,都显示出这一时期与以前北魏石窟不同的时代特色。

响堂山石窟坐落在今河北邯郸西南45公里峰峰矿区太行山余脉鼓山[7],这里分布着南响堂石窟、北响堂石窟和小响堂(水浴寺)石

---

[1] 河南省古代建筑保护研究所:《河南安阳灵泉寺石窟及小南海石窟》,《文物》1988年第4期1—14页。
[2] 河南省古代建筑保护研究所:《宝山灵泉寺》,河南人民出版社,1991年。
[3] 马忠理、张沅、程跃峰、江汉卿:《涉县中皇山北齐佛教摩崖刻经调查记》,《文物》1995年第5期66—76页。
[4] 《姑姑洞石窟》,李裕群、李钢:《天龙山石窟》140—147页,科学出版社,2003年。
[5] 《瓦窑村石窟》,《天龙山石窟》148—152页。
[6] 李裕群:《山西左权石佛寺石窟与"高欢云洞"石窟》,《文物》1995年第9期58—70页。
[7] 《响堂山石窟》,《中国大百科全书·考古学》579—580页,中国大百科全书出版社,1986年。

图8-1 北响堂山石窟全貌（作者1957年速写）

窟大小3处石窟。北响堂石窟在鼓山西麓山腰间（图8-1），主要有3个大型洞窟（习惯称为北洞、中洞和南洞），还有十余个小窟。在山脚下有常乐寺遗址（图8-2）。南响堂石窟在与北响堂石窟相距约15公里的鼓山南麓，洞窟分上下两层，下层有两个窟，上层有5个窟，除了这7个窟外，也有一些零星的小窟。在与北响堂石窟隔山相对的鼓山东麓寺后坡村，有小响堂（水浴寺）石窟，只有两个窟。[1] 关于响堂山石窟建造的年代，据从南响堂山第1窟前发现的隋《滏山石窟之碑》，确知该窟系北齐天统元年（565）丞相高阿那肱资助灵化寺僧

---

[1] 邯郸市文物保管所：《邯郸鼓山水浴寺石窟调查报告》，《文物》1987年第4期1—23页。

八 北朝晚期石窟——中国石窟艺术的发展

图 8-2　从常乐寺遗址远眺北响堂山石窟

慧义所兴建。[1]北响堂石窟南洞前廊留有《晋昌郡公唐邕刻经记》碑（图 8-3），述明该窟前廊诸壁所刻经始于天统四年（568），成于武平三年（572），所以该窟建造时间应早于刻经时间。规模更宏伟的北洞和中洞，建造时间应早于南洞，一般认为系北齐皇室所凿建，推测中洞应是文宣帝高洋所建。至于北洞，开凿年代或早于中洞，还有关于高欢瘗窟的传闻[2]，或是高欢主政东魏时所建，应建成于高欢逝世的武定

---

[1] 邯郸市峰峰矿区文管所、北京大学考古实习队：《南响堂石窟新发现窟檐遗迹及龛像》，《文物》1992 年第 5 期 1—15 页。
[2] 高欢瘗窟传闻，最早记于北宋司马迁《资治通鉴》卷 160，说东魏武定五年（547）高欢去世，"（八月）甲申，虚葬齐献武王于漳水之西；潜凿成安鼓山石窟佛寺之旁为穴，纳其柩而塞之，杀其群匠"。但是在唐道宣《续高僧传·明芬传》中，又说："仁寿下敕，令置塔于慈州之石窟寺。寺即齐文宣之所立也。大窟像背文宣陵藏中诸雕刻骇动人鬼。"齐文宣帝系高洋，又非高欢了，位置也不同，是在"大窟像背"，且其内还有"骇动人鬼"的雕刻。虽然史书明载高欢、高洋死后陵墓名称，出土墓志也有关于葬地近于这些陵墓的铭文。但是历来人们对邺都制造的故事多多，相信东魏（转下页）

图 8-3 北响堂山南洞前廊
北齐唐邕刻经碑

五年(547)以前。北洞是一座规模宏伟的大型中心柱窟,洞窟外貌雕造成带有前廊的覆钵顶佛塔的形貌,可惜前廊已崩毁,现仅剩上设 3 个明窗的窟门,依稀可辨上面的覆钵顶和上竖的塔刹。窟室面阔 13 米,进深 13.3 米,室高 13.4 米,室内中心柱面阔 7 米(图 8-4)。中心柱的正面和两侧开龛造像(图 8-5),在大龛上面又开有成排的小龛,

(接上页)一北齐陵墓都传为魏武曹操的"疑冢",混乱了对东魏—北齐陵墓的认识。值得注意的是,在北响堂山北洞中心柱左侧上端最后一龛内有一长方形洞穴,长 3.9 米,宽 1.33 米,高 1.66 米,似可塞入一具不大的棺(北齐帝王墓内的葬具都保存不佳,湾漳大墓仅存长 5.2 米的椁板,棺自然要小于椁)。娄睿墓外棺高 2.35—2.2 米,宽 2.4—1.9 米,长 3.75—3.6 米。皇帝的棺自然比娄睿的大。皇帝"死后入敛棺中,还要举行与丧葬有关的仪式,最后入葬陵墓内。很难想象还能把尸体再转放于不合规制的小棺中,再塞入这个洞穴。穴口封口石雕有同其他顶龛后壁同样的背光,且前面龛内也有置佛像的凹孔。1957 年随宿季庚先生实测该窟时,已知此洞穴,设法攀登未果。2001 年北大师生再次勘察时,李崇峰、李裕群等曾登临该穴,惜穴内空空,已无法弄清其用途。有关情况,尚待研究。

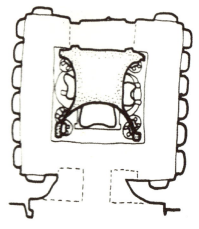

图 8-4　北响堂山北洞平面图　　　　图 8-5　北响堂山北洞中心柱上佛像

图 8-6　北响堂山北洞壁面
塔形佛龛示意图

中心柱后面不开龛,与后室壁间形成环绕中心柱礼佛的后通道。在窟室左、右两壁与前、后壁左右两侧,都开有塔形佛龛(图8-6),共计 16 龛,龛形是单层方形佛塔形貌,但在塔顶浮雕出极其华美的高耸塔刹,装饰忍冬和火焰宝珠,这样华美的塔形龛只出现在北响堂山北洞之中，极具时代特色。在前壁室门两侧，原来浮雕有上下分栏的帝后礼佛图像，但残泐过甚，仅能辨出部分遗痕。从遗痕观察，似乎不像巩县石窟中北魏晚期的分栏礼佛图为较高的浮雕，而是剪地平雕。令人惋惜的是，在民国初年，北响堂山石窟遭到大规模的盗凿，几乎所有的佛头均已缺失，而北洞诸壁的塔形龛中的造像，竟无一幸免。与北洞一样，中洞也是一座大型中心柱窟，洞窟外貌雕造成带有前廊的覆钵顶佛塔形貌，虽有崩毁，但保存较北洞好，可以看出原是四柱面阔三间的前廊，当心间开拱顶窟门，门上有明窗，左、右两侧间开龛，龛楣呈莲瓣状，龛内各雕一全装甲胄立姿神王，龛上亦开明窗。前廊檐柱是多边形束莲柱，从上至下有3束莲，柱顶托火焰宝珠，柱础为蹲狮，惜狮头无一完整者（图8-7）。上面巨大的覆钵顶基本保存完好，但顶上塔刹保存不佳，仅能看出有束莲柱等遗痕。室内空间小于北洞，中心柱是正面开大龛，两侧及后面无雕刻，所以中心柱实际是立于室中心的大型佛龛，龛内雕一佛二弟子四菩萨七尊像，龛内造像头部均遭盗凿。龛下正中雕宝炉，两侧是护法狮子，狮子外侧左右各雕两神王。北响堂山石窟的北洞和中洞，显示出东魏末至北齐皇家寺院的风采，从洞窟外貌到窟内布局都显示出与此前北魏石窟造型艺术不同的特色。虽然造像损毁严重，但从现存的残躯，仍可看到北齐造像已脱开北魏旧样式。连边饰的缠枝忍冬纹，都由清瘦转为丰腴宽肥（图8-8）。表明石窟的艺术造型，随着朝代的更迭和时间的推移，已翻开了新的一页。南响堂山石窟的凿建，晚于北响堂山的北洞和中洞，但是洞窟外貌依然沿袭北洞和中洞带前廊的覆钵塔形外貌，因为不是皇室所凿建，自然缺乏北洞和中洞的宏伟气势，窟室的规模也难相比，但是局部雕琢得较仔细。南响堂山第1窟和第2窟的前廊，廊檐和斗

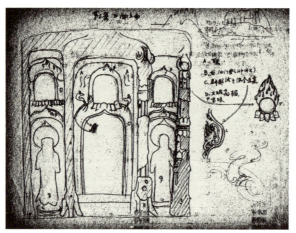 

图 8-7　北响堂山中洞外貌正面示意图（作者 1957 年在宿季庚先生指导下所作笔记）

图 8-8　北响堂山南洞窟门忍冬图案

图 8-9　南响堂山第 7 窟外貌速写（作者 1957 年速写，当时窟顶覆钵尚被后期建筑遮掩）

图 8-10 太原天龙山石窟全貌

栱都雕得精细仿真,那两座洞窟内也沿袭中心柱造型。但是南响堂山上层几座石窟,有的洞窟也保持着覆钵塔形外貌,以第7窟保存最好(图8-9),各窟内采取三壁三坛或三壁三龛的布局,成为北齐晚期石窟室内布局最流行的样式。北响堂山的南洞,凿建时间晚,已非皇家石窟,规制远小于北洞和中洞,室内采取了三壁三龛的布局,特别值得注意的是洞内前廊内外壁面上的刻经,据前廊所存唐邕刻经记碑中所记,共有四部,为《摩诃经》《胜鬘经》《孛经》和《弥勒成佛经》。同时在南响堂山石窟的第1、2、4窟窟内部分壁面都刻有佛经。此外,小南海石窟、娲皇宫石窟也保留有刻经,说明在北齐时石窟刻经为一时时尚。[1]

北齐时晋阳附近的石窟,主要是晋阳以西的天龙山石窟。[2]天龙山石窟位于太原西南40公里,共有洞窟25个,分布在天龙山东、西两峰(图8-10),其中东峰的第1、2、3、8窟和西峰的第10、16窟,

---

[1] 关于北齐石窟刻经原因的分析,请参看李裕群:《邺城地区石窟与刻经研究》,见《北朝晚期石窟寺研究》209—261页,文物出版社,2003年。
[2] 李裕群、李钢:《天龙山石窟》,科学出版社,2003年。

图 8-11　天龙山第 16 窟前廊窟檐

图 8-12　天龙山第 2 窟西壁龛内北朝佛像

图8-13 太原西山大佛残躯和佛阁遗迹

应属北朝晚期。这些洞窟的凿建,都在高欢家族势力控制晋阳的期间,最早在北魏末年,经东魏到北齐。天龙山北齐洞窟造型的时代特征,都在洞室前雕凿仿木结构的前廊(图8-11),窟内亦三壁开龛造像,造型风格与响堂山造像显示的时代风格近似(图8-12),但此处石窟规模远不如北响堂山石窟,缺乏宏伟的气势,前廊雕凿也不如南响堂山石窟精细华美。从现存造像看,面相从北魏末的清瘦,转向东魏的丰腴适度,直到北齐时的面短而艳,明显呈现出艺术造型随时间推移和社会时尚演变的轨迹。

虽然晋阳附近石窟缺乏宏伟的气势,但是晋阳郊区的两处摩崖大佛却是气势恢宏的超大型石雕艺术品。西山大佛位于太原市西南蒙山的大肚崖,始凿于天保十年(559),竣工于后主天统五年(569),头已毁坏无存,坐躯残高37米(图8-13)。据唐人撰述,西山大佛高二百尺,约合59米。童子寺大佛位于太原市西南龙山北峰,无量寿佛

八 北朝晚期石窟——中国石窟艺术的发展 | 201

像崩塌严重，但其右侧大势至菩萨尚残存头至腹部，残高 15.6 米，仅头部即高 6.6 米。据记载，童子寺大佛高一百七十尺，约合 50 米。当年西山大佛"一夜燃油万盆，光照宫内"[1]，可见原像之宏伟。

北齐为北周灭亡后，邺城和晋阳周边开窟造像之举，暂告中断。

2 须弥山石窟

北魏分裂后，西去长安的西魏—北周，没有在都城附近创凿石窟之举。距都城长安最近的以石雕为主要艺术形式的石窟，可算是在原州（今宁夏固原）的须弥山石窟。[2] 须弥山石窟坐落在固原西北 55 公里处，由于山丘地势的特点，不是如云冈、龙门那样开凿于岩壁依次排列，而是分别开凿于不同山丘之上，散布范围很大，只是相对集中在几个区域（图 8-14）。最早的洞窟开凿于北魏，到西魏、北周时出现大规模凿窟造像的高潮。现存西魏、北周石窟，窟形多是中心柱窟，也有三壁三龛的窟形。有的室内雕刻仿木建筑结构，具有当地特色。造像面相方圆，肉髻低，体型厚重，宽肩鼓腹，具有与长安地区出土北周佛像近同的造型特征（图 8-15）。但是这里的 5 座北周中心柱窟中，只有第 45、46 窟雕建完成。位于相国寺区中心的第 51 窟，是一座具有前室、主室并附有两个耳室的大型石窟（图 8-16），主室面阔 13.5 米，进深 13.2 米，室高 10.6 米，是须弥山石窟中规模最大的一座。主室为覆斗顶，室内雕仿木架结构。中心柱下为方座，上

---

[1] 《北史·齐本纪下·后主纪》，301 页。
[2] 宁夏回族自治区文物管理委员会、北京大学考古系：《须弥山石窟内容总录》，文物出版社，1997 年。

图 8-14 宁夏须弥山石窟相国寺区外貌

图 8-15 须弥山石窟第 51 窟北周佛像

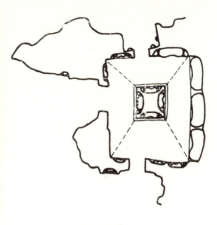

图 8-16 须弥山石窟第 51 窟平面图

图 8-17　须弥山石窟第 51 窟中心柱及所雕佛像

为方柱体，四角雕八角柱，四面开龛。在主室主体工程完成后，又雕造中心柱（图 8-17），西壁及南壁西龛，全窟尚未完工，工程即告中断（到隋朝时才补修南壁东侧和北壁）。修建尚未完工的洞窟，还有第 47 窟和 48 窟，仅凿出窟、龛形状，工程即告中断。须弥山石窟北周洞窟修建工程突然中断，乃至中心柱遭凿毁，可能与北周武帝灭法有关。

十分明显，北周武帝灭法，终结了自北魏和平年间开始的中原北方以石雕为主要艺术形式的开窟造像高潮。

3　甘肃地区诸石窟的北朝窟龛

甘肃地区，在东晋十六国时期是佛教石窟艺术由西向东传播的主要通道，凉州石窟的影响明显地表现在大同云冈石窟的早期洞窟之中。但是北魏王朝消灭各地割据政权，对中国北方的统治日趋稳固，古代中国进入新的南北朝时期。同时佛教艺术中国化步伐日渐加快，进展迅速。到云冈石窟后期，特别是北魏迁都洛阳以后，随着北魏中央政权的权威日渐增强，自北魏都城兴起的佛教艺术新风，自然引导时代新潮流，其影响向北魏全境扩展。于是甘肃地区的佛教石窟凿建与十六国时期不同，不再是甘肃地区石窟艺术向东传播，影响中原北方地区，而是甘肃地区石窟艺术更多接受当时北朝政治中心流行的佛教艺术新潮流的影响。北魏分裂后，甘肃地区在西魏—北周政权控制下，石窟的造型艺术同样是接受来自都城长安的影响。只是由于山岩等自然因素的局限，以及十六国以来的地方传统，甘肃地区的一些石窟，如敦煌莫高窟等仍然沿袭以彩塑和壁画为造型特征的地区传统。又因远在边陲，都城流行的时尚传到河西，常常要慢半拍，就自然会呈现滞后的现象。

中原北方石窟艺术新风向西传播到甘肃地区的积极推动者，往往是北朝朝廷派往甘肃地区任职的皇族及高官显贵。北魏时期，被派任泾州刺史的奚康生，就凿建了陇东地区规模最大的庆阳北石窟寺。东阳王元荣赴任时，又将北魏艺术新风带至河西敦煌。西魏—北周时期，西魏皇后乙弗氏贬居死后葬于麦积山石窟，北周大都督李允信又在麦积山凿建规模宏大的七佛龛，还请著名文人庾信为其作《秦州天水郡麦积崖佛龛铭并序》，自是一时盛事。北周秦州刺史尉迟迥，又在武山建造高达 40 米

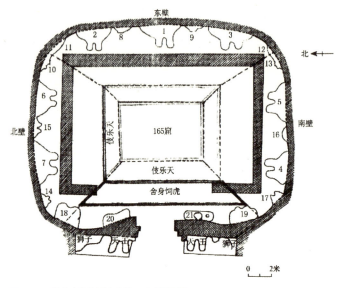

图 8-18　甘肃庆阳北石窟寺第 165 窟平面图

的释迦牟尼佛像龛。凡此种种，都影响着当地石窟艺术的发展。

甘肃陇东地区，是今甘肃省东北伸入陕西与宁夏间与陕西大面积接壤的区域，易受中原北方艺术新风影响。北魏泾州刺史奚康生在平定泾州沙门刘惠汪之乱后，因"多所杀戮，而乃信向佛道"[1]。他在兼任泾州刺史时就选在今庆阳西南 25 公里的覆钟山建造石窟。一般认为他在永平二年（509）和永平三年（510）分别开凿了南、北两座石窟，即今庆阳覆钟山蒲河和茹河交汇处东岸北石窟寺的第 165 窟[2]，以及泾川东 7.5 公里泾河左岸南石窟寺的第 1 窟。这两座洞窟都是七佛窟，其中北石窟寺第 165 窟规模宏伟，平面呈横长方形（图 8-18），面

---

[1]《魏书·奚康生传》，1633 页。
[2] 甘肃省文物工作队、庆阳北石家寺文管所：《庆阳北石窟寺》，文物出版社，1985 年。

图 8-19 北石窟寺第 165 窟正壁立佛像

阔 21.7 米，进深 15.7 米，窟高 14 米，顶作覆斗形。在室内左、后、右设低坛，七尊立佛中三尊在后壁坛上（图 8-19），中央主尊两旁各立一胁侍菩萨，左、右两壁坛上各有两尊立佛，前壁两侧各有一弥勒菩萨像，左侧为交脚坐（图 8-20），右侧为倚坐。在南壁窟门两边，一边雕阿修罗像，一边雕乘象菩萨（图 8-21）。壁面上部雕佛传和佛本生故事。窟外壁门两侧雕立姿天王像，门上方有大明窗（图 8-22）。南石窟寺第 1 窟体量小于北石窟寺第 165 窟，面阔 18 米，进深 13.2 米，高 11 米。窟内也是七佛立像和二交脚弥勒菩萨。北石窟寺第 165 窟的立佛像，高肉髻，面像丰满，佛装呈褒衣博带式样，明显是仿照云冈石窟太和年间洞窟中七佛立像龛佛像的艺术造型，表明北魏石窟流行题材影响下的作品。自奚康生在北石窟寺首建七佛大窟第 165 窟以后，以该窟为中心，逐渐向南向北扩展，形成一处规模

图 8-20　北石窟寺第 165 窟前壁交脚弥勒菩萨像　　图 8-21　北石窟寺第 165 窟前壁乘象菩萨像

图 8-22　北石窟寺第 165 窟外貌

图 8-23　北石窟寺外貌（部分）

宏大的石窟群（图 8-23），自北魏经西魏、北周、隋、唐，北石窟寺开窟造像之举长盛不衰，甚至沿袭到宋、元。目前北石窟寺已编号的各时代窟龛多达 294 号，[1] 以北石窟寺为中心，形成了陇东地区的古代石窟群，包括王母宫石窟、罗汉洞石窟、丈八寺石窟、石空寺石窟、石拱寺石窟、云崖寺石窟、主持寺石窟、陈家洞石窟等大小 20 多处石窟。[2]

甘肃地区造型最为硕大的摩崖造像龛，是现存于甘肃武山的拉梢寺造像龛（图 8-24），据龛铭造像功德主是北周权臣尉迟迥，当时他是使持节、柱国、陇右大都督、秦渭河鄯凉甘瓜成武岷洮邓文康十四州诸军事、秦州刺史、开国公，于北周明帝三年（559）他与比丘释

---

[1] 甘肃北石窟寺文物保护研究所：《庆阳北石窟寺内容总录》，文物出版社，2013 年。
[2] 甘肃省文物工作队、庆阳北石窟寺文物保管所：《陇东石窟》，文物出版社，1987 年。

图 8-24 甘肃拉梢寺北周摩崖大像龛全貌

图 8-25 甘肃拉梢寺北周摩崖大像

道藏"于渭州仙崖敬造释迦牟尼像一区"。这区释迦牟尼像浮雕于陡直的崖面上,为坐像,高近40米。面相方圆,肉髻低平,佛装通肩衣纹下垂,双手结禅定印,跌坐于呈方形的莲座上。莲座束腰雕刻极为特殊,为上下三列动物,动物间又夹一层莲瓣,上列为卧狮,中列为卧鹿,下列为大象,居中一兽为正面像,两侧则头朝外侧身排列。这样造型的佛座为其他地区所未见,动物造型颇具中亚艺术特征。佛像两旁各雕一立姿胁侍菩萨,穿百褶裙,双手执长茎莲花,侧身面朝佛像(图 8-25)。

原存于河西地区的以彩塑和壁画为主要艺术形式的重要石窟,如天水麦积山石窟、敦煌莫高窟,这时期都继续进行凿建。

天水麦积山石窟是以彩塑和壁画为主要艺术形式的石窟[1],现存窟龛兴建的年代比敦煌莫高窟略迟,但那里的西魏和北周洞窟颇有特色。原因可能是麦积山地处丝路进入甘肃地区后,东距长安最近的首座重要石窟,所以都城长安的佛教艺术新风西渐时,最早受到影响。在麦积山的西魏—北周洞窟中,值得注意的有第43窟,系西魏大统六年(540)为乙弗后所凿之瘗窟(图 8-26)。文帝元宝炬在蠕蠕强压下,先让皇后乙弗氏出家为尼,后又让她徙居秦州,依子秦州刺史武都王,最后因蠕蠕大军迫近,只得令乙弗后自尽,"凿麦积崖为龛而葬……后号寂陵"[2]。该窟外壁雕成四柱三开间的佛殿外貌,在柱头栌斗之上的一斗三升斗栱,将斗都刻成由仰莲座承托的宝珠形状,栱则雕成卷云状的花茎,显得华丽异常(图 8-27),这种风格与该窟系由皇室修建有关。

---

[1]《中国石窟·麦积山石窟》,文物出版社,1998年。
[2]《北史·后妃传·(西魏)文帝文皇后乙弗氏传》,507页。

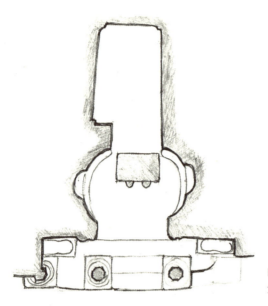

图 8-26 甘肃天水麦积山第 43 窟平面示意图

图 8-27 麦积山第 43 窟窟檐

图 8-28　麦积山第 168 窟前廊　　　图 8-29　麦积山第 23 窟北魏佛和胁侍菩萨像

还有第 168 窟，为北周大都督李允信所建，在麦积山是规模最宏大的一座，为面阔七间并凿有前廊的仿木构建筑的宏大殿堂（图 8-28），其规模亦为敦煌莫高窟同时代洞窟难与比拟。除上述两窟外，保留有北朝的窟前石雕木构佛殿外貌的石窟还有 7 座，总数共达 9 座[1]，其中 2 座外部雕作廊形，以前述第 168 窟规模最大。这些窟前雕出的中国化佛殿形貌，对研究北朝木构佛殿建筑和石窟中国化演变史，都具有重要意义。同时，麦积山石窟的北朝彩塑，也较莫高窟等石窟的同时期作品，塑制更精致（图 8-29），形貌更传神（图 8-30），具有较高的艺术欣赏价值。

---

[1] 傅熹年：《麦积山石窟中所反映出的北朝建筑》，《傅熹年建筑史论文集》103—135 页，文物出版社，1998 年。

图 8-30　麦积山第 123 窟西魏佛和胁侍像

在敦煌莫高窟，虽然据武周圣历元年（698）《李君莫高窟佛龛碑》记述莫高窟为前秦建元二年（366）沙门乐僔始建，但是早期洞窟已无迹可寻，目前保留下来的最早洞窟是北朝时期凿建的。[1] 莫高窟的北朝洞窟，其中塔庙窟中心塔柱和前室人字披顶的形制（图 8-31），明显承袭天梯山凉州石窟传统。同时，北朝洞窟中还有两侧壁设有多个小室的禅窟（图 8-32）。随着时间的推移，佛像面容由北魏时的浑圆到西魏时的过分瘦削，再到北周的重显圆润，佛装也由袒右或通肩袈裟转为褒衣博带的式样。这一阶段壁画内容主

---

[1] 宿白：《参观敦煌莫高窟第 285 号窟札记》，《中国石窟寺研究》257—268 页；《莫高窟现存早期洞窟的年代问题》，《中国石窟寺研究》343—355 页，三联书店，2019 年。

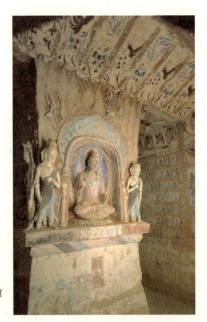

图 8-31 甘肃敦煌莫高窟第 248 窟北魏中心柱窟

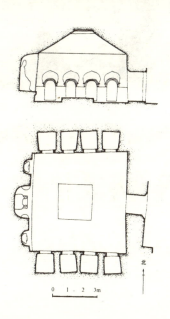

图 8-32 敦煌莫高窟第 285 窟平、剖面图

八 北朝晚期石窟——中国石窟艺术的发展

图 8-33　敦煌莫高窟第 296 窟北周壁画须阇提本生

图 8-34　敦煌莫高窟第 296 窟北周壁画五百强盗成佛（局部）

图 8-35　敦煌莫高窟第 285 窟壁画供养人和西魏大统四年题记

图 8-36　敦煌莫高窟第 285 窟壁画佛像

要以佛传、本生（图 8-33）和因缘故事为主（图 8-34），色调较沉重，底色由北魏时多用土红色，到西魏以后转为白色，主要用青绿、赭、白等色绘画。保留有明确纪年的西魏大统年间建造的第 285 窟（图 8-35）[1]，所绘壁画人物造型仍然沿袭瘦骨清相的容貌（图 8-36），而没有跟上内地早已转向面短而艳的新风尚，正反映出西陲的敦煌在接受当时以都城为中心的艺术新风影响方面，略显滞后。敦煌莫高窟的北朝石窟，原也在窟前筑木构殿堂建筑，石窟外貌也模拟寺庙佛殿。惜目前在敦煌莫高窟，早期窟前建筑均已无存。

---

[1]《中国石窟·敦煌石窟（一）》，文物出版社，1982 年。

4　南朝窟龛

与中原北方、河西及西南地区开窟造像的热闹情景不同，江南地区相对沉寂，究其原因，应与当时佛教传播在南北方的不同特点有关。但是在北朝大肆修造石窟的影响下，江南也有石窟寺凿建之举，主要是都城建康东北的栖霞山石窟（图8-37），大约凿建于齐梁时期。可惜在民国初年被寺僧用水泥涂抹，面目全非。到20世纪90年代，部分造像的原貌被揭露出来，才使人们初识南朝石窟的庐山真面目。[1]目前对这处凿建于刘宋、盛于萧齐的著名石窟的勘察研究正在进行中。

此外，就是在浙江新昌石城山，竣工于梁天监十五年（516）的倚坐弥勒大像[2]，惜已遭后代改变坐式，大肆贴泥涂饰，难窥原貌。现坐像高13.23米，佛座高2.4米。当时南北竞相修凿倚山摩崖大像，互有影响，恐系佛徒一时时尚之举。

图8-37　江苏南京栖霞山石窟（局部）

---

[1]　林蔚：《栖霞山千佛崖第13窟的新发现》，《文物》1996年第4期32—36页。
[2]　宿白：《南朝龛像遗迹初探》，《中国石窟寺研究》212—247页。

5　四川地区的南北朝时期石窟

四川地区的南北朝时期石窟发现于川北地区,其风格与成都一带的石刻造像不同,当不是源于长江下游南朝造像的直接影响,而是源于北魏后期中原造像的影响,经关陇,由汉中,入川北,产生了受北朝影响而雕凿的石窟造像。

川北的南北朝石窟造像,主要发现于广元千佛崖和皇泽寺两处石窟。[1]千佛崖的北朝洞窟,主要有大佛窟和三圣堂,前者作马蹄形平面,约开凿于北魏晚期(图8-38),后者是三壁三龛窟,约凿建于西魏至北周时期。皇泽寺的北朝洞窟,主要有中心柱窟和迎晖楼上的第28窟,约凿建于北魏至北周时期(图8-39)。上述石窟中北朝晚期的马蹄形平面、穹窿顶形窟、中心柱窟及三壁三龛窟等三种窟形,奠定了以后隋唐四川石窟造像发展的基础,直到唐中宗、睿宗时期仍流行这三种主要窟形,可见其影响之深远。

图8-38　四川广元千佛崖石窟北魏菩萨像

图8-39　四川广元皇泽寺石窟北魏中心柱窟

---

[1] 广元市文物管理所、中国社会科学院宗教研究所佛教室:《广元千佛崖石窟调查记》,《文物》1990年第6期1—23页;《广元皇泽寺石窟调查记》,《文物》1990第6期24—33页。

九

隋唐宋元石窟

中国石窟艺术继续发展到日益世俗化

1 山东驼山、云门山隋代造像

隋朝建立,佛法重兴,但其国祚短暂,而且皇帝更注重在全国各州建塔瘗藏佛舍利,因此缺乏大规模营建石窟之举。北朝时盛极一时的石窟寺,如云冈石窟、巩县石窟、响堂山石窟、须弥山石窟等,因远离王朝政治经济文化中心,失去了皇帝贵胄高官这些建窟的主要功德主,都中止了新窟的兴建。在隋都大兴城(今陕西西安,后为唐都长安)附近没有适合构筑大型石窟的场所,只是在位于陕西麟游的避暑行宫仁寿宫附近,建有仁寿寺,开凿有一座石窟,即今慈善寺石窟第1窟,现拱形窟门已塌毁,窟外崖面尚存木构窟檐等建筑的遗痕。现窟门宽4.45米,窟内进深5.9米,高6.72米,洞窟体量狭小,仅容一主尊佛像,通高5.55米,趺坐于束腰方座上(图9-1)。两侧壁各开一浅龛,内雕一身稍向主尊侧倾的佛坐像。[1]石窟应开凿于仁寿二年(602),其规模与北朝都城附近营建的石窟寺不在一个档次。

在全国各地,仅在山东地区沿袭了北周末年开始的兴建石窟的势头,在隋代继续营建,目前留下的遗迹有青州地区的驼山、云门山等处稍具规模的石窟造像。

驼山石窟坐落在山东青州西南驼山主峰东南崖壁上,自北向南分布着5个洞窟,居中第3窟规模最大,凿建时间也最早。洞窟平面近方形,面阔5.4米,进深6.5米,高7.5米。洞内正面设矮坛,上雕阿弥陀坐像,通高6.5米,两侧为胁侍菩萨立像,为观世音和大势至

---

[1] 西北大学考古专业、日本赴陕西佛教遗迹考察团、麟游县博物馆:《慈善寺与麟溪桥——佛教造像窟龛调查研究报告》,科学出版社,2002年。

图 9-1 陕西麟游慈善寺隋第 1 窟佛像

图 9-2 山东青州驼山隋第 3 窟佛像

（图 9-2）。佛座下题记"大像主青州总管柱国平桑公"，应为韦操，曾任青州刺史。青州设总管府，自北周末起，到隋开皇十四年（594）止。这也约是这座洞窟建窟造像的时间。其余 4 座洞窟，凿建时间略迟于第 3 窟，除第 1 窟为唐代凿建外，另 3 座皆为隋代所凿建。

云门山在青州东南，距驼山约 1.5 公里，有两个摩崖大龛和 3 个小型洞窟，造像形貌近于驼山石窟造像，由于大龛内有后来加刻的小龛，其题记的纪年有开皇十年和仁寿二年，可知大龛应建于开皇十年（590）前，应与驼山第 3 窟建造时间相近。[1]

云门山和驼山的隋代造像，一反原来青州北齐造像面相丰腴适度，体态修长，佛装衣薄贴体，衣纹舒朗的造型风格。造像体态壮硕，衣着厚重，面相方圆，近似长安北周造像的面相。这种新的造像风格，虽然还未摆脱北朝晚期造像的旧传统，但是标志着变革已经开始，预示着中国佛教造型艺术即将步入一个新的时代。

2 洛阳龙门大卢舍那像龛（奉先寺）——武后主政前后龙门石窟兴建掀起高潮

李唐建国之初，忙于消灭群雄，稳定社会经济，皇帝无暇顾及开窟造像之事，所以贞观年间各地只有小规模的石窟建造，有些只是前殿后窟的个别洞窟，保留至今最大的一座是陕西彬县大佛寺石窟中的大像洞（图 9-3）[2]，据题记为"大唐贞观二年（628）十一月十三日造"，是一座面南坐北的马蹄形平面洞窟，面阔 34.5 米，进深 18 米，高约 28 米。洞内造华严三圣像，居中为高 20.4 米的阿弥陀佛坐像，两侧为高 17.6 米的立姿胁侍菩萨，为观世音与大势至，都是石胎泥塑，且屡经后世妆修。这也是目前陕西境内保存体量最大的佛像，或许可视作

---

[1] 阎文儒：《云门山与驼山》，《文物》1957 年第 10 期 30—33 页。
[2] 《大佛寺石窟》，《全国重点文物保护单位（第一批至第五批）》第Ⅲ卷 340—341 页，文物出版社，2004 年。

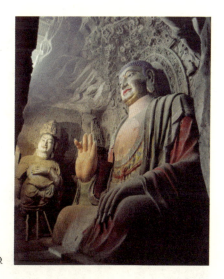

图9-3 陕西彬县大佛寺石窟唐佛像

唐代兴建大佛的序幕。

初唐以后,国力渐强,高宗、武后时又兴起另一波大规模开窟造像的高潮,其代表作就是在龙门凿建的奉先寺大卢舍那像龛。[1]此后,龙门石窟进入新的繁荣期,目前在龙门保存有几十个唐代洞窟、数以百计的小窟和数以千计的小龛。

龙门的大卢舍那像龛(图9-4),据佛座北侧唐玄宗开元十年(722)补刊的《河洛上都龙门山之阳大卢舍那像龛记》,该像为"大唐高宗天皇大帝所建也",全龛"纵广兮十有二丈矣,上下兮百四十尺耳"。龛内"佛身通光座高八十五尺,二菩萨七十尺,迦叶、阿难、金刚、神王各高五十尺"。咸亨三年(672),"皇后武氏助脂粉钱二万贯"助营此工程,龛像竣工于上元二年(675)。后来在"调

---

[1] 龙门文物保管所:《奉先寺》,文物出版社,1984年。

九 隋唐宋元石窟——中国石窟艺术继续发展到日益世俗化

图9-4 河南洛阳龙门石窟唐奉先寺大卢舍那像龛远眺

露元年（679）己卯八月十五日，奉勅于大像龛南置大奉先寺"。奉先寺早毁[1]，仅存像龛，所以民间习惯称像龛为"奉先寺"，沿用至今。现大像龛南北面阔约33.5米，东西进深约38.7米，是一处敞口大龛。在像龛上的崖壁，开凿有长达120.4米的人字形排水防护沟。在大像龛正中雕高17.41米的卢舍那佛坐像，加上背光火焰纹顶端的高度，约达20米（图9-5）。两侧各雕弟子、菩萨、神王、力士，成为一铺九尊的群组造像，结构严谨，主次分明，雕造精细，气势宏伟，显示了盛唐风韵。这时的佛像造型已摆脱了隋至唐初仍承袭北朝晚期样式的旧传统，面相丰满（图9-6），肌肤圆润，身姿优美，体态自然，显现出唐代造型特征的新风貌。

同时，在武后当政时期，除原

图9-5 龙门石窟唐大卢舍那像

图9-6 龙门石窟唐大卢舍那像龛主尊头像

---

[1] 奉先寺遗址可能在龙门西山南端魏湾村，现在的洛伊公路从遗址中间穿行而过，见《奉先寺》。

九 隋唐宋元石窟——中国石窟艺术继续发展到日益世俗化　　227

来在龙门西山开窟造像外，又开启了在龙门东山凿窟建寺的历程，最早的洞窟是在东山擂鼓台建造的一组洞窟，由于发现了洞窟外接的木构建筑遗迹，表明那里是后接石窟的木构佛殿，正是一座前殿后窟的石窟寺院。[1]

在擂鼓台区第3窟和第4窟内中央建有方坛，或许与佛教密宗曼荼罗的出现有关。龙门石窟也保留了一些密宗造像，在西山和东山都有发现，但多为小型窟龛，造像有大日如来、千臂观音、十一面多臂观音等。

除东都洛阳的龙门石窟外，在都城长安附近的陕西麟游也出现高宗时凿建的小规模石窟。从甘肃地区至新疆地区的主要石窟，如天龙山、须弥山、麦积山、炳灵寺、敦煌莫高窟等石窟，直到龟兹的库木吐喇等石窟，目前都保留大量唐代的窟龛遗存。

此外，随着蜀地经济的繁荣和政治上受唐廷重视，那里的石窟营建也空前繁盛，原在南北朝时期已开窟造像的广元千佛崖和皇泽寺两处石窟，唐代继续凿建。唐代石窟的营建由川北向中部、东部扩展，特别集中在由成都到重庆古道上的大足、安岳地区，保留至今的唐代窟龛众多。大足地区的唐代洞窟，集中在大足北2公里北山的佛湾[2]，洞窟开凿在高约7米、长约200米的崖壁上（图9-7），窟龛超过200个，在此首开洞窟的是晚唐昌州刺史韦君靖。大足唐窟造像题材也有地方特色，如以毗沙门天王为主尊的大龛（图9-8），以及表现佛国西方净土的大型浮雕（图9-9），楼阁花木人物众多，雕工精巧，为中原地区石窟所罕见。

---

[1] 龙门石窟研究院、北京大学考古文博学院、中国社会科学院世界宗教研究所：《龙门石窟考古报告·东山擂鼓台区》，科学出版社、龙门书局，2018年。
[2] 大足县文物保管所：《大足石窟》，文物出版社，1984年。

图9-7 重庆大足北山佛湾部分龛像外观

图9-8 大足北山佛湾唐毗沙门天王龛像　　图9-9 大足北山佛湾唐净土变龛像

同时，在当时南诏领域内的云南剑川，开创了独具地方少数民族特色的剑川石钟山石窟。[1]

3 中原到河西各石窟大佛和乐山大佛——唐时雕造大像之风

高宗武后在洛阳龙门雕造大卢舍那像龛，上有所好，下必从之，于是兴起了新的雕塑大像之风。从高宗武后时开始，经开元天宝盛世，直到德宗贞元年间，各地建造大像之风久盛不衰，从中原西到河西走廊，西南到四川地区的石窟中，保存至今的大像几乎都是唐代高宗到德宗时代的作品。唐代新兴的修建大像之风，与早期以克孜尔石窟为代表的大像窟的大像，以及北魏平城时期以昙曜五窟为代表的大像，除面相服饰方面的不同，基本造型也不相同。克孜尔石窟大像窟中皆为立像，云冈石窟中昙曜五窟有立像也有坐像，但以三佛为主。但唐代大像，不见三佛，且主佛均采坐姿，且以倚坐为多，胁侍为菩萨。在北魏时未建成的云冈石窟第3窟中，唐代补雕的造像主尊也是倚坐佛像，两侧是胁侍菩萨。唯有四川安岳城北卧佛村，有身长23米的巨大释迦涅槃像。[2]

目前保留有唐代大像的石窟，除龙门石窟的大卢舍那像龛外，自东而西，主要有天龙山石窟、须弥山石窟、天梯山石窟、炳灵寺石窟

---

[1] 剑川石钟山石窟始建于南诏，一直延续到五代、宋，建造石窟的主要目的是在三座主要石窟中为南诏诸王造像，同时也有一些佛教造像。与本书所称"梵迹"有别，故此从略。可参考《石钟山石窟》，《全国重点文物保护单位（第一批至第五批）》第Ⅲ卷225—227页，文物出版社，2004年。

[2] 彭家胜：《四川安岳卧佛院调查》，《文物》1988年第8期1—13页。

和敦煌莫高窟。

山西太原天龙山石窟第9窟上层的弥勒倚坐像，通高虽只7.55米，但已是天龙山石窟中体量最大的大佛（图9-10）。第9窟下层，中央为观音立像，两侧是文殊、普贤。[1]

宁夏固原须弥山石窟，在大佛楼区东部山崖南麓第5窟，为敞口的大龛，雕有一尊高20.6米的弥勒佛倚坐像，被推定为唐高宗或武则天当政时的作品，也是目前须弥山石窟中体量最大的佛像，曾经后代多次整修（图9-11）。洞内北、东、西壁及顶部，布列许多梁椽孔眼，表明原曾筑有木构窟檐。[2]

甘肃武威天梯山石窟中，位于整个窟群最左边的第13窟，窟高27米，敞口。窟正中有一尊高23米的倚坐大佛像（图9-12），两侧紧贴壁面雕弟子、菩萨、天王立像，共为一铺七尊像，均为石胎泥塑，原为唐代修建，后经西夏、元、明、清多次整修，以致外貌颇显

图9-10　山西太原天龙山石窟第9窟唐弥勒倚坐像

图9-11　宁夏固原须弥山石窟唐弥勒倚坐像

---

[1] 李裕群、李钢：《天龙山石窟》，科学出版社，2003年。
[2] 宁夏回族自治区文物管理委员会、北京大学考古系：《须弥山石窟内容总录》，文物出版社，1997年。

图 9-12　甘肃武威天梯山石窟唐弥勒倚坐大像

臃肿，但基本造型仍保持唐塑原型。因体量过大，1959年搬迁时未予搬迁，仍存留原处。[1]

甘肃永靖炳灵寺石窟，位于天桥下面的第171龛，内雕高28米的弥勒倚坐像（图9-13）[2]，为石胎泥塑像，可能建造于唐贞元年间。[3] 原泥塑年久多脱落，明代重加修整。原大佛前依山建有木构佛阁，早已无存。

敦煌莫高窟，保留有两座唐塑大像，习称北大像和南大像。北大

---

[1] 敦煌研究院、甘肃省博物馆：《武威天梯山石窟》，文物出版社，2000年。
[2] 甘肃省博物馆、炳灵寺石窟文物保管所：《炳灵寺石窟》，文物出版社，1982年。
[3] 宋人李远《青塘录》记："河州渡河至炳灵寺，即唐之灵岩寺，贞元十九年凉州观察使薄永祚所建。寺有大阁，附山七重，中有像，刻山石为之，百余尺。"现大阁早已毁，但崖面榫孔遗迹尚存。见《炳灵寺石窟》8页。

图 9-13 甘肃永靖炳灵寺石窟
唐弥勒倚坐大像

像在第 96 窟，为弥勒倚坐像，高 33 米，为武周延载二年（695）所建造，现经民国时重新整修。窟前接民国修九层楼阁第一层。南大像在第 130 窟，亦为弥勒倚坐大像，高 26 米，盛唐建造（图 9-14）。该窟曾经西夏重修，现西夏壁画层下还保留有唐代壁画。[1]

以上列举的唐代大像，造型均采取倚坐姿态，应是唐代大像的时代特征。这些像都是所在石窟各代造像中体量最为硕大的，也昭显出唐朝盛世大型艺术品的时代风貌。

在西南地区，四川石窟的唐代造像中，也不乏体量硕大的佛像。唐代的倚坐大像，如荣县大佛石窟，坐落在荣县旭阳镇大佛崖，为露

---

[1] 敦煌文物研究所：《敦煌莫高窟内容总录》，文物出版社，1982 年。

图 9-14　甘肃敦煌莫高窟第 130 窟唐南大像　　图 9-15　四川荣县大佛寺石窟唐弥勒倚坐大像

顶敞口大龛，面阔 16 米、进深 14 米，高 40 米，内雕通高 36.7 米的倚坐佛像，佛头与山巅齐平（图 9-15）。建于晚唐时期，北宋时曾大加修整。[1]

　　四川地区的唐代大像中，造型特殊的应数安岳的涅槃像，位于四川安岳北 25 公里八庙乡卧佛沟。涅槃像刻于距地面 5 米的崖壁上，全长 23 米，肩宽 3.1 米（图 9-16）。[2] 这铺造像颇多令人不解之处，明明是涅槃像，却在其上刻铭"释迦牟尼说法图"。又据佛传，释迦牟尼

---

[1]《荣县大佛石窟》，《全国重点文物保护单位（第六批）》333—334 页，文物出版社，2008 年。

[2]《卧佛院摩崖造像》，《全国重点文物保护单位（第一批至第五批）》第Ⅲ卷 132—133 页，文物出版社，2004 年。

图 9-16　四川安岳卧佛院唐涅槃大像

涅槃时是右胁卧，一般雕像均按仪轨雕刻为右胁卧。而这铺大像却调转方向，让佛左胁卧，完全不遵造像仪轨，如是小像，或许说是雕刻匠人误将粉本翻置，但如此巨像，弄错方向，真令人费解。

此外，四川还保留有身躯最为巨大的唐代弥勒倚坐佛像，此即乐山三江汇流处，摩崖雕成的乐山大佛。大佛坐落在乐山南岷江东岸凌云寺侧，濒大渡河、青衣江、岷江三江汇合处，江流急转，行船望见大佛，正起到令人警觉而避免事故的作用。大佛的雕造，前后历时达90年，始建于玄宗开元初年（约713），由海通和尚发起开凿，直到德宗贞元十九年（803）完成。大佛坐高59.98米，其头长14.2米，脸阔10米，耳长7米，肩宽28米，脚长10.3米（图9-17）。虽然身躯巨大，

图 9-17　四川乐山唐倚坐大佛像

但总体造型的躯体比例匀称。这尊巨大的倚坐佛像,是唐代盛行雕造巨佛的代表作,也是中国古代佛雕中体量最大的一尊,为中国古代大型佛雕中"前不见古人,后不见来者"之巨作。

4　河西石窟的唐代窟龛——以敦煌莫高窟为代表

河西地区以彩塑和壁画为主要艺术形式的石窟寺,发展到唐代,已经丧失了十六国时期凉州石窟那样对中原北方石窟艺术的影响力,难以再起到佛教艺术东传的作用。但是到了唐代,随着佛教艺术中国化步伐的加快,唐朝都城长安盛行的佛教文化不断辐射到全国各地。影响所及,河西地区的石窟寺中,唐代洞窟佛教艺术所显示的时代特征,概源于都城长安。前文中已叙述了河西地区诸石窟中的唐代大像,此外炳灵寺石窟亦保留了唐代雕造的窟龛，麦积山石窟也保留有唐代窟龛。被搬迁过的天梯山石窟，也曾保留唐代洞窟和造像，一些唐代彩塑和壁画，已搬迁到甘肃省博物馆。最能表现出唐代佛教艺术繁荣和水平的还数敦煌莫高窟。经过隋代的过渡，从初唐开始，敦煌莫高窟逐渐进入开窟造像的高潮，经中唐和吐蕃占有时期，一直延续到晚唐五代乃至北宋。现在保留下来的洞窟，以这一时期的数量最多。

敦煌莫高窟的唐代初期塔庙窟，进一步模拟中国式地面佛寺建筑，平面近方形的窟室模拟佛殿，前接木构前廊，已经看不到原由西部传来的塔庙窟遗痕。窟顶多作盝顶，室内正壁前设龛造像（图 9-18），两侧壁分绘大幅经变画，如阿弥陀经变、观无量寿经变（图 9-19）、弥勒经变、法华经变、药师经变等，所绘佛国胜景都是中国式宫殿楼台建筑，壮丽华美，其粉本应在模拟都城宫阙的基础上，再理想化升华而成。前壁室门上方绘说法图，两侧常安排维摩和文殊隔门对坐（图 9-20）。石窟整体设计得当，塑绘精美，反映唐朝盛世的时代风貌。

图 9-18　敦煌莫高窟初唐第 322 窟正壁造像

图 9-19　敦煌莫高窟盛唐第 45 窟北壁壁画观无量寿经变

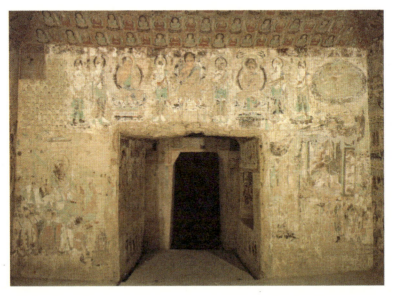

图 9-20

吐蕃入据敦煌期间，莫高窟的兴建迄未中断，只是在壁画人物及服饰方面，出现了吐蕃装的人物，吐蕃普赞的画像也提到突出的位置。张议潮驱逐吐蕃，沙州重属唐廷，进入归义军节度使控制阶段，张氏控制结束后，曹议金父子继领归义军节度使。这一阶段从晚唐直到宋初，敦煌莫高窟又进入开窟造像的高潮，曹氏家族还对石窟进行过大规模修整，修建窟檐和通道，重修北大像，并在长近 1 公里的露天崖壁上绘制壁画。这一时期盛行带有高大背屏的中心佛坛样式，洞窟的平面略呈横长方形，中心偏后设置倒凹形佛坛，坛上造像，坛后树立高大的背屏（图 9-21）。窟顶覆斗形，四角内凹分别绘制四天王像。整体布局更接近地面建筑的佛殿。同时强调了石窟的造像主，出现反

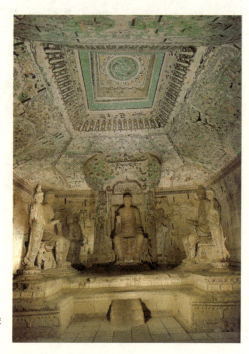

图 9-21 敦煌莫高窟宋第 55 窟背屏式佛坛

图 9-22　敦煌莫高窟晚唐第 156 窟壁画"张义潮统军出行图"（局部）

图 9-23　敦煌莫高窟五代第 98 窟东壁南侧壁画于阗国王供养像

图 9-24　敦煌莫高窟第五代 61 窟东壁北侧壁画女供养人像

映世俗生活的画面，在张氏时期建造的第156窟中，绘有长卷画面的"张议潮统军出行图"（图9-22）和其妻"宋国夫人出行图"，绘出旗帜、骑士、伎乐、歌舞……形象写实、姿态生动。曹氏时期的第100窟中，也绘有"曹议金出行图"和"回鹘公主出行图"。因为与于阗联姻，壁画中也出现于阗国王的供养像（图9-23）。同时期的洞窟中也强调了供养人像的存在，供养人体姿增大，体高常与真人近似，占满甬道，面容衣饰绘制精美（图9-24），今日看来是反映当年沙州上层社会风俗的写真画。

7世纪以来，印度佛教密教兴起，东来长安的名僧，译有密典，影响所及，唐高宗、武后、中宗时长安佛教杂密盛行。到玄宗开元时，善无畏、金刚智、不空东来，系统地汉译密教经典，对密教的修持和传播起了重要作用。长安密教盛行，影响所及，敦煌莫高窟唐代洞窟也开始出现密教图像，如孔雀明王、毗沙门天王等。竣工于大历十一年（776）的第148窟，主室东壁门上绘千手千眼观音，室内南壁设如意轮观音龛，龛内主像原为如意轮观音，龛后、左、右三壁皆绘如意轮陀罗尼咒诸愿屏风，龛顶绘如意轮观音变四幅。北壁设不空羂索观音龛，原龛内主像为不空羂索观音像，龛后、左、右三壁绘不空羂索神咒诸愿屏风，龛顶绘欢喜藏摩尼宝胜佛、地藏菩萨和药王菩萨。这两个龛是莫高窟出现的最早的密教龛像。到张氏和曹氏归义军时期，密教图像日益增多，常见十一面观音、如意轮观音、千手千眼观音、千臂千钵文殊（图9-25）、毗沙门天王及四天王等。曹氏时期更是流行多种形象的观音，窟顶四坡布置不动、天鼓音等四佛，四隅布置四天王，还出现了后壁以满绘五台山为背景，主像奉文殊的文殊堂（第61窟）（图9-26）。还出现了佛顶尊胜陀罗尼经变、地藏十王与六道轮回和单

图 9-25 敦煌莫高窟五代第 99 窟南壁壁画千臂千钵文殊

图 9-26 敦煌莫高窟五代第 61 窟佛坛和壁画

独建立的天王堂。[1]

5　宋代石窟——大足石刻和飞来峰石刻

唐代以后，皇室和贵胄已不再大规模营建石窟，热闹了近 5 个世纪的石窟建造热潮逐渐平息下来。中原及北方的许多著名石窟的修建早已结束，河西地区敦煌莫高窟等处还可见到一些宋元时修造的洞窟。但在蜀地，宋代营建窟龛的活动仍较频繁，在大足、安岳有许多精美的宋代作品。

重庆大足的宋代石刻，大略可分为两大组合。前一组合是沿袭大足唐代佛教龛像，为传统的佛徒祈福所建。从造像题记，可知从北宋一直沿续到南宋，从北宋咸平四年（1001）到南宋乾道八年（1172），延续达 171 年，开凿龛像的地点从北山佛湾，扩展到石篆山、石门山、玉滩、佛安桥、舒成岩、妙高山等多个地点。造像人除大足县知事这种地方小官外，已多为一般民众，这也反映出宋代佛教世俗化的进程。大足宋代窟龛造像雕造精细，面相和祥，特别是菩萨像，在沿袭唐代"菩萨如宫娃"的世俗化容貌基础上，更胜一筹，减弱了威严庄重的气势，更像慈祥娴静的民间妇女，给人以亲切之感。代表作品如北山第 196 号窟（心神车窟），窟室前部设转轮藏，窟内正壁主尊是坐于菩提树前的佛像，两侧侍立僧像，还有童子和男女供养人。南侧雕乘狮文殊菩萨（图 9-27）、执宝印菩萨和执宝珠菩萨，北侧雕乘象普贤菩萨、六臂

---

[1] 宿白：《敦煌莫高窟密教遗迹札记》，《中国石窟寺研究》356—403 页，三联书店，2018 年。

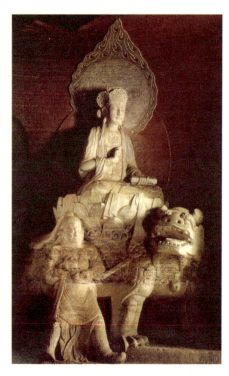

图 9-27 重庆大足北山第 196 窟宋乘狮文殊菩萨像

图 9-28 重庆大足北山第 196 窟宋乘象普贤菩萨、多臂观音和数珠手观音像

图9-29 重庆大足北山第198窟宋宝珠观音头像

图9-30 四川安岳毗卢洞宋水月观音像

菩萨和执数珠菩萨（图9-28）。窟门两侧刻护法金刚力士。整窟雕像布局匀称，雕工精细，是大足宋代雕像精华之作（图9-29）。在这一时期，在安岳毗卢洞石刻造像中还出现了姿态随意的水月观音（图9-30），此后一直是受到中国民间喜爱的造像题材。这些都是当日佛教日益中国化和世俗化在佛教造型艺术方面的具体表现。

后一组合，是更体现佛教世俗化的作品——大足宝顶山造像，为南宋淳熙六年（1179）由赵智凤创凿的民间道场，雕像更显民间化和世俗化。赵智凤所传布的，并不遵从宋代佛教流行的各宗，而是唐末柳本尊在四川依托佛教密宗瑜伽部教义创建的民间宗派，最初柳本尊

图 9-31 四川安岳毗卢洞宋柳本尊十炼苦修图像（局部）

以自残苦行，向世人传教。正如在大佛湾道场所雕柳本尊的十苦行浮雕，包括炼指、立雪、炼踝、剜眼、割耳、炼心、炼顶、舍臂、炼阴、炼膝，表现他在峨嵋、成都等地多年苦行传道的情景，下面还雕出他的信徒和供养群像。在安岳毗卢洞石刻造像中，同样雕有柳本尊十炼苦修图像（图 9-31）。后来赵智凤继续传道，信徒日众，得以在大足建立道场，将宝顶山按其规划，用石雕向教众形象地宣讲教义，观像而悟道，所以造型也更加生动，生活气息也更加浓厚。赵智凤所建道场，包括依山构建的圣寿寺（原寺明时已毁，现寺庙建筑为清代重建），圣寿寺山下的大佛湾，还有附近的小佛湾。小佛湾规模有限，地势幽静，构筑方坛，应为信徒灌顶受戒、修炼之所，坛上建僧室 5 间，室壁浮雕诸佛、祖师等图像，坛前有遍刻经名的石经目塔及水井。相比之下，大佛湾规模宏伟，是圣寿寺山下一处近似马蹄形的山湾，长约 500 米，崖壁高约 8—25 米。在这山湾内，沿东、南、北三面崖壁，按照统一

图 9-32 重庆大足宝顶山大佛湾宋父母恩重经变

图 9-33 重庆大足宝顶山大佛湾宋地狱变相（局部）

规划，满布雕像，构成一处可容大量信徒，一边行走观像，一边听讲师宣讲教义，极具宣传效果的完美道场。大佛湾石刻群像的主要内容，有六道轮回图、佛传、毗卢道场、父母恩重经变、报恩经变（图9-32）、地狱变相（图9-33）、柳本尊十苦行、牧牛图（图9-34）等。群像引导信徒苦炼修行，遵行孝道，明白因果报应，免遭地狱之苦。造像中技术精湛的是千手观音（图9-35）。但是大佛湾雕刻中最引人入胜的是

九　隋唐宋元石窟——中国石窟艺术继续发展到日益世俗化　　247

图9-34 重庆大足宝顶山大佛湾宋牧牛图（局部）

图9-35 重庆大足宝顶山大佛湾宋千手观音像

在父母恩重经变、牧牛图中描绘的当时社会生活情景画面，是显示宋代佛教世俗化的佛教艺术佳作。

南朝以后，江南罕有开窟造像之举，迄至五代至宋，仅有江西赣州通天岩石窟和浙江杭州飞来峰石刻群。

赣州通天岩石窟[1]，规模不大，目前仅保留有以罗汉、菩萨为主要

---

[1] 何国维：《通天岩》，《文物参考资料》1954年第12期108—110页。

图9-36 江西赣州通天崖宋摩岩罗汉、菩萨龛像

题材的造像,均为小规模的龛像或摩崖雕刻(图9-36)。[1]

杭州飞来峰石刻群,规模较大,摩崖像龛开创于吴越国时期,应与当时皇室崇信佛教有关。飞来峰造像坐落在杭州西湖区西北群山中,隔冷泉溪与灵隐寺相对。造像分散在山崖或天然岩洞中(图9-37),共约380余尊,雕造时代自五代十国时起,经宋到元,被认为是吴越国时的龛像,有5龛11尊。[2]两宋时的龛像中,规模最大的是南宋雕造的第68龛,也是飞来峰造像中最大的龛像。龛内雕弥勒和十八罗汉,主尊为弥勒,但不是佛装或菩萨装,而是源自民间传说的布袋和尚的形貌(图9-38),世人俗称大肚弥勒佛,是人间胖和尚的形貌,笑容

---

[1] 张总、夏金瑞:《江西赣州通天岩石窟调查》,《文物》1993年第2期48—55页。作者认为有些龛像接近晚唐五代作品,但无确证。

[2] 杭州市历史博物馆、杭州市文物保护管理所、杭州市文物考古所:《飞来峰造像》,文物出版社,2002年。

图 9-37　浙江杭州飞来峰石刻青林洞南口龛像

图 9-38　浙江杭州飞来峰石刻宋第 68 龛弥勒—布袋和尚像

可掬,袒胸露腹,姿态随意安详,整体形象呈现令人欢乐的氛围,正是南宋时佛教中国化和世俗化在造像艺术方面的代表作品。

6 元朝西天梵像——西湖周边石刻

元代时藏传佛教传至江南,在江南释教都总统杨琏真迦主持下,西湖周边出现开龛造像的热潮。飞来峰石刻群继五代、宋以后,出现数量众多的元代龛像(图9-39),其粉本应源自元大都,这时造像多西天梵相式(图9-40),系受尼泊尔名匠阿尼哥艺术影响,在萨迦派造像的基础上融入了尼泊尔造像风格而成。西湖元代造像中最具特色的是宝成寺麻曷葛剌造像龛[1],在横长方形龛内,居中雕本尊麻曷葛剌倚坐像(图9-41),麻曷葛剌为藏传佛教中的大黑天(即大日如来)。像高1.38米,作愤怒状,面容威猛恐怖。肩悬人头,足踏伏卧人像。

图9-39 浙江杭州飞来峰石刻元第84龛尊胜佛母像龛

---

[1]《宝成寺麻曷葛剌造像》,《全国重点文物保护单位(第一批至第五批)》第Ⅱ卷75页,文物出版社,2004年。

图 9-40　浙江杭州飞来峰石刻元第 99 龛无量寿三尊像

图 9-41　杭州西湖宝成寺元麻曷葛剌像龛

左胁侍骑狮，亦愤怒相，颈悬骷髅数珠，右手执上叉人头骷髅的三叉戟，左手托一人头。右胁侍骑象，亦愤怒相，右手举金刚杵，左手抓人头。三像身后都雕火焰纹背光。龛侧有元至治二年（1322）造像题记。

西湖飞来峰造像群也是中国内地保存的唯一一处拥有藏传佛教石雕的石窟寺遗存，也是时代最晚的石刻造像群，可算是中国古代石窟寺艺术的落日余辉。

综观中国石窟寺院的建立和发展，可以大略看出其发展规律和特点。

首先，中国石窟寺院的创建，与佛教东传途径相一致，最早出现在丝路进入中国后的西端，以后进入玉门关，沿河西走廊向东延伸。进入北方和中原地区以后，先是建立在国都附近，然后其影响又由此向各地辐射，出现了由东向西传播，影响河西地区直到新疆。这又与佛教中国化的历程相应。

其次，开创石窟的地点选择，除需有适合开窟的山岩外，还要有水源及方便的交通环境，并依傍于全国政治经济中心或地区政治经济中心。

最后，早期的石窟功德主以帝王和贵族高官为主，以后逐渐向下层人士扩展，这与中国佛教世俗化过程紧密联系。

在佛教石窟的艺术造型方面，随着佛教中国化的过程，在外来因素与中国传统造型艺术不断结合的基础上，在不同朝代塑造出各具时代特色的艺术品，为后人留下一座又一座艺术宝库，其中如云冈石窟、大足石刻等更是被定为世界文化遗产。

十 中国石窟寺窟前遗迹的考古发掘

对中国石窟寺窟前遗迹的考古发掘，属于中国石窟寺考古四个研究程序中的第一个研究程序，[1]即考古学的清理和记录的主要内容之一。经过沧桑的历史岁月，自然和人为的破坏让石窟寺院的面貌有了极大的改变。特别是露出崖面的石窟的前部，还有原来修整的窟前平台，以及在平台上修建的窟前建筑，多是面目全非，有的崩毁无存，有的只留下损毁后的遗迹。1949 年中华人民共和国建立以后，文物考古工作蓬勃开展，从 20 世纪 60 年代至今，对甘肃敦煌莫高窟的窟前遗迹，河北邯郸南响堂山石窟的窟前遗迹，山西大同云冈石窟的窟前遗迹、未完工洞窟及山顶佛寺遗迹，河南龙门石窟东山擂鼓台区石窟窟前遗迹，新疆高昌石窟中部善吐峪沟石窟等，进行过不同程度的考古清理发掘，获得了重要收获。以下择要分项简介。

1 大同云冈石窟遗迹的考古发掘

抗日战争爆发后，日本侵略军占领了中国北方的广大地域。日本人对云冈石窟进行了大规模的勘测研究工作，也对云冈石窟的遗迹有过局部试掘。中华人民共和国建立以后，人民政府不断加大对云冈石窟管理、保护的力度，成立了专门的保管、研究机构，结合保护管理工作，陆续开展对石窟窟前遗迹等考古清理发掘工作，有了可喜的收获。值得予以注意的成果有云冈石窟第 3 窟的清理发掘、和对山顶佛寺遗迹的发掘，这对复原北魏云冈石窟的面貌和石窟的

---

[1] 徐苹芳：《中国石窟寺考古学的创建历程——读宿白先生〈中国石窟寺研究〉》，《文物》1998 年第 2 期 54—63 页。

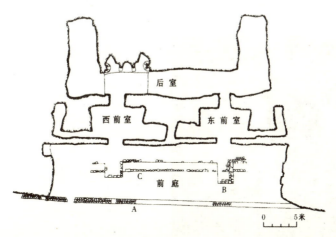

图 10-1　山西大同云冈石窟第 3 窟平面图

建造工艺技术等学术问题，有很大意义。对第 9、10 窟窟前基岩面的清理，也揭示了北魏以后，各代对云冈石窟窟前建筑的修建情况，对研究云冈石窟的历史提供了重要实物证据。

云冈石窟第 3 窟，是北魏平城晚期开始凿建的一座大型洞窟，具有双前室和宏大的后室（图 10-1），但并没有完工，当石窟洞窟开凿得初具雏形时，即遭废弃。经过朝代更迭，大约在唐朝时，虽然在废弃的洞窟后室做局部整修，凿建了造像（图 10-2），但是整个第 3 窟向后人展示的是一座未完成洞窟的形貌。1993 年，对该窟开展了较大规模的考古发掘，对北魏开凿时窟前遗留未完工基岩地面进行揭露（图 10-3），清理了该窟的前室，并对后室进行探查，总共揭露面积达 900 余平方米[1]。通过发掘清理，可以看清北魏时开凿石窟，先是凿建

---

[1]　云冈石窟文物研究所、山西省考古研究所、大同市博物馆：《云冈石窟第 3 窟遗址发掘简报》，《文物》2004 年第 6 期 65—88 页。

图 10-2 云冈石窟第 3 窟唐代造像

图 10-3 云冈石窟第 3 窟窟前地面遗迹发掘情况

图 10-4　云冈石窟第 3 窟石地面长方形沟槽　　图 10-5　云冈石窟第 3 窟石地面圆形沟槽

窟形，施工过程中在计划雕造佛像的部位预留下凸出壁面的坯料，以后再细加雕造。因此未完工的第 3 窟后室，总平面呈"凹"形，后壁中部留着的凸出部分，供将来雕像。北魏废弃后，唐代正是在这凸出部分的右侧雕造了一铺三尊造像，由于其工程规模远小于北魏，所以只占用了预留坯料右侧一小部分，左侧仍是未完工的凸壁。这就廓明了一个多年困扰人们认识古代石窟开凿和造像过程的疑问，因为许多人常做主观推测，主张古人是一边自上而下开凿洞窟，一边自上而下雕刻佛像，先头部后身体，所以造成有的造像上身略大而下体短小，比例不调。通过对第 3 窟的发掘清理，廓清了这一错误认识。在发掘第 3 窟未完工的室内外基岩面时，考古人员注意到岩面遗留的开凿取石的沟槽。由于工程未完工，在窟内各室及室外，不同地点基岩面高度各不相同，有的相差超过 1 米。在室外前庭及窟内前、后室基岩面上，都遗留有开窟时取石的沟槽。沟槽分割的形状大致有两类，有的呈长方形（图 10-4），有的呈圆形（图 10-5）。也有的是取去石材所留凹坑，也是有长方形和圆形的。取出的长方形石材，一般长约 4.3—8.3 米，

图 10-6　云冈石窟山顶北魏佛寺遗址发掘情况

宽约 0.9—1.2 米。圆形石材，一般直径 0.73—1.1 米。说明北魏建窟凿石时，是有计划地将凿下的岩石凿成长方形或圆形的坯料，运往平城，把它们作为修建大型建筑的石材。在平城遗址发掘的北魏明堂遗址，在夯土台基外围多砌有与云冈石窟的岩石相同的石材，虽然不能认定就是从第 3 窟基岩面所凿取，但云冈第 3 窟开窟所凿取的石材被运到平城用作建筑材料，应无疑问，这不能不让人赞叹古人在工程技术方面的巧思。

在云冈石窟所在山顶上，留有明代所建城堡，城堡西侧又存有古代建筑遗迹。对这处古代建筑遗迹，于 2010 年 5 月至 10 月进行了考古发掘，揭露面积达 3460 平方米。[1] 经过考古发掘，揭露出一座北魏时期的佛寺遗址（图 10-6）。佛寺方位坐北朝南，前面大致居

---

[1] 云冈石窟研究院、山西省考古研究所、大同市考古研究所：《云冈石窟窟顶西区北魏佛教寺院遗址》，《考古学报》2016 年第 4 期 523—562 页。

图 10-7　山顶佛寺遗址塔基

图 10-8　山顶佛寺遗址后部房基和柱础（部分）

中略偏东的位置是一座方形佛塔（图 10-7）。塔基夯筑，平面近方形，东西面阔 14.4 米、南北进深 14.5 米。塔基存高 35—75 厘米。南面居中建有长 5.3 米、宽 1.9 米的斜坡踏道。在夯土基的外侧包砌护基石片，向内夯土分内外两重，外围宽 0.9—2.6 米，内里方形，用细沙土夯筑，紧密坚固。塔基上存柱洞 7 排，每排 7—8 个。塔基中心未发现有地宫或埋藏坑。揭露出的房屋遗址共有 20 间（套），主要分布在塔基后北侧，已揭露的 14 间排成一列，房屋以夯土墙承重，门道开在南壁，朝向塔基，在房址前留存有柱础，表明原建有前廊（图 10-8）。在塔基的东、西两侧也各揭露出部分房址，原亦筑有前廊，

十　中国石窟寺前遗迹的考古发掘　　261

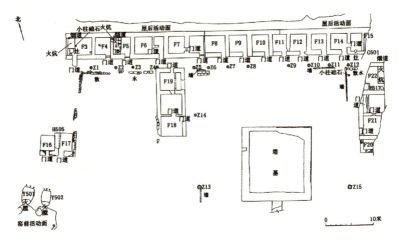

图 10-9　山顶佛寺遗址院落平面图

门道朝向也都朝向塔基。推测原来是由廊房围护中央的塔基形成院落（图 10-9）。但西侧房址的北墙，隔一通道与北侧排房垂直相接，而北侧排房西侧 4 间延伸其外，或许表明西侧另有一处院落，亦未可知。这些房屋开间不大，有的还设有火炕和灶，可能是当时僧众的生活用房。出土遗物有石灯和罐、盆等日用陶器，以及大量板瓦、筒瓦、瓦当和建筑用饰件。其中有数量较多的釉陶板瓦，瓦当纹饰多莲花纹（图 10-10），也有莲花化生纹（图 10-11）及文字瓦当，文字瓦当是在井字格中隶书"传祚无穷"铭文（图 10-12）。此外，在偏东南角还有两处陶窑，出土建筑材料残件、砖、瓦等，或许与烧造云冈石窟建筑用材有关。这处遗址可能从北魏沿用到后代，因遗址中发现辽金时期建筑的两间房屋和一条路的遗迹。云冈石窟山顶北魏佛寺遗址的发现，应是近年有关云冈石窟清理发掘工作最重大的考古发现，表现出北魏石窟寺院完整的组合形式。古代文献中记述北魏云冈"山堂水殿，烟寺相望"，曾有众多僧徒。山顶寺院可能就是当年僧徒生活居住的一处主要场所。

1972—1974年间，配合云冈石窟的修缮工作，对第9—13窟前的基岩面等处，曾进行过清理。在清除第13窟前室顶板积土后，发现了原来雕刻的脊饰、瓦垄残迹（图10-13），再结合下方的列柱来看，全窟原来外貌应是雕成具有瓦顶的四柱三开间佛殿（图10-14），正脊应长约3.6米，距地高8米。脊两端鸱尾残迹尚存，居中有鸟形残迹，或雕饰金翅鸟。下面四柱，高3.4米，断面八角形，柱基座高1.5米。柱头至屋檐处以上漫漶不清，但前室侧壁和柱头内侧浮雕尚存，因而推测柱头设皿板，栌斗上托额枋，柱头斗栱为一斗三升，补间人字栱。这一发现很重要，使我们知道在北朝晚期，东魏北齐的响堂山石窟、天龙山石窟，西魏麦积山石窟，都流行在崖面雕出瓦垄殿顶、下雕斗栱枋柱，外观呈佛殿或佛塔的大型洞窟，

图10-10　山顶佛寺遗址出土莲花纹瓦当

图10-11　山顶佛寺遗址出土莲花化生纹瓦当

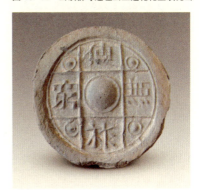

图10-12　山顶佛寺遗址出土传祚无穷铭文瓦当

图 10-13　云冈石窟第 13 窟外崖面石雕瓦垄残迹　　图 10-14　云冈石窟第 13 窟外观想象复原图

究其渊源，由于云冈第 13 窟石雕瓦垄屋檐的发现，概出于北魏云冈石窟。

在对第 9、10 窟窟前基岩面清理时，发现过一片柱础群，在东西 30 米、南北 13 米的范围内，发现方柱础 8 个、圆柱础 16 个（图 10-15）。8 个方柱础，分布在距洞窟前壁 4.3 米处的一条东西轴线上，其位置正好与第 9、10 窟前壁上方残存的 8 个梁孔对应，表明当时窟前接连崖壁建筑过一座面阔七间的木构窟檐。在这些柱础上，还发现压有一层后来的铺地砖，所铺范围东西面阔 24.65 米，南北进深 11 米，再对应崖面上的梁槽遗迹，表明原来曾建筑有一座五开间的木构窟檐。[1] 据推测，下层的七开间窟檐可能为唐代所修建。叠压在唐代柱础上层的五开间窟檐，构筑的时间可能晚到辽代，当与《大金西京武

---

[1] 云冈石窟文物保管所、文物保护科学技术研究所：《云冈石窟建筑遗迹的新发现》，《文物》1976 年第 4 期 89—93 页。

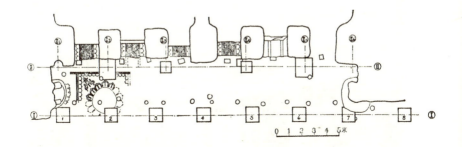

图 10-15　云冈石窟第 9—11 窟前地面遗迹发掘平面图

州山重修大石窟寺碑》所记辽代兴宗、道宗时期（1031—1100）所建十寺有关。

2　南响堂山窟前遗迹的揭露

河北邯郸鼓山南麓的南响堂山石窟，凿建于北朝晚期的北齐，共存上下两层洞窟，下层两座洞窟，为第 1 窟和第 2 窟，上层 5 座洞窟，为第 3 至 7 窟。在 20 世纪 80 年代以前，第 1、2 窟窟前的崖面，曾被后世砖砌券洞所遮掩，须穿过券洞才能进入窟室。明清时期曾在上层洞窟顶上石砌基台，清代重修有面阔 7 间的靠山阁。1984—1985 年，为了配合石窟加固工程和迁移靠山阁，清除了第 3 至 7 窟顶上的后代石砌基台，同时拆除第 1、2 窟前门砖砌券洞，使多年被遮掩的第 1、2、3、7 窟的窟檐原貌重新展现出来（图 10-16）。[1]

---

[1] 河北省古建筑研究所孟繁兴：《南响堂石窟清理记》，《文物》1992 年第 5 期 16—18 页。

图 10-16　河北邯郸南响堂山石窟第 7 窟清除砖券洞后现状

　　南响堂山第 1、2 窟的窟檐被揭露出来后,可以清晰地观察到两窟原来均雕成面阔四柱三间的仿木构建筑窟檐。[1]檐柱凸雕于前壁的外壁面上,在当心间开圆拱顶窟门,左右两侧次间分雕上方有明窗的力士龛,明窗圆拱形,窗两侧雕下设覆莲柱础的八角束莲柱。特别是第 1 窟次间侧柱的柱头斗栱遗迹尚存(图 10-17),檐柱方形,柱头置斗,斗口向外出两跳(华栱),第二跳跳头之上托横栱(令栱),横栱与外壁之间有枋子连结衬头枋。横栱上承撩檐枋,枋上出圆形檐椽,其上连檐,又出方形飞椽。檐口用瓦当,筒瓦屋面。这次揭露出的檐柱柱头斗栱,为目前在中国发现的年代最早的五铺作斗栱[2],为中国古代建

---

[1]　邯郸市峰峰矿区文管所、北京大学考古实习队:《南响堂石窟新发现窟檐遗迹及龛像》,《文物》1992 年第 5 期 1—15 页。
[2]　钟晓青:《响堂山石窟建筑略析》,《文物》1992 年第 5 期 19—31 页。

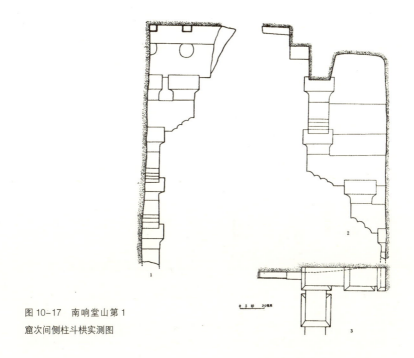

图 10-17　南响堂山第 1 窟次间侧柱斗栱实测图

筑史的研究提供了极为珍贵的资料。另外引人兴趣的是，在第 1 窟上方山崖雕造的第 3 窟，基本上坐落在第 1 窟顶上，该窟原雕有窟廊及窟檐，尚有部分保存，可看清瓦垄，檐上有叠涩垅，上承覆钵顶，正中立金翅鸟，两侧饰卷云蕉叶。从正面仰视，第 3 窟和第 1 窟上下结合成一体，呈现出一座两层上加覆钵顶的中国式楼阁状佛塔（图 8-18），可见当年凿建时颇具匠心。

值得注意的是，在第 2 窟两侧揭出力士龛中补雕的滏山石窟之碑。北齐开窟时，龛中原应雕护法力士像，雕像可能毁于北周毁佛时，所以到隋代改雕成石碑。碑额六字篆书，分左右刻于碑头。碑文隶书，阴刻，由左至右分刻于左右两龛内碑上（图 10-19）。碑文记明石窟创

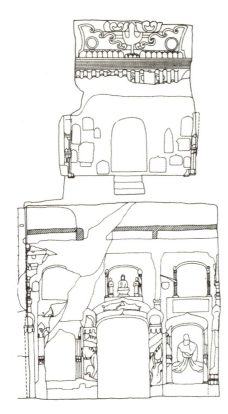

图 10-18　南响堂山第 1、3 窟立面示意图

图 10-19　隋滏山石窟之碑拓本

建于北齐天统元年（565），由丞相淮阴王高阿那肱出资建成，对响堂山石窟建窟历史的研究，具有重要的史料价值。

3 麦积山石窟的天桥栈道和窟前遗迹

甘肃天水麦积山石窟，地处地震多发区，历史上屡遭地震破坏，而且山石质地酥松，气候潮湿多雨，石窟损毁严重。民国时期，长期缺乏对石窟的维护修缮。中华人民共和国建立之初，仅几个较大的洞窟尚可登临（图10-20），因此党和政府成立了专门的保护研究机构，投入人力物力对石窟大力维修，并在崖壁上架设凌空栈道。即使在"文化大革命"的困难时期，对石窟的维修也未停顿，在艰难的情况下，

图 10-20 甘肃天水麦积山 1954 年时栈道情况

图 10-21 麦积山今日栈道情况

"几位六十多岁的老年维修工人,积极努力,不畏艰险,在高达 80 米的悬崖峭壁上,利用几块木板,采取逐段递进的办法,涉险打眼安桩,从东崖第 5 窟(俗称牛儿堂)到西崖第 135 窟(俗称天堂洞)架设了一条长达 46.8 米的栈道,使一千二百多年前,因中间崖面崩落而隔断的东、西崖两部分的洞窟重新连接起来"[1]。这一阶段,总计新修栈道 340 余米,使 53 个自明代以来,甚至隋唐以来就无法登临的窟龛得以入窟考察,为麦积山石窟编年分期研究的开展提供了必要的条件(图 10-21)。例如,位于西崖二层栈道南端的第 74、78 窟,能够登临考察以后,被一致认定为目前麦积山诸窟龛中年代最早的两座,对进行麦积山石窟分期研究至关重要。[2]

4 南京栖霞山千佛崖第 13 窟的清理

南京栖霞山千佛崖,是目前保留的唯一一处大规模的南朝佛教石窟,历来受学者重视。只惜原石保存不佳,又在 20 世纪 20 年代遭人大规模用现代水泥修缮,将原有造像涂抹得面目全非。到 20 世纪 90 年代,由于偶然的机缘,揭除水泥,方露出石雕原来面目。这是缘于栖霞寺僧大做功德之举,虽非科学清理,但能重现石雕造像原貌,确为现代佛徒之一大善举。借清除水泥之机,考古人员得以对栖霞山南京市博物馆编号第 1 区第 13 窟造像进行考古勘察。[3]

第 13 窟是一座平面略呈椭圆形、穹隆顶的洞窟,无前壁,现在前

---

[1] 麦积山文物管理所:《麦积山石窟的新通洞窟》,《文物》1972 年第 12 期 47—54 页。
[2] 董玉祥:《麦积山石窟的分期》,《文物》1983 年第 6 期 18—30 页。
[3] 林蔚:《栖霞山千佛崖第 13 窟的新发现》,《文物》1996 年第 4 期 32—36 页。

图 10-22　栖霞山石窟第 13 窟南朝石雕佛像　　图 10-23　栖霞山石窟第 13 窟南朝石雕菩萨像

面的石门为明代补砌。室内主壁及左右侧壁前均设佛坛。主壁高坛上造像为释迦、多宝二佛并坐，两侧壁低坛上各立一胁侍菩萨。主佛头部均缺，结跏趺坐于佛坛上（图10-22），通肩式佛装，右肩有覆肩弧线衣褶，佛衣下垂悬覆佛坛。右像在胸腹间结带，左像无带而衣纹弧垂。头光圆形，饰双重莲瓣。背光桃形，平素无纹。菩萨立姿，面相方圆，眉目已无法辨识，头光圆形，平素无纹，头戴宝冠，双肩饰带下垂，披帛及璎珞自肩下垂于腰腹部交叉呈"X"状，长裙下覆及足，赤足立于覆莲圆座上，覆莲瓣双重，宝装（图10-23）。由于第13窟位于被推定为南齐时修建的第14窟右侧，形制近似，佛衣悬覆佛坛样式亦相近似，故此推知应为同一时期所建。

剥去被涂抹的水泥，让南朝造像显出庐山真面目，这就为进一步分析南朝石窟龛像的时代特征，对比南朝和北朝石窟造像的异同，成为可能。这是令人欣喜的事。

5 新疆鄯善吐峪沟石窟和吐鲁番胜金口石窟发掘

在 20 世纪四五十年代以前，散布于中国境内丝绸之路沿线的佛教遗迹的勘察发掘，主要是西方探险家和学者所作。他们对新疆地区的石窟进行了破坏性的劫掠，肆意揭取许多极具研究价值的壁画，并盗运往国外。中华人民共和国建立后，外国人在新疆石窟中为所欲为的日子一去不复返了。中国政府建立了专门的保护研究机构，不断对新疆地区的佛教石窟开展勘察和保护工作。进入 21 世纪以后，在深入勘察和加大保护工作力度的基础上，对一些遭自然原因和人为毁坏严重的石窟，重点进行了具有一定规模的保护性的考古发掘清理工作。值得注意的一项重点工作，就是对鄯善县吐峪沟石窟的发掘。

吐峪沟石窟，坐落在新疆东部鄯善吐峪沟麻扎村，洞窟分布在吐峪沟南段东西两侧的断崖上，分为沟东、沟西两区（图 10-24），是古代高昌地区开凿时代最早、规模最大的石窟群，也是古丝绸之路上一处重要的佛教遗迹。吐峪沟石窟曾遭人为破坏，又遭 1916 年地震，许多洞窟坍毁或被埋，除暴露在地面的洞窟，还有许多遗迹埋在地下。为了配合丝绸之路申请世界文化遗产和吐峪沟崖体加固工程，在 2010 年开始对吐峪沟石窟开展考古发掘清理工作。[1]首先开展对沟东

---

[1] 中国社会科学院考古研究所边疆民族考古研究室、吐鲁番学研究院、龟兹研究院：《新疆鄯善县吐峪沟东区北侧石窟发掘简报》，《考古》2012 年第 1 期 7—16 页。

图 10-24　新疆鄯善吐峪沟石窟

区北侧的发掘清理工作,并勘察了沟西区,2011 年又继续对沟西区北侧石窟进行了清理发掘。[1]

在吐峪沟东区北侧的考古发掘中,清理发掘了 1 座带壁画的大型中心柱窟 K18 窟(图 10-25),还发掘清理了另外 50 余处洞窟,以及许多殿堂、门道、踏步等窟前遗迹,揭示出一些改建、扩建、重修现象。新发现的壁画面积约 200 平方米,还发现相当数量的各种文字的文书残片和绢画,以及木器、石器、陶器等遗物。在沟西区,目前该区中部高台上保存的洞窟较多,因此勘察工作主要在西区北侧,从崖体高处尚存的一处僧房窟向下方两侧探查,发现两处面积较大有壁画的洞窟,从而揭示出一组未见著录的石窟群建筑,共清理出 14 处洞窟和 1 处上山踏步。出土物有纸质文书、木杆画笔和建筑木构件等。

通过吐峪沟沟东区和沟西区的发掘,可以看出这处石窟保存数量最多的是僧房窟、禅窟等生活与禅修的洞窟(图 10-26)。礼拜窟数量

---

[1] 中国社会科学院考古研究所边疆民族考古研究室、吐鲁番学研究院、龟兹研究院:《新疆鄯善县吐峪沟西区北侧石窟发掘简报》,《考古》2012 年第 1 期 17—22 页。

图 10-25　吐峪沟东区 K18 窟侧视

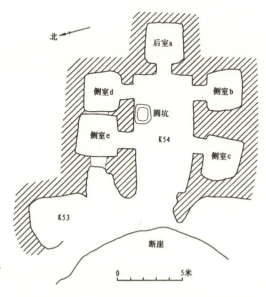

图 10-26　吐峪沟东区禅窟 K54 窟平面图

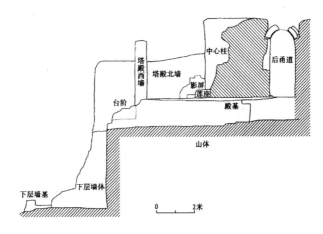

图 10-27 吐峪沟东区 K18 窟剖面图

较少,但建筑规模大,包括大像窟、中心柱窟和方形窟。形成以一处礼拜窟为中心,包括若干僧房窟和禅窟的洞窟组合。在沟东区北部,位居最重要位置的是大型礼拜窟 K18 窟(图 10-27),其建造是先在山的斜坡上,向下垂直凿出洞窟地面和中心柱,然后用土坯包砌中心柱,再在四面依山体以土坯叠砌窟壁,构成平面呈纵长方形的窟室,室内面阔 6.9 米。窟室方向坐东朝西,窟门开在西壁正中处。中心柱前原塑有大型立像,现仅残存莲座和背光,推测原像高 3 米以上。中心柱上面原建有塔,为下设二层方形基座的覆钵形塔,覆钵呈圆球状。由于立像背光上部直接塑在塔的第一层基座正面,表明原建窟时像与塔系一体设计而成,显示出独特的造型风格。在中心柱左、右、后与窟壁间形成券顶甬道,甬道内通壁满绘壁画(图 10-28)。保存较好的左甬道,外侧壁中央绘一佛二菩萨,西边为千佛与女供养人,中心柱侧亦绘一佛二菩萨三尊像,其下是一排红衣供养比丘像。右甬道壁画略同左甬道,

图 10-28 吐峪沟东区 K18 窟壁画佛像

后甬道壁画保存情况较差。在 K18 窟下层为面阔三间的殿堂，地面有铺砖痕迹，明间三壁绘有壁画。在 K18 窟南侧有一组上下两层结构的禅窟和僧房窟，其上层后部也有一组禅窟和僧房窟，组成以 K18 窟为中心的石窟群。

在沟西区北部（图 10-29），与沟东区北部的 K18 窟相对应的是座大型礼拜窟 NK2 窟，是一座前部已崩塌的中心柱窟。这座洞窟为凿山修建，现中心柱正面已塌毁，只残存中心柱中后部分和与之相应的右壁和后壁，左壁大部崩塌不存（图 10-30）。从保留下来的后甬道宽度，可知该窟洞内面阔约为 7.5 米。在中心柱两侧，洞窟右壁及后壁都有一些壁龛，惜均已残毁。右甬道两壁均绘有壁画，为立佛，火焰纹背光，顶张华盖，身着通肩佛衣，双手合什，赤足踏莲座，像间饰绘摩尼珠、火焰珠。后甬道顶绘莲花，两壁绘成排立佛（图 10-31），前壁保存不佳，但后壁十尊立佛保存较完好，顶张伞盖，佛衣通

十 中国石窟寺窟前遗迹的考古发掘 | 277

图 10-29 吐峪沟西区北部考古发掘现场

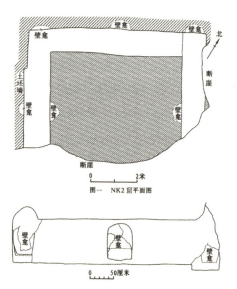

图一 NK2 窟平面图

图 10-30 吐峪沟西区 NK2 窟平面图

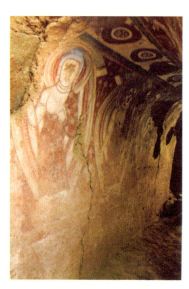

图 10-31 吐峪沟西区 NK2 窟后甬道壁画

肩或袒右肩，手势各异。这座洞窟的壁画，风格近于龟兹石窟壁画，但也有差别，有地方特色。推测应为吐峪沟石窟开凿最早的洞窟，开凿年代大约在5世纪前后。

由于吐峪沟石窟地处古丝绸之路的重要通道上，介于古龟兹与河西四郡之间，是西域佛教艺术向东传播、中原佛教艺术向西传播的关键地点，因此吐峪沟石窟考古发掘的新收获，为探研中国古代石窟寺建筑艺术提供了重要资料。

胜金口石窟，地处火焰山南麓木头沟出口处，位于吐鲁番二堡乡巴达木村北，南距高昌故城约5公里，是一处高昌时期的石窟寺（图10-32）。2009年和2012年两次对胜金口石窟进行了考古发掘[1]，共发掘面积2000平方米，清理发掘寺院两组、生活区一组，计洞窟13座，居址27间。石窟依崖体凿建，但火焰山属于泥岩质结构，质地松软，所以洞窟岩壁经修整后，外表须再垒砌一层土坯。洞窟坍塌严重，更屡遭人为损毁，仅存洞窟无一完整。

胜金口石窟可由南、北寺院和中间的生活区三个部分组成（图10-33）。南寺院区呈五级台地，现存洞窟3座，分布于二、三级台地。北寺院区呈四级台地，现存洞窟9座，分布于一至三级台地上。中心窟多位于第三级，洞窟多用土坯砌建，仅部分洞体开凿于山体内。以禅窟和僧房窟数量较多，多为前、后室结构。平面呈方形或长方形，顶为横券顶或纵券顶。窟内壁面敷草拌泥，再施白灰，然后绘壁画（图10-34）。两个寺院区中部为生活区（图10-35），呈三层的建筑群，

---

[1] 新疆文物考古研究所：《新疆吐鲁番胜金口石窟发掘报告》，《考古学报》2016年第3期385—416页。

图 10-32 新疆吐鲁番胜金口石窟全景

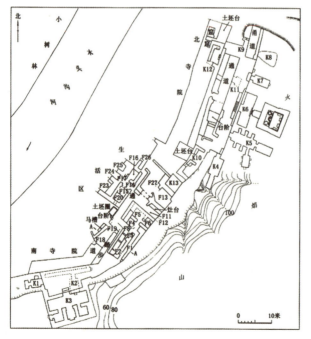

图 10-33 胜金口石窟平面图

图 10-34　胜金口石窟 K5 窟前室及壁画残迹

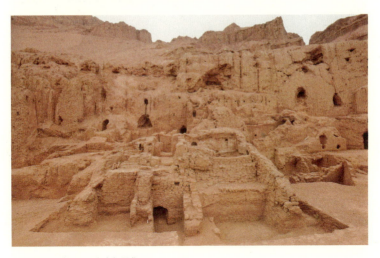

图 10-35　胜金口石窟中部居住区

清理出房屋 27 间，多为成组的套房，互相连通，室内常设有炕和灶台等生活设施。此外还清理出一座洞窟和一条通道、一条踏步。出土遗物中有不少是与生活有关的陶器、木器、纺织品等，如日常穿着的多种式样棉鞋，是了解当时石窟寺院生活情景的十分宝贵的实物史料。

6 龙门石窟东山擂鼓台区窟前遗址发掘

河南洛阳龙门石窟东山擂鼓台区，于2004—2009年开展了石窟寺考古工作，对洞窟遗存的考古勘察以擂鼓台南、中、北三洞（第3、4、5窟）窟龛造像为主体，同时勘察了其南的小型龛窟等，考古报告已经发表。[1] 作为全面考古勘察工作的一个组成部分，对擂鼓台区第3—8窟前台地进行考古发掘（图10-36），揭露出早至汉魏时期的河卵石铺面，唐代的砖铺面、石凿脚窝、窟前踏道、包石台基、碎石子路面，宋代的建筑基址、路面、倒塌的经幢堆积、题刻等遗迹。还有一些元明清乃至近代遗迹。

通过考古发掘所揭露的遗迹，以及在石窟所在崖面上保留的与建筑有关的孔痕，可以弄清唐代在擂鼓台凿建洞窟的同时，已修整建造了洞窟前的平台和踏道（图10-37），并在平台上设计建造了后部与洞窟连接的木构殿堂，构成前殿后窟的结构完整的石窟寺院。直到北宋，这里的石窟寺院仍香火繁盛，木构殿堂虽曾遭损毁，但又重新建造。出土的宋代脊饰等建筑材料（图10-38）可以展现出宋代殿堂的规制宏大。至于两度损毁的时间，从遗迹反映的迹象，可知前一次约在宋徽宗崇宁时期，木构建筑曾遭焚毁，后又重建。到徽宗宣和年间或之后，木构殿堂再次被焚毁。随着木构建筑彻底损毁，以及洞窟及相关附属设施的损毁，原有结构完整的石窟寺院功能随之丧失。岁月变迁，现在只有洞窟内的遗存，可供后人观赏凭吊（图10-39）。直至对擂鼓台诸窟窟前遗迹的大面积考

---

[1] 龙门石窟研究院、北京大学考古文博学院、中国社会科学院世界宗教研究所：《龙门石窟考古报告·东山擂鼓台区》，科学出版社、龙门书局，2018年。

图 10-36　河南洛阳龙门石窟东山擂鼓台石窟窟前遗迹发掘全貌

图 10-37　擂鼓台石窟前发掘遗迹石踏道

图 10-38　擂鼓台石窟前宋代遗迹出土建筑饰件脊兽

图 10-39　擂鼓台石窟发掘前外观

古清理发掘，才重新揭示出唐宋时期完整石窟寺院前殿后窟的本来面貌，也揭开了龙门石窟东山擂鼓台窟区石窟寺考古的新篇章，令人欣喜。

7　敦煌莫高窟窟前遗迹的考古发掘

中国考古学者对甘肃敦煌莫高窟的考古工作的开端，是在抗战时期，大后方的中国学者在极端困难的条件下，对敦煌莫高窟进行了全面考古测绘。[1]一直以来，莫高窟的工作重点是保护洞窟和艺术临摹，同时开展有关的学术研究。为了配合洞窟的大规模保护工作，在20世纪60年代初，展开了规模较大的窟前遗迹考古发掘清理工作。

---

[1] 石璋如：《莫高窟形——"中央研究院"历史语言研究所田野工作报告之三》，"中央"研究院历史语言研究所，1996年，台北。

图 10-40 甘肃敦煌莫高窟窟前遗迹清理前概貌

1963—1966 年,为配合敦煌莫高窟危崖加固,涉及底层洞窟清理,从而对窟前建筑遗迹,在第 129 窟以北的南北长约 380 米、东西宽约 6—15 米范围内进行了较大规模的考古清理发掘(图 10-40)。1979—1980 年,再次对莫高窟南区南段第 130 窟以南进行了考古清理发掘。通过对敦煌莫高窟窟前遗迹的两次发掘,前后清理出 22 座殿堂遗迹(图 10-41),分别属于五代、宋、西夏、元等不同时代,其中时代较早的,如第 98 窟(图 10-42)、100 窟(图 10-43)前的台基遗迹,是五代曹氏统治敦煌时所修筑。五代时的窟前遗迹还有第 108、85、22、44、45、46 窟。宋代的窟前遗迹有第 61、55、53、25 窟。规模较大的 130 窟前殿堂基址(图 10-44)为西夏时修筑,地面铺砖保存尚好,在后侧还保留地神塑像残迹(图 10-45)。第 35、38、39、467、27—30 窟的窟前遗迹,也是西夏时期建造的。第 61、22、21、85 窟的窟前基址,

十 中国石窟寺窟前遗迹的考古发掘 | 285

图 10-41 莫高窟窟前遗迹分布示意图

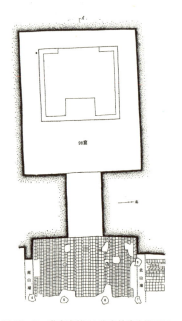

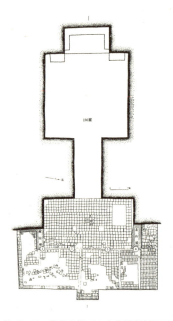

图 10-42 莫高窟第 98 窟窟前遗迹平面图　　图 10-43 莫高窟第 100 窟窟前遗迹平面图

图 10-44　莫高窟第 130 窟窟前遗迹发掘情况

图 10-45　莫高窟第 130 窟窟前遗迹发掘出土的地神塑像

经元代重修。此外，还发现了三个被埋没的洞窟和四个小龛。在这些遗迹中出土的遗物，以砖等建筑材料为主，有些方形花砖，装饰图案复杂多变，极富装饰效果。[1]

---

[1] 潘玉闪、马世长：《莫高窟窟前殿堂遗址》，文物出版社，1985 年，北京。

综合起来看，敦煌莫高窟构建窟前建筑时，先筑台基，再于窟前接建木构殿堂。台基用料，多利用开窟时凿出的大量碎石，填充于台基中，再填土夯实，在台基前沿和左右两侧立面包砖。然后在筑好的台基上，建木构殿堂，以窟室前壁作殿堂的后壁。台基多是横长方形，台面原应铺砖，现铺砖多已缺失，仅存残迹，只有少数铺砖尚存，可知所铺为方砖，砖表面模印纹饰，多为各型莲花图案，也有的以火焰宝珠为题材（图10-46）。根据留下的柱础等遗迹，可知原建殿堂一般

图 10-46 莫高窟窟前遗迹出土花纹方砖

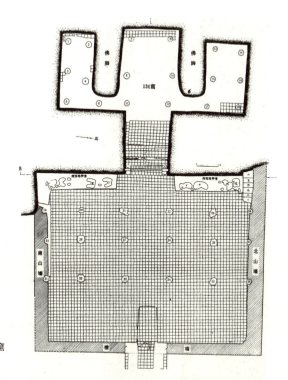

图 10-47　莫高窟第 130 窟窟前遗迹平面图

是面阔四柱三间，进深 1—3 间。发现的规模最大的一处，在第 130 窟前，其下层殿堂遗址面阔 5 间，达 18.8 米，进深 3 间，为 6.75 米（图 10-47）。除构筑大型台基外，也有规模较小的为构筑木构窟檐所筑的基址，为土石基址，地面设有起支撑和加固作用的两道地栿槽遗迹。在第 44、45、46、39 窟的窟前遗址，都是这类窟檐留下的遗迹。由于被发掘出来的台基遗址上的木构建筑早已无迹可寻，只能依据目前在莫高窟上层洞窟尚存的木构窟檐建筑，予以想象复原。

　　在对莫高窟窟前遗迹清理发掘中，也发现过一些古代丝织品遗物。例如在第 122、123 窟前发现过唐代丝织品，有佛幡

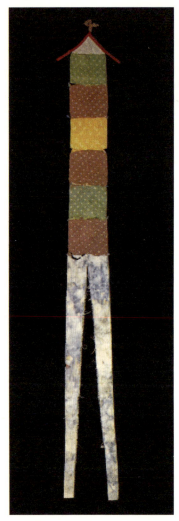

图 10-48　莫高窟窟前遗迹出土唐代佛幡

（图 10-48）、菱形纹绮、帷帽等。[1]最值得注意的是在第 125—126 窟窟前遗迹的清理发掘中，在崖壁裂缝中发现了北魏时期的佛像刺绣残件（图 10-49）。[2]残存部分有横幅花边、一佛二菩萨说法图、发愿文及供养人（图 10-50），在像下发愿文中绣有纪年和人名，纪年为"□□十一年"，还有"广阳王"字样，可知应为孝文帝太和十一年（487）。刺绣的衬地是两层黄绢中夹一层麻布，除边饰圆环缠卷忍冬纹等图案外，佛像、供养人、发愿文以及空余的衬地部分整个都用细密的锁绣法全部绣出，使用了红、黄、绿、紫、蓝等多种颜色，彩纹艳丽，并使用了两三晕的配色方法，更增强了形象的质感。据发掘者推测，这件绣品不是敦煌当地所制作，应是来自当时的北魏都城平城，是一幅代表当时刺绣工艺先进水平的佳作。

---

[1]　敦煌文物研究所：《莫高窟发现的唐代丝织物及其他》，《文物》1972 年第 12 期 55—67 页。

[2]　敦煌文物研究所：《新发现的北魏刺绣》，《文物》1972 年第 2 期 54—60 页。

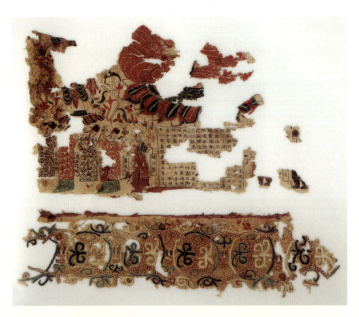

图 10-49 莫高窟出土北魏刺绣

图 10-50 莫高窟出土北魏刺绣供养人像

十 中国石窟寺窟前遗迹的考古发掘

十一 地下梵宫

中国佛教寺院遗址的考古发掘

对中国古代佛寺遗址的考古发掘，本应是探掘梵迹的重点课题，但是在中华人民共和国建立后的田野考古发掘工作中，是开展时间较迟的一项，这自然与20世纪五六十年代，考古发掘赶不上基本建设前进的步伐有关，很难调动力量去主动开展这方面的课题。只是在1963年和1964年分别对河南洛阳北魏永宁寺和陕西西安唐青龙寺两处遗址进行过发掘前的勘察准备工作，但是真正对这两处古代寺院遗址开展考古发掘，则是约十年以后的事。对古代佛寺遗址的大面积考古发掘，始于20世纪70年代。从20世纪70年代至今，在河南、河北、陕西、山西、新疆等省区，已对从北朝至唐朝时期的古代佛寺遗址开展了有重点的考古发掘，究明寺院整体的平面布局（受客观条件的限制，有的只能在可以进行考古揭露的范围内，究明其局部布局），并对寺庙的墙、门、塔、殿等重要建筑遗存，进行全面揭露，从而掌握了中国古代佛寺考古发掘的基本方法。对于北朝时期佛寺遗迹的主要收获，有北魏洛阳永宁寺的发掘和东魏北齐邺城赵彭城佛寺遗址的发掘，还有山西太原童子寺遗址的发掘。唐朝时期佛寺遗迹的主要收获，有唐长安青龙寺和西明寺的发掘。新疆地区佛寺遗迹，如北庭高昌回鹘佛寺遗址，还有策勒县达玛沟佛寺遗址的发掘。此外，在一些对城市遗址的发掘中，也有对城中佛寺的发掘，渤海上京龙泉寺的发掘中，曾对城北的佛寺遗址进行过发掘。也还在一些地区对佛寺进行过局部清理，如山东临朐白龙寺遗址。在全国各地，常有对佛塔特别是舍利塔地宫的清理和发掘，因其发掘获得的考古标本中，重要的是制工精美的舍利容器，将在本书第十一章进行介绍，故本章从略。下面选择一些较重要的佛寺遗址的考古发掘收获，进行简介。

1 北魏洛阳永宁寺遗址

东魏抚军府司马杨衒之于武定五年（547）因公过洛阳，看到原北魏都城废弃后的废墟，"城郭崩毁，宫室倾覆，寺观灰烬，庙塔丘墟。墙被蒿艾，巷罗荆棘，野兽穴于荒阶，山鸟巢于庭树"，忆及过去之繁华，感慨万千，想起原来"京城表里，凡有一千余寺，今日廖廓，钟声罕闻。恐后世无传，"因著《洛阳伽蓝记》。在该书卷一开篇，首先叙述的就是永宁寺，足见该寺当年在人们心目中的重要地位。

在北魏孝文帝将都城从平城迁到洛阳后，即规划宫城以南御道西侧建立一所皇家大寺，并预留了建寺的土地。但是工程迟迟没有进行，直到孝明帝熙平元年（516）才由灵太后胡氏主持修建。到神龟二年（519）八月，寺内中心建筑九级木塔已建成，当时崔光曾上表谏阻胡太后登九层佛图，但表文称"今虽容像未建，已为神明之宅"[1]，可知当时木塔营建已竣工，可以登临，但是还设有设置佛像。塔内塑像推测应完成于正光元年（520）七月胡太后被幽禁以前。

永宁寺据《洛阳伽蓝记》所记，极为壮丽宏伟，现将杨衒之所记转录于下：

> 永宁寺，熙平元年灵太后胡氏所立也，在官前阊阖门南一里御道西。其寺东有太尉府，西对永康里，南界昭玄曹，北邻御史台。……中有九层浮图一所，架木为之，举高九十丈。上有金刹，复高十丈；合去地一千尺。去京师百里，已遥见之。初掘基至黄

---

[1]《魏书·崔光传》

泉下,得金像三十躯,太后以为信法之征,是以营建过度也。刹上有金宝瓶,容二十五斛。宝瓶下有承露金盘十一重,周匝皆垂金铎。复有铁鑵四道,引刹至浮图四角,鑵上亦有金铎。铎大小如一石瓮子。浮图有九级,角角皆悬金铎,合上下有一百三十铎。浮图有四面,面有三户六窗,户皆朱漆。扉上各有五行金铃,合有五千四百枚。复有金环铺首,殚土木之工,穷造形之巧,佛事精妙,不可思议。绣柱金铺,骇人心目。至于高风永夜,宝铎和鸣,铿锵之声,闻及十余里。浮图北有佛殿一所,形如太极殿。中有丈八金像一躯,中长金像十躯,绣珠像三躯,金织成像五躯,玉像二躯。作工奇巧,冠于当世。僧房楼观,一千余间,雕梁粉壁,青璅绮疏,难得而言。栝柏椿松,扶疏檐霤,藜竹香草,布护阶墀。……外国所献经像,皆在此寺。寺院墙皆施短椽,以瓦覆之,若今宫墙也。四面各开一门。南门楼三重,通三阁道,去地二十丈,形制似今端门。图以云气,画彩仙灵,绮钱金璅,赫奕华丽。拱门有四力士,四狮子,饰以金银,加之珠玉,庄严焕炳,世所未闻。东西两门亦皆如之,所可异者,唯楼两重。北门一道,上不施屋,似乌头门。四门外,皆树以青槐,亘以绿水,京邑行人,多庇其下。路断飞尘,不由滂云之润;清风送凉,岂藉合欢之发?[1]

永宁寺虽为佛寺,但因其地近宫城位置重要,且规模宏大,适于驻军,所以北魏末年的政治动乱中,该寺经常成为屯兵之所。尔朱兆还曾将北魏庄帝幽禁于永宁寺门楼。虽然历经兵乱,但佛寺并没有遭

---

[1] 魏杨衒之著、周祖谟校释:《洛阳伽蓝记》,1—8页,中华书局,1910年第2版。

到很大破坏。特别是作为佛寺标志的九层高塔，仍岿然屹立，俯瞰着北魏皇权衰败的情景。正是到了北魏覆亡的永熙三年（534），这座被视为北魏王朝都城象征的高塔，先遭噩运。

> 永熙三年二月，浮图为火所烧。帝登凌云台望火，遣南阳王宝炬、录尚书事长孙稚将羽林一千救赴火所，莫不悲惜，垂泪而去。火初从第八级中平旦大发，当时雷雨晦冥，杂下霰雪，百姓道俗，咸来观火。悲哀之声，振动京邑。时有三比丘，赴火而死。火经三月不灭。有火入地寻柱，周年犹有烟气。[1]

永宁寺木塔在二月遭火灾毁废，没过多久，北魏就分裂为东魏和西魏，当年十月高欢就将东魏都城由洛阳迁往邺城。随着洛阳的废弃，逐渐呈现出杨衒之描述的情景：宫室倾覆，寺观灰烬，庙塔丘墟。遭火灾后的永宁寺塔，本已形成巨大的丘墟。永宁寺荒废后，旧址沦为农田，废弃的殿墙房舍基址，随着岁月的流逝，大多深埋地下，但佛塔形成的丘墟，因为体量高大，虽历经千余年，仍在地面上保有高大的土丘遗址（图11-1）。

中华人民共和国建立以后，于1963年开始对永宁寺开展考古勘察，为日后的发掘工作进行准备。过了十余年，到1979年才开始发掘，到1981年第一阶段的大规模发掘工作结束，发掘了木塔的基址和南门遗址，对大殿等基址进行了勘察试掘。1994年又对寺院西门进行了发掘[2]。遗憾的是，永宁寺遗址、木塔基址，及寺院南半部保存较好，

---

[1]《洛阳伽蓝记》，31—32页。
[2] 中国社会科学院考古研究所：《北魏洛阳永宁寺——1979—1994年考古发掘报告》，中国大百科全书出版社，1996年。

图 11-1　北魏洛阳永宁寺塔基废墟土丘原貌

但大殿和寺院北部破坏较甚,导致许多文献中记载的寺院建筑现已无从究明,特别是千余间僧房楼观的方位至今不明,无法在遗址平面图中标明其位置,或许它们集中分布于遗址已被破坏的寺院北部,亦未可知。

经过勘探和发掘,大致可以复原永宁寺的平面布局。该寺总平面呈坐北面南的长方形,东西宽 212 米,因北部破坏严重,南北长可能是 301 米(图 11-2)。该寺北距宫城 500 米,东距铜驼街 200 余米。寺庙四周建围墙,院墙以土夯筑,墙体宽约 1.5 米,外表施白灰墙皮,上涂朱色。推测原来寺院四角可能有角楼一类建筑。院墙四面均有门,但北门因修铁路等工程破坏已无迹可寻。南门为永宁寺正门,筑于南壁中央处,为面阔七间、进深二间的宏大建筑。进入南门,在中轴线上为前塔后殿的布局。南门北距木塔塔基 92 米。木塔塔基大致保存完

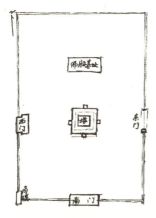

图 11-2　北魏洛阳永宁寺平面复原示意图

图 11-3　北魏洛阳永宁寺塔基遗址鸟瞰

图 11-4　发掘后的北魏洛阳永宁寺塔基遗址

好，为地下至地面的多层巨大夯土台基（图 11-3），地基夯土面与寺院地面大致取平，东西长 101.2 米、南北长 97.8 米，深入地下厚度超过 2.5 米。地基中心部位为正方形夯土基座（图 11-4），四周包砌青石，每边

十一　地下梵宫——中国佛教寺院遗址的考古发掘　　299

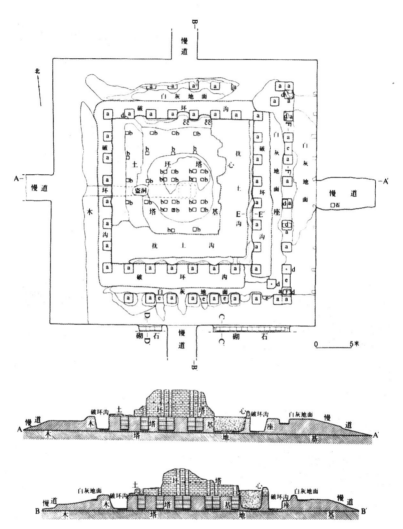

图 11-5 北魏洛阳永宁寺塔基遗址平、剖面图

总长38.2米，座高2.2米。基座四面居中各开宽约4.5米的斜坡慢道，表面原铺砌有青石板。台基之上保存分为五圈排列的方形柱础，总计124个。在自外数第二圈柱础内，用土坯垒砌实心方柱体（图11-5）。方柱体的南面（正面）和东、西两侧各开5座弧形佛龛，北面不设龛，或许原设登塔木梯。木塔北约60米，建有佛殿，已遭严重破坏，仅能测知夯土殿基东西长54米，南北长25米。永宁寺院墙东、西两门，规模小于南门，均开于院墙偏南处，正对木塔塔基东、西两侧的慢道。东门遗址破坏严重，仅能测知位置。西门基址平面呈凸字形，东西长18.2米，南北长24—30米，东距塔基72米。表明永宁寺是以佛塔为中心、前塔后殿的平面布局。由于北部破坏严重，佛殿以北的原有建筑情况不详，或许布置有供仓储及寺僧生活起居的僧房等建筑。永宁寺遗址出土的建筑材料，以瓦类为主，板瓦和筒瓦多为素面，少数带有绳纹。瓦当图案以莲花纹为多，花瓣8—10个，瓣形较窄，也有的莲瓣宝装且周绕一圈联珠纹（图11-6）。特别是有一种瓦当，在莲花纹的莲芯生出化生，化生童子形貌，合什礼拜，姿态生动（图11-7）。这种莲花化生图案的瓦当，为佛寺所特制，在较早的平城时代佛塔遗址，如大同方山思远佛图遗址也

图11-6　永宁寺塔基出土莲花纹瓦当

图11-7　永宁寺塔基出土莲花化生纹瓦当

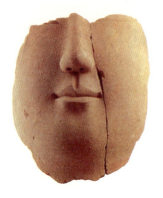

图 11-8　永宁寺塔基出土大型泥塑佛像残片

出土有莲花化生纹瓦当。此外，还有兽面纹、忍冬纹和云纹瓦当。

在永宁寺塔基的发掘中，获得了数量众多的佛教艺术品彩塑残件，数量超过 1500 件。因遭火灾高温焚烧，泥塑已坚硬如陶质。按形体大小可分为大型像，包括等身像和比等身更大的塑像（图 11-8），中型像，小于等身像，身高约 1—1.4 米，小型像，身高多数在 50 厘米左右。虽然各型塑像无一完整，但有的中、小型像头部尚保存完整，有的小型像虽缺头部但身躯保存尚较完整（图 11-9）。从残存头像观察，有佛像、菩萨像和比丘像，还有世俗人像，其中有戴笼冠或小冠的侍臣，梳各式发髻的仕女，也有戴兜鍪的武士，扎巾戴帽的胡人，等等（图 11-10）。

图 11-9　永宁寺塔基出土小型泥塑身躯

图 11-10 永宁寺塔基出土小型泥塑头像

这些小型像应是塔内影塑礼佛图损毁后的残件。因为出自皇家大寺，所以泥像塑制精美，面部造型丰腴得体，弯眉细目，不刻睛球，直鼻小口，嘴角略含笑意，衣纹简洁飘逸，清楚表明北魏晚期造型艺术接受了南朝萧梁以张僧繇为代表的造型新风，显示出时代风貌。韩国百济定林寺出土的小型泥塑，造型近似于永宁寺塔基出土的小型泥塑，显系仿效中国南北朝造像，因此它们一直被视为6世纪时中韩文化交流的实物例证。

对永宁寺遗址的大面积揭露，说明北魏洛阳时期的皇家大寺是以塔为中心、塔后建佛殿的平面布局，应是当时中国北方佛寺的典型代表。文献记述表明，以中国传统宫殿或上流人士住宅的多重院落、以殿堂为中心的佛寺平面布局，已开始流行，上流人士"舍宅为寺"的风气，更促进了以殿堂为中心的佛寺布局发展趋势。以塔为中心的佛寺布局，应是沿袭更早的北魏平城时期。《魏书·释老志》记述："兴光元年秋，敕有司在五级大寺内，为太祖已下五帝，铸释迦立像五，各长一丈六尺，都用赤金二万五千斤。"[1]五级大寺当是一座以五级佛塔为中心的佛寺。天安二年（467），"高祖诞载。于时起永宁寺，构七级佛图，高三百余尺，基架博敞，为天下第一"[2]。后来北魏洛阳所建皇家大寺沿用永宁寺名，并沿袭其以塔为中心的平面布局，但所建高塔增为九级，更加高耸壮丽。遗憾的是平城遗址的佛寺，至今未曾进行过任何考古勘探，其平面布局更是无从得知了。令人欣慰的是北魏平城时期两座佛塔的基址，分别位于今山西大同方山的思远佛图和被压在辽宁朝阳辽塔下的思燕佛图基址，曾进行过考古勘探。思远佛图因位于远离后人居址的方山

---

[1]《魏书·释老志》，3036页。
[2]《魏书·释老志》，3037页。

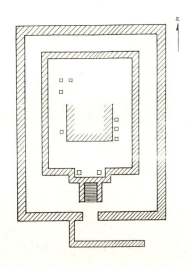

图 11-11 山西大同北魏思远佛图平面图

脚下,所以保存情况尚好,塔基遗址仍留存于地面上。1981年对该遗址进行了清理和发掘。[1] 清理了方形的塔基,周围的围墙和山门、佛殿、僧房等遗迹,可知是一座以塔为中心、前塔后殿的佛寺,坐北朝南,山门、方塔和佛殿布置在一条中轴线上(图11-11)。先沿山势修筑了两级平台,总平面呈长方形,南北长87.8米,东西宽57.4米。二级平台长45.8米,宽35米,高于一级平台2.5米。塔基坐落在二级平台上,平面方形,边长18.2米。塔基中部是由玄武岩石块与三合土夯筑的方形塔心实体,南北残长12.05米,东西残长12.2米,残高1.25米,因历经损坏,现已形成似覆斗状的堆积(图11-12)。方形塔心实体外周绕回廊,回廊外壁各长18.2米,距塔心实体长3米。从残存的石柱础

---

[1] 大同市博物馆:《大同北魏方山思远佛寺遗址发掘报告》,《文物》2007年第4期4—26页。

图 11-12　山西大同北魏思远佛图遗址全貌

和柱洞，可测知回廊每边面阔五间，中心间开门，各间之间不设隔断墙，因此信徒可以在回廊中绕塔心礼拜。在塔后的佛殿，平面长方形，面阔七间，进深两间，东西面阔约 21 米，使用方形覆盆式沙岩石础，尚有 4 件保存在原位。出土有富贵万岁铭瓦当、莲花化生瓦当等（图 11-13），还有许多彩绘泥塑残件（图 11-14），面相圆润，眉目口鼻过分集凑于面庞中部，仍显示着北魏平城时期早期造像的特征。思远佛图的平面布局，与平城内五级佛寺等佛寺近同，可说是目前所知北魏平城时期佛寺平面布局的唯一标本，也为探寻北魏洛阳时期佛寺平面布局的源头提供了重要的线索。思燕佛图的基址[1]，原建于十六国时期建筑

---

[1]　辽宁有文物考古研究所、朝阳市北塔博物馆：《朝阳北塔——考古发掘与维修工程报告》，文物出版社，2007 年。

图 11-13　思远佛图遗址出土瓦当

图 11-14　思远佛图遗址出土泥塑佛像

和龙宫基址上，后废弃。隋唐时期又在原址建塔，辽代又在唐塔基上建造新的佛塔，最后保留下来的方形密檐式砖塔，即屹立至今的朝阳北塔。维修辽代朝阳北塔时，在清理塔基时勘察、发掘了被叠压的早期遗迹，包括十六国时期建筑和龙宫遗迹、北魏塔基和隋唐塔基遗迹。

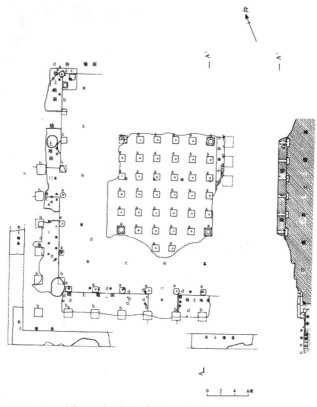

图 11-15 辽宁朝阳北魏思燕佛图遗址平、剖面图

北魏的思燕佛图塔基为方形夯土台基（图 11-15），尚能大致究明中心为夯土方实体，长、宽均约 16 米。周绕四圈方形柱网，其长、宽约近于 19 米。表明原塔是在方形实心体周绕廊殿，应与思远佛图、永宁寺塔一样，都是在方形夯土台基上建造的方形楼阁式木塔。出土遗物有残碎的泥塑佛像和瓦当等。文字瓦当铭有"富贵万岁"（图 11-16），还有莲花纹瓦当。从残存泥塑面像看，具有北魏平城时期早期造像的特征（图 11-17），与思远佛图出土造像相同。

图 11-16　思燕佛图遗址出土瓦当

图 11-17　思燕佛图遗址出土泥塑佛像

十一　地下梵宫——中国佛教寺院遗址的考古发掘

2 东魏—北齐邺城（邺南城）佛寺遗址

北魏分裂，高欢拥立元善见为帝，是为东魏孝静帝，将都城由洛阳迁至邺，在原曹操修建的邺城以南修筑新城，习称邺南城。以后北齐取代东魏，继续以邺南城为都城。东魏—北齐时期最高统治阶层与北魏相同，崇信佛教，邺城成为北方的佛学中心，邺城内寺塔林立，繁荣情景不亚于北魏洛阳。目前在对东魏—北齐邺城（邺南城）的考古发掘中，发现的重要佛寺遗址是赵彭城佛寺遗址。这座佛寺遗址位于今河北临漳县赵彭城村西南约200米处，北距邺南城南墙约1300米，邺南城中轴线（朱明门大道）延长线的东侧，目前考古发掘工作还没有结束。

赵彭城佛寺遗址与洛阳永宁寺遗址的保存情况有相似之处，就是寺院废弃后，随着岁月的流逝，殿堂建筑废址均已深埋地下，唯有原来高耸寺中的佛塔，塌废后遗存的堆积体积巨大，形成凸留于地面之上的大土丘。塔基土丘距现在地面高4.5米，过去传闻其为曹魏元帝的墓冢，俗称"曹奂冢"，历来是盗墓贼企图盗掘的目标。为了究明土丘的性质，在2002年，对其开展了考古探掘。[1]经过10至12月的发掘，揭露出一座平面方形的塔基遗址（图11-18）。塔基方形，与永宁寺塔基同样是由地下和地上两部分构成，地下基槽为正方形，边长约45米，地上部分边长约30米。在正中心处发现了刹柱础石，青石质，底座正方形，边长约1.2米，上部为覆盆形，正中有圆形榫槽

---

[1] 中国社会科学院考古研究所、河北省文物研究所邺城考古队：《河北临漳县邺城遗址东魏北齐佛寺塔基的发现与发掘》，《考古》2003年第10期3—6页；《河北临漳县邺城遗址赵彭城北朝佛寺遗址的勘探与发掘》，《考古》2010年第7期31—42页。

图 11-18　河北临漳东魏—北齐邺南城遗址赵彭城佛寺塔基遗址

（图 11-19）。围绕刹柱础石，尚能辨识出内外 3 圈柱础遗迹，部分柱础石尚存。第 1 圈 4 个柱础石分布在刹柱础石的四角，构成以刹柱为中心、坐北朝南的正方形。其外是第 2 圈柱础，原应是每边 4 个共计 12 个，现只残存南面和西面的 5 个柱础。第 3 圈柱础仅存南侧的一处柱础坑及承础石，推知这圈的柱础应为 20 个，每边各 6 个（在四角的柱础为相邻两边共用的角柱，因此柱础总数为 20 个）。塔基南面居中处有宽 2.3 米的踏道，踏道两侧包砖（图 11-20）。台基南侧还保留有部分砖砌散水。在塔基中央刹柱础石以下，夯土基槽的最上层，设有砖函，可能原瘗藏舍利等，惜已盗掘一空（图 11-21）。出土的遗物有彩绘泥塑佛教造像残片、残琉璃舍利瓶、铜钱和大量砖瓦，还有石螭首（图 11-22）、柱础等石雕建筑构件。佛塔形制与洛阳北魏永宁寺塔近似，且时间相近，

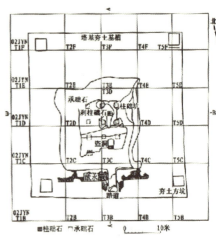

图 11-19　邺南城赵彭城佛寺塔基出土刹柱础石　　图 11-20　邺南城赵彭城佛寺塔基平面图

图 11-21　邺南城赵彭城佛塔基下砖函

图 11-22 邺南城赵彭城佛塔基出土石螭首

可能该塔是与永宁寺塔具有同样建筑形制的多层方形木塔，只是其形制应略小。在永宁寺塔发掘后，由于赵彭城佛塔刹柱础石的发现，困扰考古学界多年的北朝佛塔如何立刹之谜，终于揭开了谜底。

赵彭城佛塔塔基发掘以后，自2003年以来，与塔基有关的寺院遗址勘探和发掘继续开展。[1] 发现整座寺院总平面大致呈方形，周绕围壕，围壕东面长453米，南面长433米，西面长452米，北面长435米，围壕上口一般宽5—6米，深3米左右。围壕四面应均设有通道，已清理了南通道和东通道。南通道在南面围壕正中处，正对院内偏南部中央的佛塔，同偏北部新发现的一座大型佛殿遗址一起，形成这座环壕佛寺的中轴线。塔基东南和西南各发现一座院落，两座院落平面均呈方形，院内北部中央建有大型佛殿，四周围绕僧房和廊道（图11-23）。东南院四面由各长约117米的廊房式建筑围合而成，院内

---

[1] 中国社会科学院考古研究所、河北省文物研究所邺城考古队：《河北临漳县邺城遗址赵彭城北朝佛寺2010—2011年的发掘》，《考古》2013年第12期25—35页。

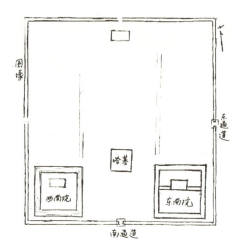

图 11-23 赵彭城佛寺遗址平面示意图

图 11-24 赵彭城佛寺东南院殿基遗址

佛殿保有地上和地下的夯土台基,东西面阔 36.6 米,南北进深 23.4 米(图 11-24)。西南院四面各长 110 米,院内佛殿东西面阔约 38 米,南北进深约 20 米。出土遗物有砖、瓦当(图 11-25),还有铜钱(图 11-26)等。对佛寺的发掘工作仍在继续进行。

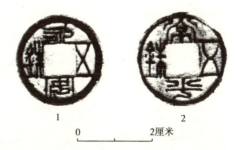

图 11-25　赵彭城佛寺出土莲花纹瓦当　　图 11-26　赵彭城佛寺出土铜钱拓本

邺南城赵彭城佛寺的考古勘察和发掘，已可究明是一座佛塔位于寺院中心，前塔后殿，两侧设有多所院落的大型佛寺，它应是从仿效古印度佛寺以大塔为中心的布局，转向前塔后殿布局以后，进一步向中国式宫殿布局发展的中间形态。到隋唐时期，佛寺平面布局完成了仿效人间帝王宫殿布局的转化，从此佛寺主体是在中轴线上依次布置山门、前殿、主殿、后殿等，形成多重院落的格局，两侧或后面另置多重院落。佛塔已迁离寺院的中轴线，要建佛塔，则另设塔院。钟楼和鼓楼经常布置在进入山门后前院的左右两侧。这样的平面布局，标志着佛寺建筑中国化格局的成熟定型，一直沿袭至明清。深受中国古文化影响的东北亚诸国，佛寺建筑也呈现出同样的平面布局。

除了都城邺城以外，对东魏—北齐境内其他地区的佛寺遗址，也开展了一些勘察发掘工作，例如在山东临朐发掘过小时家庄佛寺建筑

图 11-27　山东临朐小时家庄北朝佛殿遗址

遗址。[1] 发掘了一座坐北朝南的长方形台基，东西面阔 20 米，南北进深 15.4 米（图 11-27），似乎仅是在周围修治过的台地上的单体建筑。出土了砖、瓦等建筑材料，以及一些佛像残件。没有发现可以说明寺名及时代的文字资料，或许反映了北朝时期青州地区曾有过只有一间佛殿而无院落的小型佛寺。

3　北齐晋阳龙山童子寺遗址

北齐时期，在晋阳（今山西太原）附近山崖雕建了两处大佛，一

---

[1] 山东省文物考古研究所、苏黎世大学东亚美术史系、山东临朐山旺古生物化石博物馆：《临朐白龙寺遗址发掘报告》，文物出版社，2015 年。

座是位于今太原市西南蒙山之阳的西山大佛；另一座是龙山北峰的童子寺大佛。两座大佛体量巨大，西山大佛高约59米，盛时燃灯万盏，光照达于晋阳城宫阙。但岁月沧桑，历经千余年，两尊大佛都遭到自然侵蚀和人为破坏，损毁严重，不经仔细辨识，很难与山崖立石相区别（图11-28）。

童子寺创建于北齐天保七年（556），位于太原西南的龙山北峰，寺院建在东坡靠近山顶的平台上。遗址分为南北两部分，其间相距65米（图11-29）。在北部山崖雕造高30余米的无量寿大佛，并在大佛前建造佛阁，佛阁北面立有燃灯石塔。现大佛已残毁（图11-30），佛阁亦残毁，但北齐燃灯石保存尚好（图11-31）。寺院建在南部，金天辅元年（1117）毁于兵火，到明正德初年重建，清代曾加维修，嘉庆后逐渐荒废。2002—2006年，对龙山童子寺遗址持续进行了发掘工作。最先清理的是林木掩盖的寺院遗址，经发掘可知明代重建后

图11-28　山西太原北齐西山大佛残毁现状

十一　地下梵宫——中国佛教寺院遗址的考古发掘

图 11-29 山西太原北齐童子寺遗址全貌

是一座平面呈长方形,内有院落的寺庙,依山势坐西朝东,山门对正殿,门两侧分设钟楼和鼓楼,正殿两侧有厢房。至于明代以前寺庙原貌,已不可知。在寺院后面东向的山崖上,存有石窟遗迹,但现存石窟均系唐代遗迹。佛阁遗址包括佛阁与前廊,还有佛阁北部与南部的建筑基址,在20世纪50年代末全民大炼钢铁时遭到严重损害。佛阁依山构建,用条石垂直叠砌墙体,以山体为后壁(西壁),南北两侧壁后与山体相接,前壁中部开门,门宽近5米,构成南北面阔34米,东西进深约15米,现存高7.5—8米的佛阁。在东壁内壁面雕千佛龛,南壁尚未发掘,北壁为后期护墙所遮盖,可能原亦雕有千佛龛。晚期为防止早期墙体偏斜,又对三面墙体修筑了护墙。佛阁前原建有前廊,

图 11-30　山西太原北齐童子寺大佛残毁后现状

图 11-31　山西太原北齐童子寺佛阁遗址

十一　地下梵宫——中国佛教寺院遗址的考古发掘

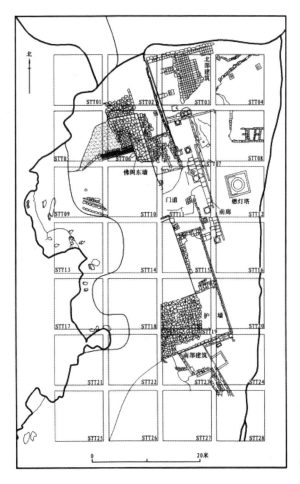

图 11-32 童子寺佛阁遗址平面图

但发掘中仅发现 5 个残存的柱础，推知前廊可能面阔 5 间，进深 1 间。檐柱使用宝装覆莲石柱础。佛阁内壁所雕千佛龛均为圆拱尖楣式，龛内雕一尊结跏趺坐、手施禅定印的佛像，具有北齐造像特征，表明佛阁应为北齐时建造。后期所筑护墙及前廊则为唐代重修。佛寺可能也是创建于北齐，经唐重修，金代焚毁后，再于明代重建（图 11-32）。

图 11-33　童子寺佛阁遗址出土北齐佛教石造像　　图 11-34　童子寺佛阁遗址出土北齐石佛头

在佛阁遗址发掘中，出土有北齐佛教造像残像，有佛、菩萨、力士等头像（图 11-33）。有些造像的面型与太原地区墓葬出土的陶俑面型近同，表现出当时晋阳地区造像艺术的地方特征，值得注意（图 11-34）。童子寺遗址的发掘，揭示了与一般佛寺不同的实例，寺院依山势而建，北侧的大像、佛阁和燃灯石塔，构成礼拜供养的场所。南部为寺院区，又是前建寺院，后面开有石窟，应是佛徒坐禅观禅和生活起居的场所。童子寺遗址为探研北朝晚期至唐代佛寺布局，提供了值得特别重视的新资料。

4 新疆的佛寺遗址（策勒达玛沟佛寺、北庭高昌回鹘佛寺）

在新疆地区，由于特殊的气候地理条件，一些废弃的古代佛教寺塔遗址保存较好。20世纪初，一些外国探险家及学者对不少遗迹进行过破坏性的劫掠，将珍贵的壁画和遗物盗运到国外。20世纪20年代，黄文弼等人在新疆进行学术考察，揭开了中国学者对新疆梵迹进行考古勘察的序幕。

中华人民共和国建立以后，对新疆地区地表的梵迹持续进行勘察和保护，对于已经埋埋于地下的佛寺遗址，也开始进行勘探和发掘。从20世纪70年代以来，陆续对一些梵迹开展考古发掘工作，时代较早的有策勒县达玛沟佛寺遗址的发掘。策勒县位于和田中东部，是和田诸绿洲的核心区域，保存了丰富的古代佛教遗迹。自2002年开展考古勘察和发掘工作以来，已发现三座遗址，分别是托普鲁克墩1号佛寺遗址和2号佛寺遗址、喀拉墩1号佛寺遗址。建筑年代约在3—6世纪。[1]托普鲁克墩1号佛寺遗址是一座方形小佛寺，四面尚存部分残壁，居中为结跏趺坐佛像，仅头部和双手缺失（图11-35）。残存壁面上的壁画保存较好，题材有菩萨、天王等，绘制精细（图11-36）。现已在原址建博物馆保存。2号佛寺遗址规模较大，由东门、前厅、东侧堂、东北侧室、北门、北侧室和中心回廊佛殿构成（图11-37），出土有残泥塑佛像、木板佛画等遗物（图11-38），对研究于阗佛教寺院提供了重要的资料。

---

[1] 中国社会科学院考古研究所、中共策勒县委、策勒县人民政府：《策勒达玛沟——佛法汇集之地》，香港大成图书有限公司，2012年。上海博物馆：《丝路梵相——新疆和田达玛沟佛教遗址出土壁画艺术》，上海世纪出版集团，2014年。

图 11-35　新疆策勒托普鲁克墩 1 号佛寺遗址

图 11-36　新疆策勒托普鲁克墩 1 号佛寺遗址壁画

十一　地下梵宫——中国佛教寺院遗址的考古发掘

图 11-37 新疆策勒托普鲁克墩 2 号佛寺遗址

图 11-38 新疆策勒托普鲁克墩 2 号佛寺遗址出土千眼木板画

时代较晚些的梵迹探掘,有北庭故城西部发掘的北庭高昌回鹘佛寺遗址。[1]遗址位于吉木萨尔县破城子,1979—1980 年进行发掘。这座佛寺为 10 世纪中期至 14 世纪中期高昌回鹘王家寺院。遗址平面呈长方形,南北长 70.5 米,东西宽 40.8 米。南部为庭院、配殿、僧房、库房等建筑,北部为正殿,正殿方塔形,殿外四周环筑窟龛(图 11-39),南面上部有一层窟龛,东、北、西三面各有两窟龛,窟龛内尚存精美壁画(图 11-40)。殿内设佛坛,坛上

---

[1] 中国社会科学院考古研究所:《北庭高昌回鹘佛寺遗址》,辽宁美术出版社,1991 年。

图 11-39　新疆北庭高昌回鹘佛寺遗址

图 11-40　新疆北庭高昌回鹘佛寺遗址壁画

设佛、菩萨、天王、罗汉像,还有一尊佛涅槃大像,塑像当年多贴金妆彩,庄严华丽。这座回鹘佛寺的考古收获,对研究新疆境内古代民族社会和宗教艺术有重要价值。

5　唐长安青龙寺、西明寺遗址

隋唐时期，佛教兴盛，都城佛寺林立，与北魏都城洛阳相比，有过之而无不及。特别是隋大兴（即唐长安），已形成典型的封闭里坊制，大型佛教寺院不仅是宗教礼拜的场所，也是市民社会文化活动的中心。文人结伴游览寺庙，欣赏建筑、塑像和壁画，以及寺中珍奇花木，为一时风尚，晚唐时段成式所写《寺塔记》至今流传。据唐代韦述《两京新记》和宋代宋敏求《长安志》所记，唐长安城所谓"官赐寺额"的佛寺，至少有大小不同的五个等级，从所占地域大小看，前四个等级的寺院分别占一坊之地、二分之一坊、四分之一坊或不及四分之一坊，第五个等级则是虽有著录但不记面积的佛寺。[1] 各等级佛寺随着唐长安的废弃亦逐渐废毁，最终深埋地下。只有两座佛塔，即原大慈恩寺塔（大雁塔）和原荐福寺塔（小雁塔），一南一北，仍然屹立于今西安市区内。现代的西安城把大部分唐长安城遗址压在下面，故而想要探掘唐长安诸多名寺的遗迹，已无可能。因此从建国至今，唐长安的梵迹探掘，只是对属于第三等级面积占四分之一坊的两座佛寺——坐落在新昌坊南门之东的青龙寺和在延康坊西南隅的西明寺，进行过小面积的局部发掘。

对青龙寺的勘察和局部发掘，得益于这座晚唐密宗盛行时的佛寺在古代中日文化交流中所具有的重要地位。唐代文化对古代日本文化的影响极深，佛教文化的传播占有重要位置。9世纪日本入唐求法

---

[1] 宿白：《试论唐代长安佛教寺院的等级问题》，《魏晋南北朝唐宋考古文稿辑丛》248—260页，文物出版社，2011年。

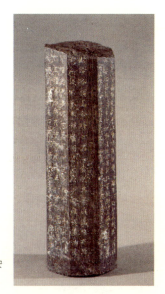

图 11-41　陕西西安唐长安青龙寺遗址采集的残石经幢

的"学问僧""请益僧"中著名的"入唐八家",空海等六位都曾在青龙寺受法,归国后成为开创"东密"的大师,对日本佛教的发展影响深远。因此当西安与日本奈良、京都结为友好城市后,中日文化交流也促成了对青龙寺遗址的探寻。1963年首次对青龙寺遗址进行考古探查,采集到一些遗物,如残石经幢(图11-41)等,大致确定了青龙寺的方位。[1] 到1973年又进行了复查,并对尚有条件开展考古发掘的局部遗址,进行了发掘。[2] 1979年、1980年、1992年,又多次对青龙寺遗址进行了钻探和部分发掘。[3] 首先探查清楚青龙寺所

---

[1] 中国科学院考古研究所西安唐城发掘队:《唐青龙寺遗址踏察记略》,《考古》1964年第7期346—348转354页。

[2] 中国科学院考古研究所西安工作队:《唐青龙寺遗址发掘简报》,《考古》1974年第5期322—327转321页。

[3] 中国社会科学院考古研究所:《青龙寺与西明寺》,文物出版社,2015年。

处的唐长安城新昌坊位置,并探明坊内的十字街。从而寻出在该坊内东南方向尚存的青龙寺遗迹,勘探出7处遗址,陆续进行考古发掘(图11-42)。通过历次发掘,揭露出青龙寺中西侧的两个院落遗址。西侧院落较大,在院落中轴线上发现院门、塔址和殿址。通过这些遗迹,可以看清该院落经早晚两次修建。早期是前塔后殿的布局,晚期拆除院中方塔,重建佛殿。经发掘,塔址(遗址2)仅存平面方形的塔基,边长15米,夯土基残存厚1.6米。在塔基中央,有一个直壁方坑,南北长4.4米,北端宽4米,南端宽4.4米,由现塔基面下深1.8米,或为塔基地宫(图11-43)。在塔基北有遗址3,是一处规模较大的平面长方形的殿址,可以分清经早、晚两期修建的遗迹,早期应与塔基同时。塔基南约20米处有遗址1,其南侧已暴露在断崖上,似是一座中间有通道的门址,可以看出这里原是一座以塔为中心的院落,塔前有中门,塔后有殿。由于塔基原砌砖石似为有计划拆除的,故推测这是寺院中的早期建筑,后来废弃,可用的建筑材料被拆去移作他用,所以在塔址发掘中除少量残砖瓦外,未发现其他遗物。这座院落或许是隋灵感寺时期的建筑,唐时寺名改变而建筑沿用,后毁于唐会昌年间毁佛时。以后重修,则废除前塔,在后殿基础上重建佛殿,即现在发掘的晚期遗迹。晚期殿址台基存高80厘米,平面长方形,计入包砖面阔40.4米,进深24.9米,台面损毁,柱础无存,但夯土中承础的礓墩有的还保留着,共发现28个,可推知原佛殿为柱网结构,是一座面阔九间、进深五间的大型佛殿。在上述院落东面,是另一座院落的遗址,院落居中是一座殿址(遗址4),位于塔基东侧50余米处,营建时间晚于塔址,由于遭长期破坏,仅存殿址的夯土台基和部分散水、廊道的遗迹。台基平面呈横长方形,坐北朝南,东西面阔28.75米,南北进深21.75米。台

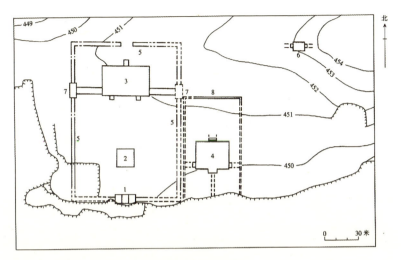

图 11-42　陕西西安唐长安青龙寺遗址已发掘区域平面图

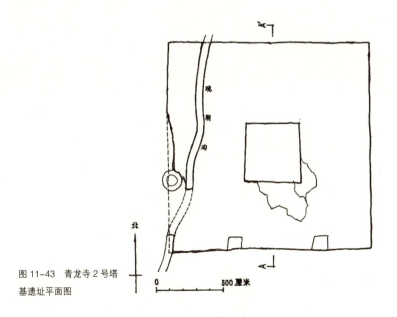

图 11-43　青龙寺 2 号塔基遗址平面图

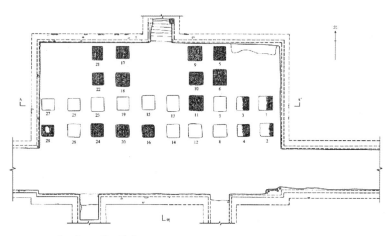

图 11-44　青龙寺 4 号佛殿基址平面图

基外原有包砖，多已残缺。夯土台面残损较甚，原柱础无存，从保留在夯土中的部分原用于承托础石的夯筑方墩，尚可推测复原柱网结构，表明原建佛殿面阔五间、进深四间，殿中央尚存台座遗迹。有人因晚唐青龙寺是唐密祖庭，所以进行过想象复原。[1] 在台基东西两侧保留了一些廊道遗迹。南面前接小露台，北面有两侧铺砖散水的慢道遗迹（图 11-44），应是青龙寺主寺西侧的一处别院。青龙寺遗址出土遗物多为砖瓦，有莲花纹方砖、莲花纹瓦当、鸱尾残片等。还有 1 件石灯台残件，上雕《佛顶尊胜陀罗尼经》，另有小型零散遗物，包括金铜小佛像、三彩像残片（图 11-45）、小陶塔（图 11-46）、开元通宝等。青龙寺为一座大寺，院落众多，目前保留的仅是其中一小部分，惜全寺遗址已无法探掘，只能靠揭示出这个角落管中窥豹，去想象往昔青龙寺的胜景了。

---

[1] 杨鸿勋：《唐长安青龙寺密宗殿堂（遗址 4）复原研究》，《考古学报》1984 年第 3 期，383—401 页。

图 11-45　青龙寺遗址出土三彩佛像残片　　图 11-46　青龙寺遗址出土小陶塔

西明寺遗址的发掘，也是管中窥豹。寺院遗址已压在现代建筑之下，1985年为配合西安市供电白庙变电站基建工程，得以清理发掘了面积7500平方米的局部（图11-47）[1]。1992年又为配合西安市房地产公司建居民楼工程，得以发掘1985年发掘区北面的7000平方米的地区。1993年，又继续向北清理了960平方米。[2] 西明寺坐落于唐长安城延康坊，占该坊西南四分之一的面积，现发掘的部分约当该寺东墙内偏南位置，揭露出由南向北编为1号、2号和3号的三座院落，每院中有一座殿址，殿址东西两侧设廊，东廊外通道侧是寺庙的东墙，墙外是坊内的十字街南段。在1号院南面，原有东南和西南两座院落，这次只揭露了两院房址的局部（图11-48）。1号院中的1号殿址只保

---

[1] 中国社会科学院考古研究所西安唐城工作队：《唐长安西明寺遗址发掘简报》，《考古》1990年第1期45—55页。
[2] 中国社会科学院考古研究所：《青龙寺与西明寺》，文物出版社，2015年。

图 11-47　陕西西安唐长安西明寺遗址部分发掘区鸟瞰

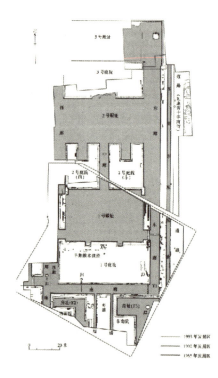

图 11-48　陕西西安唐长安西明寺遗址已发掘区域平面图

图 11-49 西明寺遗址出土残铭石茶碾

存了夯筑的台基,平面长方形,坐北朝南,台侧面包砖,夯土基面阔 50.34 米(加包砖为 51.54 米),进深 32.15 米(加包砖为 33.06 米)。现存夯土基比当时地面高 0.9—1.29 米。散水宽约 1.38 米,由 4 块方砖及 1 块立砖构成。台基南侧设左、右两阶。台基北侧正中有宽 6 米的廊道,通往发掘区北部 2 号院中的 2 号殿址。1 号殿基与东、西和前面回廊之间是 1 号庭院,院内殿前居中有石灯遗迹,院内还有渗水井和排水道等设施。2 号院中的 2 号殿址与 1 号殿址位于同一轴线上,已受到严重破坏,仅有夯土台基的根基,残存部分包壁砖和散水。2 号殿基夯土采用条形夯,面阔 73.6 米,进深 28.6 米。在南面左右各伸出一个小夯土台。3 号殿址只能清理一小部分,但可知也应是与 1 号和 2 号殿址位于同一轴线上。西明寺遗址出土的遗物中,值得注意的有 1 件残长 21 厘米的石茶碾,在碾槽两侧,分别刻有"西明寺""石茶碾"铭文(图 11-49)。大量的出土物是砖瓦等建筑材料,瓦当多饰莲花纹,主要

图 11-50 西明寺遗址出土石佛教造像

图 11-51 西明寺遗址出土金铜小佛教造像

有灰色和墨色两种，但也发现少量绿色琉璃瓦当残片。出土了许多不同材质的佛教造像，包括石造像（图 11-50）、鎏金铜像和陶像，特别是在 2 号井中出土了 150 余件小型鎏金造像（图 11-51），应是有意集中弃于井中的。还有不少残断的石碑，有的应出自同一碑刻。也有不少日用器皿，多残碎，瓷器以白瓷为主，可复原的瓷碗有 40 余件，也有青釉或褐釉的瓷器。此外还有残陶砚、琉璃鱼饰和铜钱等。西明寺是唐长安著名大寺，高僧众多，也与青龙寺一样，对东邻日本有深远影响，在中日古代文化交流中起了很大作用。日本奈良大安寺就是按入唐日僧携归的西明寺图而建造的。

在辽东半岛，由少数民族靺鞨族建立的渤海都城上京龙泉府，形制仿自唐长安，城内外也分布多座佛寺。在对上京遗址历次考古勘察和发掘中，在城内外发现近 10 座佛寺遗址，并在 1964 年发掘了其中的两座佛寺遗址[1]，为东半城 1 号佛寺和城北 9 号佛寺，都只重点发掘了寺中佛殿，缺乏对全寺整体平面布局的勘测与探掘。1 号佛寺的佛殿包括主殿和左右两个方形侧室（图 11-52），主殿平面长方形，面阔五间，长 23.68 米，进深四间，长 20 米。殿中柱础保留完整，殿中央设倒凹形佛坛，从坛上保留的造像基址来看，原应为一主尊、二弟子、二菩萨、二天王、二力士的一铺九尊造像（图 11-53）。9 号佛寺的佛殿规模较小，台基面阔 16.6 米，进深 13.2 米。佛殿没有左右侧室，也是面阔五间，进深四间，殿中央设倒凹形佛坛的平面布局（图 11-54）。出土遗物多为砖瓦等建筑材料，也有小型泥塑佛教造像（图 11-55），一些生活用陶器残片等。

---

[1] 中国社会科学院考古研究所：《六顶山与渤海镇——唐代渤海国的贵族墓地与都城遗址》，中国大百科全书出版社，1997 年。

图 11-52　黑龙江宁安唐代渤海上京龙泉府遗址 1 号佛殿遗址

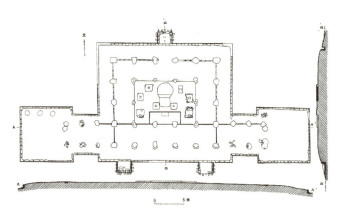

图 11-53　渤海上京 1 号佛殿平面图

图 11-54　渤海上京 9 号佛殿遗址

图 11-55　渤海上京佛殿遗址出土泥塑佛教造像

与唐代以前缺乏佛寺殿堂木构建筑实物不同，唐代的佛殿已有存留至今的实例，在山西五台山就保留了两座纪年明确的唐代佛殿，即唐建中三年（782）建的南禅寺大殿和大中十一年（857）建的佛光寺东大殿。到宋辽时期，有较多数量佛寺建筑保存至今，因此对佛寺布局及佛殿的考察研究，不必仅靠湮埋于地下的梵迹来了解，于是寺院废址的发掘对宋辽佛寺研究的重要性，与南北朝至隋唐时相比，已完全不一样了。不过对宋以后埋埋地下的佛寺废址的探寻，仍然是佛教考古的一项重要内容，也有许多发掘成果发表在考古刊物上，可以约略举几个实例，如福建福鼎市太姥山宋代国兴寺遗址的发掘[1]，又如江苏南京明代大报恩寺遗址北区的发掘，不仅揭露出明代大报恩寺的遗迹，包括揭露出香水河桥、御道、天王殿、观音殿、法堂等中轴线上的主要建筑（图 11-56），还在著名的琉璃塔基内发现了建塔时沿用的宋代塔基地宫。[2] 为研究当时当地的佛教史，提供了重要的实物史料。此外，对祖国边疆地区晚期佛寺遗址的探掘，更值得重视，西藏地区对藏传佛教寺院废址的勘察和发掘，例如对西藏加查县达拉岗布寺曲康萨玛大殿遗址的发掘[3]，对阿里象泉河流域卡孜河谷佛教遗址的考古调查[4]等，都是引人注目的工作。

---

[1] 福建博物院、福鼎市文体局、福鼎市旅游局、太姥山风景区管理局：《福建福鼎市太姥山宋代国兴寺遗址的发掘》，《考古》2003 年第 12 期 61—76 页。

[2] 祁海宁、周保华、龚巨平：《南京大报恩寺北区考古发掘》，《2010 中国重要考古发现》178—186 页，文物出版社，2011 年。

[3] 西藏自治区文物保护研究所、山南地区文物局：《西藏加查县达拉岗布寺曲康萨玛大殿遗址发掘简报》，《考古》2014 年第 8 期 50—67 页。

[4] 四川大学中国藏学研究所：《西藏阿里象泉河流域卡孜河谷佛教遗存的考古调查与研究》，《考古学报》2009 年第 4 期 547—577 页。

图 11-56　江苏南京明大报恩寺遗址鸟瞰

十二 地下佛教艺术博物馆

造像埋藏坑的考古发掘

中华人民共和国建立之初，田野考古工作方兴未艾，1953年传来在河北曲阳发现古代佛教石造像的消息。10月19日，村民唐文狗在河北曲阳县城外西南修德寺后挖山芋窖，竟然掘出了许多古代石佛像。这一消息引起文化部社会文化管理局的重视，迅即派人调查处理，虽然未能按田野考古规范进行清理发掘，但仍将出土坑照相（图12-1），把所有佛教石造像从坑中取出编号（图12-2），并尽可能收集了流散民间的石造像，全部运回北京。[1] 1954年，在全国基本建设工程中出土文物展览中展出了部分曲阳出土的石刻佛教造像，与展出的四川成都万佛寺废址埋藏坑解放前出土的石刻佛教造像一起，受到学术界极大的重视。[2] 仅展出的两地出土石刻佛教造像，已尽显南朝齐、梁造像艺术风采，以及北朝自北魏晚期经东魏到北齐时期造像艺术的发展序列。这种湮埋地下的大型古代造像埋藏坑，常常埋藏成十上百乃至千数以上的佛教造像，一旦被考古发掘出来以后，就打开了一座地下佛教艺术博物馆。

　　古人为什么掘坑把大量佛教造像埋于地下呢？缘由不尽相同，主要有两种情况：一种情况是在中国历史上发生大规模毁佛事件时，佛寺被拆毁，寺中造像会分类处理，金属造像砸毁后，原料回收另作他用。敷彩泥塑砸毁后随拆毁的建筑，一起沦为废墟。石刻造像被砸毁后，则掘坑填埋。另一种情况是后代僧人做功德，将不再供养的旧像，或

---

[1] 罗福颐：《河北曲阳县出土石像清理工作简报》，《考古通讯》1955年第3期34—38页；李锡经：《河北曲阳县修德寺遗址发掘记》，《考古通讯》1955年第3期38—44页。
[2] 宿白：《展览会中的一部分美术史料》，《文物参考资料》1954年第9期100—109页；冯汉骥：《成都万佛寺石刻造像——全国基建出土文物展览会西南区展览品之一》，《文物参考资料》1954年第9期110—112页。

图 12-1　河北曲阳修德寺遗址古代佛教石造像埋藏坑 1953 年清理时原状　　图 12-2　河北曲阳修德寺遗址埋藏坑出土石造像 1953 年露天清理编号情况

形貌损毁不宜供养的残缺像，收集起来掘坑瘗藏，有时还会在坑上建塔供养。上述河北省曲阳修德寺遗址埋藏坑佛教石造像和四川省成都万佛寺废址埋藏坑佛教石造像，可能属前一种情况。后一种情况，如 20 世纪末清理的山东省临朐明道寺塔基埋藏的佛教造像[1]和青州龙兴寺埋藏的佛教造像[2]，特别是临朐塔基出土的《沂山明道寺新创舍利塔壁记》碑（图 12-3），说明在北宋时山东地区的僧人有收集前代石刻残像瘗埋做功德的善举。《沂山明道寺新创舍利塔壁记》是讲法华经僧觉融和听学僧守宗，"睹石镌坏像三百余尊"，故发愿收集建小塔瘗埋。景德元年（1004）闰九月五日，舍利塔建成时，来参加的僧人和地方官员中，有青州龙兴寺志公院主僧义永、青州皇化寺讲唯识论僧怀达等。

---

[1]　山东青州市博物馆：《青州龙兴寺佛教造像窖藏清理简报》，《文物》1998 年第 2 期 4—15 页。
[2]　临朐县博物馆：《山东临朐明道寺舍利塔地宫佛教造像清理简报》，《文物》2002 年第 9 期 64—83 页。

图 12-3　山东临朐北宋《沂山明道寺新创舍利塔壁记》碑拓本

因此，青州龙兴寺发现北宋窖藏瘗埋的原因，自应与明道寺舍利塔地宫一样，本为龙兴寺僧人做功德，收集石刻残像所瘗埋。

1953 年，在河北曲阳清理了古代佛教造像埋藏坑以后，河北、河南、山东、山西、四川等地陆续发现和发掘了众多的古代佛教造像埋藏坑。这些埋藏坑出土的石刻佛教造像以南北朝时期的标本为主，许多造像带有纪年铭刻，对研究中国古代佛像的艺术造型发展演变，提供了极为重要的实物史料。下面就有关南北朝时期的几项重大考古发现予以简介。

1　南朝风范——四川成都诸造像埋藏坑

四川地区即南朝益州地区，发现南北朝晚期佛教石造像的时间较早。清光绪壬午年（即光绪八年，1882），在四川成都西门外万佛桥附近的万佛寺废址，有古代佛教石造像出土，到20世纪30年代至50年代又陆续有所发现，现多收藏于四川博物院，总数超过200件。[1]造像纪年铭刻中多见南朝梁武帝普通、中大通、大同、中大同等年号，还有益州归入北朝后出现的北周天和二年（567）等铭记，也有更晚的唐代廾元、大中等年号。[2]万佛寺废址出土的南朝晚期造像，使人们得到了一个能够窥视南朝晚期佛教石造像艺术造型的窗口。1921年，四川茂县出土一件方体南朝造像碑，一面刻无量寿佛（图12-4），另一面刻弥勒佛（图12-5）[3]，纪年为南齐永明元年（483）。20世纪50年代以后，成都地区不断有南朝晚期佛教石造像的重要考古发现。1990年，在成都市商业路发现一处埋藏坑，出土南朝造像9件，有南齐建武与梁天监纪年。[4]1995年，在成都市西安路发现一处埋藏坑，出土南朝造像10件，其中9件为佛教石造像，另1件为道教石造像，造像保有原贴金彩绘遗痕，有南齐永明和梁天监、中大通、大同等纪年铭刻，其中梁太清五年（551）圆雕阿育王像较为罕见。[5]20世纪发现的造像已集中编成《四川出土南朝佛教造像》[6]，极大地方便了中外学术界对四川出土南朝佛教石造像的了解和研究。在20世纪80年代至90年代，还对刻于四川省绵阳市平杨府君阙（或称平阳府君阙、杨府君

---

[1] 冯汉骥：《成都万佛寺石刻造像》，《文物参考资料》1954年第9期110—120页。
[2] 刘志远、刘廷璧：《成都万佛寺石刻艺术》，中国古典艺术出版社，1958年版。
[3] 袁曙光：《四川茂汶南齐永明造像碑及有关问题》，《文物》1992年第2期67—71页。
[4] 张肖马、雷玉华：《成都商业街南朝石刻造像》，《文物》2001年第10期4—18页。
[5] 成都市文物考古工作队、成都市文物考古研究所：《成都市西安路南朝石刻造像清理简报》，《文物》1998年第11期4—20页。
[6] 四川博物院、成都文物考古研究所、四川大学博物馆：《四川出土南朝佛教造像》，中华书局，2013年。

图 12-4　四川茂县齐永明元年造像碑正面无量寿佛像　　图 12-5　齐永明元年造像碑背面

阙）的南北朝造像小龛进行实测记录,其中有南朝梁大通等年号题记。[1]进入 21 世纪后,成都又有佛教造像埋藏坑的新发现,如 2014 年在成都市下同仁路发现的一处埋藏坑中,出土造像有梁天监、普通、中大同、天正等年号。[2]综合上述考古发现,可获得对益州地区南北朝晚期佛教石造像的概括了解。

---

[1] 孙华:《四川绵阳平杨府君阙阙身造像——兼谈四川地区南北朝佛道龛像的几个问题》,《汉唐之间的宗教艺术与考古》89—137 页,文物出版社,2000 年版。
[2] 成都文物考古研究院:《成都下同仁路——佛教造像坑及城市生活遗址发掘报告》,文物出版社,2017 年。

图 12-6 齐永明八年法海造石弥勒成佛像

南朝佛教造像的传世遗物颇为贫乏，南京地区也一直缺乏有关佛教寺庙遗址的田野考古发掘工作，因此四川地区佛教造像埋藏坑的考古发现，无疑对了解南朝齐梁佛教造像艺术造型的发展演变，具有重要意义。对于成都万佛寺埋藏坑出土石造像，又做过进一步整理研究，加上成都西安路、商业街、同仁路等处佛教造像埋藏坑新发现，以及茂县等地佛教石造像的发现，已出土自南齐永明元年（483）到梁天正三年（553）的多件纪年石造像，均为具有地方特色的红砂岩雕制而成，大致可以梳理出南朝造像自南齐末到萧梁初以张僧繇为代表的艺术新风的发展演进轨迹。从出土的北周领有蜀地后的纪年造像来看，有北周武帝保定、天和年号，应为南朝与北周文化交融的实物标本。

南齐永明元年释玄嵩造像碑、永明八年（490）释法海造弥勒成佛像（图 12-6）、建武二年（495）释法明造观世音成佛像（图 12-7）等

图 12-7　齐建武二年释法明造观世音成佛像

图 12-8　齐永明八年释法海造弥勒成佛像背面交脚菩萨像

造像，面长而清秀，胁侍菩萨的面庞更显清秀，正是画史中所述"陆得其骨"的人物造型风格。释法海和释法明造像正面都是佛装坐像，高肉髻，莲花头光，背光饰化佛，褒衣博带式佛装，下摆在座前呈三瓣式下垂。像座前面两侧设蹲狮，像背刻有屋形龛交脚菩萨像（图 12-8），显示了南齐造像的时代风格。进入萧梁时期，造像形貌逐渐发生变化。在梁武帝天监、普通至大通年间的造像，有的还保留着与南齐造像同样的面相和褒衣博带式佛装，但菩萨头上宝冠改为花蔓式，如天监三年（504）法海造无量寿像。同时，从一佛二胁侍菩萨的一铺造像组合，出现一佛四菩萨、一佛二弟子二菩萨二力士的造像组合，并逐渐成为萧梁佛教造像组合普遍流行的程式。此后大约在6世纪二三十年代，佛教造像的面相就完全由仿陆探微画风转向仿张僧繇画风，形貌"面短而艳"。服饰也有变化，佛装从褒衣博带样式改为通肩大衣样式，衣纹宽松悬垂。中大通元年（529）造释迦像（图12-9）是很典型的标本。佛像的发髻由平素的高肉髻改为螺髻。流行一铺多尊组合的背屏式造像，有的主尊是观世音菩萨，如中大同三年（548，实为太清二年）造像，主尊为观世音，胁侍有四僧二菩萨、二力士和二护法狮子，二力士立于两头大象背上，佛座前还列有八身伎乐（图12-10）。背面上部浮雕佛说法图像，下部雕铭文。整铺造像人物众

图12-9 梁中大通元年造石释迦像

多，结构严谨，雕工精细。此外，出现了许多新题材，如双像，除通常的释迦、多宝并坐像外，还有双释迦并立或共坐，双菩萨立像（图12-11）等，应为当时流行的题材。还出现了阿育王像（或称育王像，传为源于印度阿育王第四女所造佛像样式），典型标本是太清五年杜僧逸造育王像，保存基本完好，像上鎏金还有保存，其发髻特殊，螺发，面相的特点之一是刻出从两个鼻孔伸出的八字胡须（图12-12）。据此，可以辨认出成都万佛寺出土造像中至少有两个育王像头像（图12-13）和5件缺头身躯。这表明当时由于梁武帝尊崇阿育王，在益州地区阿育王像也颇为流行。

图 12-10　梁中大同三年造石观世音像

图 12-12　梁太清五年杜僧逸造育王像

图 12-11　石双菩萨立像

图 12-13　梁阿育王头像

图 12-14　北周益州总管赵国公招敬造阿育王像　　图 12-15　北周天和二年造石菩萨坐像

益州地区石刻佛造像表现出南朝造像的时代风范。在目前缺乏都城建康（今江苏南京）地区的南朝石刻佛造像标本的情况下，益州造像的南朝风范，给我们提供了了解南朝风范对北朝造像影响的重要实物标本，弥足珍贵。

当益州地区被收入北周版图后，佛教造像仍受南朝造像的影响，仍造有育王像，万佛寺所出石造像中即存有益州总管赵国公招敬造阿育王像。此像为等身像，身躯保存基本完好，残高 1.38 米，惜头已缺失（图 12-14）。还存有天和二年铭菩萨坐像（图 12-15），通身璎珞，雕工精细，惜头已缺失。与北方造像不同的是，跣足但踏有草鞋。其后北周灭法，益州地区在南北朝晚期兴起的佛教石造像繁荣场景，一时中断。

2 邺城规制——河北临漳邺南城遗址造像埋藏坑

北朝佛教造像埋藏坑的考古发掘，主要集中在曾为东魏、北齐都城邺南城的所在地即今河北临漳地区，北周都城长安即今陕西西安地区，以及古定州地区即今河北省定县、曲阳等地，古青州地区即今山东省青州、临朐、诸城等地。从出土石造像的纪年铭文来考察，主要是北朝晚期的作品。在东魏、北齐境内发现的佛教造像埋藏坑中石造像的时代，一般始自北魏孝明帝神龟、正光年间，经东魏，到北齐时期。长安地区佛教造像埋藏坑中，出土石像的时代以北周为主。不同地区的石造像，从材质到造型风格，各具地方特色。

河北临漳东魏、北齐邺南城遗址，过去不断有关于佛教石造像的零散发现。到2004年，有了一项重大的考古发现，在临漳习文乡北吴庄村北地，发掘了一处规模颇大的石造像埋藏坑（发掘编号：2012JYNH1）（图12-16），位置在邺南城内城遗址外东侧，约在被推定为邺南城外郭城区内。出土石造像经测量编号的共2895件（块），还有大量造像碎块（图12-17），总数量近3000块（片），多数为汉白玉质，少数为青石，大多表面残存贴金彩绘痕迹。也出土少量陶像。造像纪年最早的为北魏太和十九年（495），最晚的在唐上元二年（675），时代跨越北魏、东魏、北齐、北周、隋和唐代，绝大多数为东魏、北齐纪年，表明这处埋藏坑大约埋藏于唐代。造像以中小型汉白玉背屏像为主，也有一些中型或大型的单体圆雕造像，题材有释迦、弥勒、药师、阿弥陀、卢舍那和观音、思惟菩萨，还有双像，包括释迦多宝、双（观音）菩萨、双思惟像等。发掘

图 12-16 河北临漳邺南城遗址北吴庄佛教石造像埋藏坑发掘情况

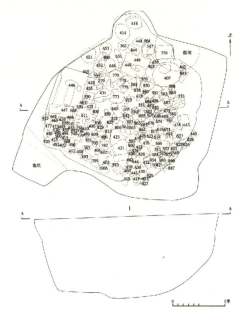

图 12-17 邺南城北吴庄佛教石造像埋藏坑实测图

十二 地下佛教艺术博物馆——造像埋藏坑的考古发掘

图 12-18　北魏太和十九年刘伯阳造石释迦像　　图 12-19　北魏永平三年张□造石佛装观世音像

简报已刊出[1]，正式发掘报告尚在编写中。

北吴庄造像窖藏的发现，表现出东魏、北齐时都城邺南城中小型佛教石造像的时代风貌，还显示出当时都城流行的造像规制开风气之先，影响向其领有的其他地区扩展。

邺城地区的佛教传播历史很早，东晋十六国时期，后赵石虎在此建都，他虔信佛教，故邺城佛教大盛，但目前尚未发现后赵时期佛教遗迹和遗物。北吴庄佛教造像埋藏坑发现的遗物中，造像纪年铭文时代最早的标本，是北魏太和十九年（495）刘伯阳造释迦像（图 12-18），面像及佛装尚存北魏平城时期造像旧制。此后有北魏正始二年（505）三禈、法荣造像与永平三年（510）张□造佛装观世音像（图 12-19）。这一时期，正值都城洛阳的皇家寺院兴起了造像

---

[1] 中国社会科学院考古研究所、河北省文物研究所邺城考古队：《河北邺城遗址赵彭城北朝佛寺与北吴庄佛教造像埋藏坑》，《考古》2013 年第 7 期 49—68 页。

新风,仿效南朝张僧繇所创"面短而艳"的造型风格。虽缺乏石刻造像标本,但对皇家大寺永宁寺木塔塔基发掘所获大量泥塑佛教造像标本,足以为例(本书第十一章已详述,此处从略)。一时间,造像新风传播北魏全境,各地纷纷效仿,邺城地区亦无例外。以上北魏时期造像均为青石质,石料应系就地取材。

北魏分裂,东魏建国,邺城一跃而升为国都。原北魏都城的工匠,随着都城的迁移,徙居邺城。各地良材,也得以输来都城。这就使得邺城佛教石刻造像的面貌为之一变,所用材质多改用自定州地区输入的白石,雕工亦日趋精细。在承袭北魏晚期造像特征的基础上,面相更为丰腴适度,微含笑意。头光后接大型舟形背光的三尊像流行起来,舟形背光形成背屏,背屏雕刻精细。单身立姿菩萨像亦设大型舟形背光,呈立屏状。像下多设方形高座,前雕宝炉和护法双狮。如天平四年(537)智徽造观世音立像(图12-20)、元象元年(538)道胜造药师如来像(图12-21)、武定二年(544)张景

图12-20 东魏天平四年智徽造石观世音像

图12-21 东魏元象元年道胜造石药师如来像

图 12-22 东魏武定二年张景章造石观世音佛装像

图 12-23 东魏武定二年和妣沙李迥香造石太子思惟像

章造观世音佛装像（图22-22）、武定二年（544）和妣沙李迥香造太子思惟像（图12-23）等，显示了小型石造像的邺城规制。进入北齐，造像规制先依东魏，三尊背屏式造像仍盛行，衣纹日渐疏朗，常在尖焰屏中刻单层佛塔，下方两侧有多身飞天拱护。如天保元年（550）长孙氏造阿弥陀像（图12-24）、天保六年（555）吴海伯造观音像（图12-25）、武平五年（574）造像等都是典型标本。有的造像背屏透雕精巧，别具风貌（图12-26）。北齐时更出现了造像新风，佛衣贴体似出水之姿，衣纹极简（图12-27）。这种明显带有中印度秣菟罗艺术风格的造像，5世纪前期一度影响到河西走廊，到5世纪中叶出现于甘肃以东诸石窟和散存的铜、石造像中，但是北魏中后期汉化加深后就逐步消失，为汉式褒衣博带服饰造像所取代。在沉寂了近半个世纪以后，6世纪中叶，薄衣透体佛像又以多种样式再现东方，在北齐政权统治区域内最为流行。北齐佛像这种新趋势，非简单恢复以

图12-24　北齐天保元年长孙氏造石阿弥陀像

图12-25　北齐天保六年吴海伯造石观音像

图 12-26 北齐石镂雕背屏像　　　　　　图 12-27　北齐石佛立像

前的薄衣透体佛像样式，可能与 6 世纪天竺佛像一再东传有关，也与北齐时最高统治集团倡导胡化、重视中亚诸胡伎艺有关。[1] 都城兴起的造像新风，自然向北齐境内其他州郡扩展，遂成一时风尚。

---

[1] 宿白：《青州龙兴寺窖藏所出佛像的几个问题——青州城与龙兴寺之三》，《文物》1999 年第 10 期 44—59 页。

3　定州模式——河北曲阳修德寺造像埋藏坑

定州地区的北朝晚期石造像埋藏坑，主要有两项重要发现，一项是曲阳修定寺废址的石造像埋藏坑，大约是唐代灭法时埋入的，造像残损较重，但数量众多，约2200余件，其中有纪年的造像至少有247件，时间从北魏神龟三年（520），经北魏、东魏、北齐、隋到唐天宝九年（750），材质精美，为白石，即俗称的汉白玉，一般形体不大，罕见大型背屏像和圆雕立像，多双像及思惟菩萨像。为从北魏晚期经东魏至北齐佛教石造像的造型规律、艺术样式及其源流演变的研究，提供了重要物证。[1]

此后在定州境内其他地点也屡有北朝造像出土，其中值得重视的第二项发现是1978年在河北藁城贾同村建忠（中）寺旧址出土的佛教石造像。[2]出土石造像和残像座共20件，大多有纪年铭记，包括东魏武定和北齐天保、皇建、河清、天统、武平等年号，一般形体稍大，有的像超过80厘米，双面镂刻，呈现不同的造像题材，有些像保存大致完好，彩绘贴金犹存，比曲阳修德寺造像雕刻更为精细。此后还有1994年在定州市发现的少量佛教石造像，有的有东魏纪年铭记，也是雕造较为精致的一批（图12-28）。[3]正定县和行唐县也出土有石造像，部分有东魏、北齐纪年铭记。[4]此外，流失海

---

[1] 杨伯达：《曲阳修德寺出土纪年造像的艺术风格与特征》，《故宫博物院院刊》总第2期43—60页。

[2] 程纪中：《河北藁城县发现一批北齐石造像》，《考古》1980年第3期242—245页。

[3] 夏长生：《中国全臂维纳斯——定州发现一批东魏石造像》，《文物天地》1994年第4期6—9页。

[4] 王巧莲、刘友恒：《正定收藏的部分北朝佛教石造像》，《文物》1998年第5期70—74页。

外的定州石造像中也有不少值得注意的精品。通过对定州佛教造像的分析，能够使我们大致了解北朝晚期定州地区佛教石造像的概貌。

河北曲阳修德寺出土的纪年石造像中，最早纪年为神龟三年（520），继之是正光年间的造像，自元年（520）起有多件。神龟至正光为6世纪前期，约当南朝梁武帝天监末至普通年间。神龟三年邑义二十六人造弥勒像因头部残缺，无法知其面相。至迟到正光年间，造像面相额方颐圆，已显丰腴之态，眉长目细，直鼻小口，嘴角微翘略含笑意，明显是接受了都城洛阳北魏孝明帝神龟、正光年间兴起的造像新风，此后一直延续到北魏末年（图12-29）。

修德寺造像中东魏造像数量超过北魏造像，纪年像多达40件，其中最早的纪年是天平三年（536），最晚的是武定八年（550），当年东魏就被北齐所取代，表明定州地区的造像延继于整个东魏时期。

北齐时期，定州佛教石造像的艺术造型随当时都城上流社会胡化和重新接受天竺佛像的影响，发生第二次变化，北魏晚期到东魏时流行的褒衣博带式佛像逐渐消

图12-28　河北定州石供养菩萨像

图12-29　北魏石交脚菩萨像

逝，一种新服饰佛教造像逐渐流行。造像面相圆润丰满，多立姿，肩胛宽厚，腰身分外细瘦，所着佛衣贴身，质薄透体，衣纹舒朗下垂，有的甚至不刻衣纹，更显薄衣贴身，衣下肌肤隐现，确如画史所描述的"出水"之姿。这一变化表现在青州龙兴寺出土佛教石造像中最为明显。但是在定州地区，北齐佛教石造像虽然同样出现佛像衣纹简化的趋势，但时间略迟。例如菩萨像中的思惟菩萨像服饰变化，已是北齐幼主高恒承光元年（577）高罗候造双思惟像。上身赤裸，长裙无褶纹近似光素，时已至北齐亡国前夕。但是青州在北齐时极为流行的那种薄衣贴体、简刻衣纹，甚至不刻衣纹而似肌肤显露的造像，在定州造像中尚未流行。或许定州地处内陆，佛教根基深固，传统势力较强，造成此地接受艺术新风的阻力较大，所以对北齐时佛教石造像艺术造型二次变化的反映，与青州地区相比，在造像艺术风格上呈现出一定的滞后性。

定州造像除具有时代特征外，在用材、细部造型等方面显露出一些地方性特征。定州造像，皆用白色大理石即汉白玉雕制，石材可能出自曲阳黄山、嘉山等处。由于石质精美，洁白近玉，当时人们称其为玉像，如藁城贾同村出土河清元年（562）建忠寺比丘员度门徒等造弥勒像即自铭为"白玉"像。同时出土的武平元年（570）造菩萨像也自铭为"敬造玉像一躯"（图12-30）。石材精坚利于精琢，故定州较大型的造像也有许多精雕细琢的佳作，如前述藁城出土河清元年弥勒像。但是石质坚硬也增加了雕刻的难度，使得许多小型造像，尤其是曲阳修德寺出土的大量小型造像，缺乏细部刻划。虽然石质如玉，但定州造像仍与当时流行做法相同，表面都要贴金敷彩（图12-31）。

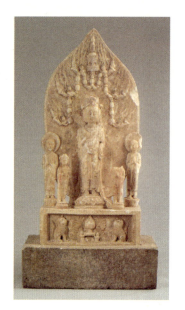 

图 12-30 东魏武平元年造石思惟菩萨像　　图 12-31 东魏施彩石菩萨像

定州造像的题材也有特点。佛像以坐姿为主（图 12-32），缺乏大型单体圆雕立姿佛像。菩萨像多小型立像（图 13-33），也发现少量等身高的菩萨立像（图 12-34）。纪年造像中双像约占四分之一，双佛、双弥勒、双观音（图 12-35）、双菩萨、双思惟菩萨都有。此外，思惟菩萨（图 12-36）和交脚菩萨像，也是定州造像的常见题材。在造像平素的背部，常加彩画，多绘山中或树下菩萨像（图 12-37）。至于定州为何多造双像，尚为值得继续探研的课题。

再看雕刻技艺。定州造像除圆雕和浮雕等外，还常见精致的镂雕作品，主要见于北齐时期。曲阳修德寺出土造像中的天保八年（557）张延造思惟菩萨残像，已可看出像背的镂雕花树龛饰。最精致的作品是藁城贾同村出土河清元年（562）建忠寺比丘员度门徒等造石弥勒像，

图 12-32 东魏元象三年刘十均妻崔造石释迦像

图 12-33 东魏兴和三年李晦造石弥勒像

图 12-34 北魏永熙二年张法姜造石观音像

图 12-35　北齐大宁二年刘仰造石双观音像

图 12-36　东魏元象二年造石思惟菩萨像

图 12-37　定州石菩萨像及像背彩绘

图 12-38　北齐河清元年建忠寺比丘员度门徒等造石弥勒像及背面造像

通高达 93 厘米（图 12-38），正面雕出两身并坐的佛装弥勒半跏趺坐像，旁有胁侍菩萨，背屏是镂雕的花树，上有宝塔、飞天和莲花化生，在佛足下和佛座上还雕有 8 身裸体童子形貌的莲花化生，以及宝炉、狮子和金刚力士。在像背又雕出两身并坐的思惟菩萨，镂雕的花树同样是思惟菩萨的背屏，整体设计构思奇巧，雕工精湛，实为已知定州造像的代表作。

4　青州模式——山东青州龙兴寺、临朐明道寺造像埋藏坑

青州地区的北朝晚期石造像埋藏坑，主要有两项考古发现，都瘗藏于北宋时期。出土的北朝晚期佛教石造像，最早纪年是北魏正光年间，经东魏至北齐，用当地青石雕造，体量较大，多为体高超过 1 米的单

图 12-39 北魏永安二年韩小华造石弥勒像

体造像和背屏三尊像，罕见思惟像及双像。到北齐时，更流行薄衣透体的新造型。

青州地区发现的北朝佛教石造像中数量最多且雕工精美的一批，系 1996 年 10 月出土于山东青州（原益都县）龙兴寺遗址中轴线北部大殿后的埋藏坑中，出土佛教造像约 400 余件，在坑中排列有序，大致按上、中、下三层摆放，较完整的佛像躯体平置于坑的中部，各种残头像置于坑壁边缘，有些较小的坐姿造像呈立式摆放，坑内造像表面存有席纹，推测原来放置造像后先以苇席覆盖，然后以土掩埋。出土石造像少数有纪年铭记，最早的是北魏永安二年（529）韩小华造弥勒像（图 12-39）。坑内撒放的钱币，时代最迟的是北宋徽宗时的崇宁通宝，表明窖藏埋入的时间为北宋末年。通观窖藏出

图12-40 北魏正光六年张宝珠等造石佛像

土造像的时代,上自北魏晚期,历经东魏、北齐、隋、唐,直至北宋年间,但以北朝时期的贴金绘彩石造像数量多且形体大,最吸引学者的注意。[1]在龙兴寺埋藏坑石造像被发现前,青州境内已多次发现北朝石造像。最早的是传1920年前后在青州西王孔庄古庙中发现的北魏正光六年(525)张宝珠等造像(图12-40),现存山东博物馆。[2]20世纪80年代以来,青州市不断有关于北朝造像的新发现,在原兴国寺废址、七级寺废址和龙兴寺废址等处都出土过贴金绘彩

---

[1] 参看杨泓:《山东青州北朝石佛像综论》,《中国佛学》第二卷第二期157—174页,台北如闻出版社,1999年10月。
[2] 山东省博物馆:《北魏正光六年张宝珠等造像》,《文物》1961年第12期52页。

的北朝石造像。[1]亦有许多青州市出土的贴金绘彩北朝石造像流失，台北震旦文教基金会、良盛堂等的藏品中，均不乏青州造像精品。[2]此外，在北朝时青州境内的今临朐、诸城、博兴、广饶、高青等县，从20世纪50年代以来也不断发现北朝造像[3]，青州市以外的重要发现，主要有1984年临朐明道寺舍利塔地宫出土的石造像碎块千余块。还有1988—1990年诸城兴修体育中心时，曾发现一处古代佛寺废址，先后出土石造像残体超过300件，有的像上残存贴金绘彩，其中5件有纪年铭刻，一件仅存干支"甲辰"，另4件分别为东魏武定三年（545）和四年（546），北齐天保三年（552）和六年（555）。[4]

总的来看，山东以青州市为中心的区域出土北朝晚期石造像已超过千件。依据形制和造像铭的纪年推断，时间最早的是北魏晚期的佛教石造像，其中纪年最早的是正光六年（525）贾智渊妻张宝珠造像。龙兴寺埋藏坑有永安二年（529）韩小华造弥勒像和太昌元年（532）比丘尼惠照造弥勒像（图12-41）。临朐明道寺出土的北魏纪年造像，有正光年（缺具体年分，520—525）宋□造像、孝昌三年（527）比丘僧庆造像、永安二年（529）□□道造像和建明二年（531）造像（图12-42）。说明青州地区掀起北魏晚期造像高潮是在孝明帝正光年间，直到北魏为东魏取代时，仍长盛不衰。青州地区在这一时期出现

---

[1] 夏名采、庄明军：《山东青州兴国寺故址出土石造像》，《文物》1996年第5期59—67页；青州市博物馆夏名采等：《山东青州出土两件北朝彩绘石造像》，《文物》1997年第2期80—81页；青州市博物馆：《山东青州发现北魏彩绘造像》，《文物》1996年第5期68页。
[2] 〔台北〕故宫博物院编辑委员编：《雕塑别藏——宗教编特展图录》，1997年台北版。
[3] 参看杨泓：《关于南北朝时青州考古的思考》，《文物》1998年第2期46—53页。
[4] 诸城市博物馆：《山东诸城发现北朝造像》，《考古》1990年第8期717—726页；杜在忠、韩岗：《山东诸城佛教石造像》，《考古学报》1994年第2期231—261页。

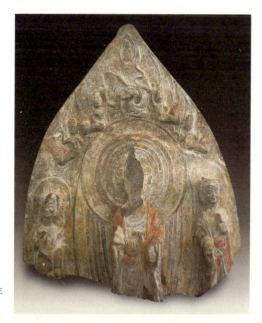

图 12-41 北魏太昌元年比丘尼惠照造弥勒像

图 12-42 临朐明道寺石像

佛教石造像高潮并非偶然，缘于当时都城洛阳兴起仿效南朝造型新风。

青州北魏晚期石造像，以永安二年韩小华造弥勒像为例，造像体态丰腴适度，着双领下垂式袈裟，衣纹舒朗自然，面相方圆，弯眉细目，不刻睛球，直鼻小口，嘴角微翘略含笑意。以之与定州的造像如曲阳修德寺正光四年郅扳延造像相对照，呈现同样的造型特征。早在整理曲阳出土石造像时，就已注意到正光年间造像与洛阳龙门石窟宣武帝时的长颈削肩、秀骨清像不同，造型由过分修长变得高矮适度，面形由瘦削变为额方颐圆，呈现出佛像造型新风。青州及定州造像特征几乎同时发生变化，自非偶然，究其来源，盖出于都城洛阳造像新风之影响。约塑于神龟二年（519）八月以后的永宁寺彩塑，是"与萧梁人物形象极为接近的一批塑像"[1]，正是北朝艺坛摹拟南朝新式样的代表作品。北魏都城皇家佛寺倡导的造像新变化，其影响迅速向洛阳以外地区扩展，所以具有同样造型特征的造像很快就出现在东边的青州地区。

在青州东魏时期佛教石造像中，龙兴寺埋藏坑中佛教石造像有东魏天平三年（536）邢长振造释迦像（图12-43）和比丘尼智明造像（图12-44）。兴国寺遗址出土有天平四年（537）和武定二年（544）残菩萨像。临朐明道寺舍利塔地宫出土佛教石造像中，有东魏武定元年（543）刘天恩造释迦像。诸城出土有东魏武定三年（545）士继叔造释迦像、武定四年（546）夏侯丰珞等造弥勒像。高青出土有武平五年（574）造像。可见青州造像的纪年，自东魏始兴的天平年间至东魏末

---

[1] 宿白：《北朝造型艺术中人物形象的变化》，《中国石窟寺研究》349—354页，文物出版社，1996年。

图 12-43 东魏天平三年邢长振造石释迦像

图 12-44 东魏天平三年比丘尼智明造石像

期的武定年间，包括整个东魏。可以看出，东魏政权虽只存在十余年，但在其统治区域内，佛教石造像的雕造工艺发展迅速，兴盛不衰。

青州地区东魏佛教石造像的造型特征，主要是沿袭着北魏晚期的传统，以一主尊二胁侍的三尊背屏式立像为主，通高接近 100 厘米或超过 100 厘米，最高的已超过 300 厘米。龙兴寺窖藏出土的天平三年邢长振造释迦像（通高 145 厘米）和比丘尼智明造像（残高 83 厘米）都是三尊背屏式立像，造像铭刻在背后或底座上。临朐出土武定元年刘天恩造像（残高 32 厘米）和诸城出土武定三年士继叔造像（残高 86 厘米）、武定四年夏侯丰珞造像（残高 48 厘米）、高青出土武平五年造像（高 34 厘米），也都是一主尊二胁侍的三尊背屏式立像，但形体明显比青州龙兴寺造像为小。与龙兴寺窖藏北魏永安二年韩小华造像及太昌元年比丘尼惠照造像相比较，东魏纪年造像主尊佛像的形体比例适当，面相更觉圆润，弯眉细目，嘴角笑意更浓，头略下倾，更显慈祥可亲。袈裟合体，衣纹舒朗自然。两侧胁侍菩萨，面相体态与主尊相同。常在佛像小腿两侧，各雕一条回体升腾的龙，龙口衔托莲枝莲叶，上托覆莲瓣莲台，两位胁侍菩萨端立其上。背后的舟形大背屏上，雕出主尊的头光、身光和胁侍的头光，并在上方浮雕化佛、伎乐天、飞天、龙和方塔，通常在舟形背屏尖顶处是单层方塔，向下两侧排列飞天或伎乐天，飞天的披帛和裙裾向上飘扬，组合成类似火焰纹的艺术效果。也有少数在尖顶处雕蟠躯升腾的龙。[1] 这种样式的背屏式三尊立像，正是青州地区东魏佛教造像的典型代表，也显示了青州造像的地方特色。

---

[1] 夏名采、王瑞霞：《青州龙兴寺出土背屏式佛教石造像分期初探》，《文物》2000 年第 5 期 50—61 页。

进入北齐时期，佛教石造像的雕造又进入一个高峰期。青州龙兴寺窖藏石造像中缺乏北齐纪年造像，但在临朐、诸城、无棣、高青、广饶等地都发现有北齐纪年的石造像，纪年有天保、河清、武平等年号。无棣出土天保五年（554）张洪庆等三十五人造像和天保九年（558）造像，通高110—120厘米，均为三尊背屏式立像。背屏顶端浮雕方塔，两侧升龙承托，其下两侧各浮雕二身飞天。佛和菩萨的面相较东魏时更显丰腴。像下方座正面浮雕宝炉双狮，两侧及背面刻造像铭记。此外，临朐出土有隋开皇十六年（596）王旰希造像，仍是三尊背屏式立像，两侧胁侍菩萨仍立于佛像旁龙口衔托的莲台上，表明东魏时盛行的这种三尊背屏式立像，在青州地区经北齐一直延续到隋开皇年间。除三尊背屏式立像外，青州各地出土的北齐纪年石造像，还有诸城出土的天保三年（552）僧济本造像和天保六年（555）囗表造弥勒像，临朐出土的河清二年（563）赵继伯造像，无棣出土的天统三年（567）造像等。除囗表造弥勒像仅存右侧胁侍菩萨残像外，僧济本造像是跌坐在须弥座式台座上的佛像，两侧胁侍已缺失，赵继伯造像是单体背屏式立佛像，天统三年造像主尊为思惟菩萨像，两侧胁侍为弟子像。表明除三尊背屏式立像外，佛像造型呈现出多样化趋势。

除上述沿袭传统的三尊背屏式立像等造型以外，青州龙兴寺窖藏出土的北齐佛教石造像中出现数量较多的新样式是单体立佛像。这类新流行的造像面相圆润丰满，肩胛宽厚，腰身则分外细瘦，所着佛衣贴身，质薄透体，衣纹舒朗，多作双线，纹褶舒叠下垂（图12-45、12-46），确如画史所描述的"出水"之姿[1]，是明显带有中印度秣菟罗（或

---

[1]（宋）郭若虚：《图画见闻志》卷一。

图 12-45　青州北齐石立佛像　　图 12-46　青州北齐石立佛像

称马土腊)艺术风格的造像。另一些佛像更显薄衣贴身,通体不刻衣纹,衣下肌肤隐现,只刻出下摆的边线。这种带有秣菟罗艺术风格的造像,5世纪前期一度影响到河西走廊,到5世纪中叶出现于甘肃以东诸石窟和散存的铜、石造像中,但是北魏孝文帝中后期汉化加深后就逐步消失,为汉式褒衣博带服饰造像所取代。到了6世纪中叶,在沉寂了近半个世纪以后,薄衣透体佛像再次出现于中国北朝和南朝的疆域内。相关考古发现,以青州龙兴寺造像数量最多,且样式多样,最为重要,反映出在北齐政权控制下的青州地区这种造像最为流行。这种样式再次出现的原因,学者已进行过多方面的探讨。多认为一方面与6世纪时天竺佛像一再东传,特别与南朝萧梁武帝奉请天竺佛像的影响有关。另一方面因北齐最高统治集团反对北魏孝文帝以来的汉化政策,急剧改变了源于南朝贵族服饰的佛装,深受葱岭东西诸胡和天竺僧众影响所致。[1]另有学者认为,青州北齐薄衣造像概受印度秣菟罗艺术影响尚不确切,像身几乎不刻衣纹,仅在领口、袖口和下摆处刻衣边以示穿有衣服的艺术手法,当源于笈多王朝除秣菟罗外的另一艺术中心萨尔纳特。而梁武帝奉请的天竺旃檀瑞像及"曹衣出水"的艺术手法则属秣菟罗艺术影响,所以青州造像的来源还有另一些途径。[2]青州濒海,在政治区划上先后辖归南朝与北朝,通过海上交通,不仅可以南北往还,也有条件直航海外,东晋时法显西行求法返回时遇风,漂至青州(东

---

[1] 宿白:《青州龙兴寺窖藏所出佛像的几个问题——青州城与龙兴寺之三》,《文物》1999年第10期。
[2] 黄春和:《印度笈多艺术与青州佛教造像》,《青州北朝佛教造像》24—27页,北京出版社,2002年。

莱）。[1]以后西行求法的僧人佛陀跋陀罗（觉贤）和道普，曾经分别以这里为终点和出发地，[2]表明北齐时的青州地区，自海路再次传入中印度笈多艺术风格的造像也并非没有可能。

5 长安佛迹——陕西西安北周造像埋藏坑

图 12-47 陕西西安北周石菩萨立像

在西魏北周都城长安城遗址（今陕西西安），不断有北周佛教石造像埋藏坑被发现，如 1992 年西安汉城乡西查村出土的 3 件施彩白石菩萨像（图 12-47）。[3]2004 年灞桥区湾子村出土 5 件大型石立佛和 4 件莲花狮子石像座，其中 1 件石立佛有北周大象二年（580）纪年铭（图 12-48），是北周武帝灭法后六年，静帝复法后的作品。[4]2005 年在未央区中查村发现的石造像埋藏坑中，出土大量石造像残件，经复原的造像有 31 件，但缺乏有纪年的标本。[5]2007 年在

---

[1] 杨泓：《关于南北朝时青州考古的思考》，《文物》1998 年第 2 期。
[2] 丁明夷：《缤纷入世眼，雕琢尽妙谛——青州佛像断想》，《文物》2000 年第 6 期。
[3] 西安市文物局：《西安北郊出土北周白石观音造像》，《文物》1997 年第 11 期 78—79 页。
[4] 赵立光、裴建平：《西安市东郊出土北周佛立像》，《文物》2005 年第 9 期 76—90 页。
[5] 中国社会科学院考古研究所：《古都遗珍——长安城出土的北周佛造像》，文物出版社，2010 年。

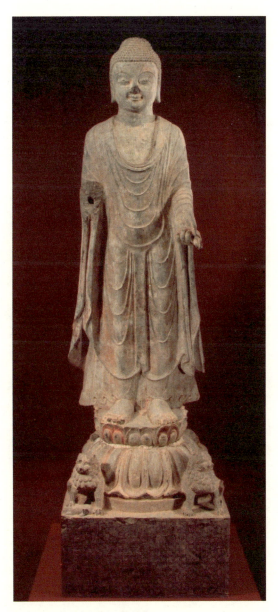

图 12-48　北周大象二年石立佛像

未央区窦寨村北的埋藏坑中，出土了6件佛像和6件菩萨像，还有许多石像残片。[1]此外，西安地区还零散出土有西魏、北周时期的佛教石造像，多收存于西安市文物保护考古研究院。[2]综合目前所知的石刻造像出土地点，基本上分布于原汉长安城遗址范围之内。埋藏坑的情况也不尽相同，有的坑内造像遭砸击损毁严重，埋入时混乱无规律，整理复原要花费较大力气，明显是在北周武帝灭法时被损毁而埋入地下。另外也有些造像被发现时尚基本完好，埋藏时还很仔细，如湾子村出土的立佛像，其中4件是立置于坑内，安放规整，其中1件纪年为大象二年，是北周武帝灭法后所造。故此这类埋藏坑或许是因隋时新建都城大兴，废弃长安城，佛寺搬迁，将不须搬迁的旧像安埋于地下所致。分析西安地区出土的西魏、北周时期佛教石刻造像，不仅能揭示西魏、北周造像的时代特征，更为探寻隋唐造像的渊源提供了重要资料。

北周时期佛教埋藏坑主要集中在汉长安城遗址范围内并非偶然，实与长安在西晋北朝一直是佛教文化中心之一的历史有关。西晋时期，长安成为佛经翻译中心，始于晋武帝时由敦煌至长安的月氏僧竺法护（竺昙摩罗察），他于长安青门立寺，翻译佛经。东晋十六国时期，后秦姚兴崇信佛教，将名僧鸠摩罗什迎来长安，从事译经、说法，佛教译经正式成为封建国家的宗教文化事业，前后参与译经的弟子超过五百人，组成一个庞大的僧团，对佛教在中国的传播做出了很大贡献，也为以后长安一直作为中国重要的佛教文化中心奠定了基础。北朝时

---

[1] 杨军凯：《西安窦寨村北周石刻造像窖藏》，《2007中国重要考古发现》104—107页，文物出版社，2008年。
[2] 西安市文物保护考古研究所：《西安文物菁华·佛教造像》，世界图书出版公司，2010年。

期，北魏分裂，西魏定都长安，佛教继续兴盛，直到北周取代西魏，长安继续为关中地区的佛教文化中心。虽然长安佛寺曾先后两次遭到最高统治者的摧残，前一次是北魏太平真君七年（446）二月，太武帝拓跋焘为平定盖吴之乱西征关中，到达长安，因发现佛寺藏有兵器，又发现有州郡牧守富人寄于寺内的大量藏物及窟室所匿妇女，因而采纳崔浩建议，先诛长安沙门，焚毁经像，进而在国内灭法。后一次是北周时期，武帝宇文邕于建德三年（574）灭法，长安佛教备受摧残。但时间不长，静帝即行复法，长安佛教复盛。但隋朝取代北周，隋文帝杨坚建立新都大兴城，长安佛寺亦随之迁徙新都，形成新的佛教中心。原长安城彻底废弃，逐渐沦为掩埋于地下的废墟。在灭法和迁都过程中，不断留下许多性质不同的佛教造像埋藏坑。

从已发现的西魏大统十一年（545）造像碑（图12-49）等西魏造像看，西魏佛教造像仍然承袭着北魏造像的造型特征，并且明显地显露出长安地区与甘肃河西地区石窟造像之间的联系。但是到了北周时期，造像风格呈现很大变化，特别到北周晚期，如纪年为大象二年（580）的立佛像，特征尤其明显。其面相方圆，下颐近方形，粗颈，溜肩，身形粗硕，鼓腹，如从侧面观察，鼓腹尤为明显，佛衣通肩，圆领下垂，衣纹疏垂。其余北周立佛像都具有同样的造型特征（图12-50）。与东邻北齐造像俊壮收腹的造型明显有别，具关陇地区造像的地方特色。菩萨像体型亦体硕鼓腹，华冠，

图12-49　西魏大统十一年石造像碑

图 12-50　北周石立佛像

图 12-51　北周石菩萨像　　图 12-52　北周石菩萨残像

璎珞满身（图 12-51、12-52）。北周取得益州地区后，成都地区出土过北周纪年的佛教造像，佛装通肩大衣，菩萨璎珞满身，显示南朝造像与北周造像相互交汇，也许对关中造像有所影响。北周造像的造型特征，多为隋代造像所承袭，对此后隋唐时期佛教石造像的雕造影响颇为深远。

十三 | 金棺银椁瘗舍利

考古发现的中国佛教舍利容器

1 佛舍利瘗埋的历史

自然规律是任何人都无法违背的，凡人如此，圣人亦如此。释迦族的圣人释迦牟尼悟道后，建立佛教，传教45年后，终于走到了他尘世生活的尽头，在拘尸那迦城附近希拉尼耶伐底河边的婆罗树下逝去，佛教称为"涅槃"。释迦牟尼涅槃以后，弟子按古印度火葬习俗将其遗体进行火化。释迦牟尼火化后的遗骨舍利，为当时多个小国的国王争相取去供养，引发了争斗，最后将释迦佛舍利分成8份，由8国王分别携回起塔供养。孔雀王朝阿育王（前273—前232）统治印度的时期，大兴佛教，又收集各地的佛舍利，然后分送全国各地起塔供养。按佛教传说，阿育王在各地建有八万四千塔之多。此后，佛教徒尊崇供养舍利的容器，通常是圆形的舍利盒，盒盖呈尖顶，有的在顶端设尖钮，质料以金属和石材为多，也有陶质的。如在巴基斯坦的呾叉始罗王宫舍利塔出土的石质舍利容器，由片岩制成，周壁刻有菱格等纹饰，盒盖周刻莲瓣，莲芯凸出成尖钮，高10.5厘米，内藏由金箔包裹的舍利（图13-1）。金属制作的舍利盒，最著名的标本是迦腻色迦王舍利盒，盒身装饰精美，在盖上莲芯托承有一尊立佛像，盖顶左右立有胁侍菩萨像（图13-2）。存世的印度佛教石雕中，也常见菩萨装或世俗装人物手捧舍利盒供养的雕像（图13-3），雕造时间多为公元前1世纪至公元1世纪。时代较迟的舍利盒，也有的制成覆钵塔的形状。[1] 佛教东传中国，建造佛塔瘗埋佛舍利

---

[1] 古印度装盛佛舍利的容器，初分舍利时为宝坛（或瓶），后来舍利容器多为尖顶盖的圆形舍利盒或覆钵塔状舍利盒。笔者参加日本奈良丝绸之路学术会议时，曾得以观察巴基斯坦送展的呾叉始罗考古博物馆藏呾叉始罗王宫出土的1世纪时的舍利容器，其中较早的1件为1—2世纪时的雕像，菩萨装，左手捧舍利容器，（转下页）

图 13-1 巴基斯坦呾叉始罗王宫出土石舍利容器

图 13-2 古印度迦腻色迦王舍利盒

图 13-3 巴基斯坦斯瓦特博物馆藏手持舍利容器石像

的规制也应随之传入中国，但遗憾的是目前存世的中国古代佛教遗物标本中，没有留下佛教初传时舍利容器的踪迹。在后世佛教徒制造的传闻中，倒是记有印度阿育王把佛塔修到中国的传闻。这类传闻最早出现于唐代僧人的著述中，出现的原因是在与道教的争论中，要把佛教在中国的源起说得越早越好，说汉时传入还不够，总希望能早在先秦时期。像印度阿育王把塔建到中国这种违背历史常识的事，说者也知是无稽之谈，所以只能依托为阿育王"役使鬼兵"所为。[1]佛徒虽可自欺，也可欺骗缺乏历史常识的广大信徒百姓，但改变不了佛教东传的真实历史。虽然阿育王无法"役使鬼兵"把瘗埋佛舍利的塔修建到中国境内，但是随着佛教东传，建塔瘗埋佛舍利的习俗也东传。对于佛舍利瘗埋制度东传的真实情景，今日我们只有依靠对中国古代梵迹的探掘，相信通过持久的考古探掘，总会求得答案。目前我们只能依据中华人民共和国建立以后，在田野考古中获得的相当丰富的瘗埋佛舍利的遗迹和实物标本来设想当时情景，但遗憾的是目前所获有明确纪年的资料，最早的只在北魏时期。至于佛教初传至北朝的早期资料，只能期待今后的考古新发现来揭示了。

（接上页）为尖顶盖圆盒；另1件是略迟些的2—3世纪的雕像，为男子立像，双手捧舍利容器，圆盒无盖。古印度这种舍利容器，在中原地区的佛教遗迹中至今没有发现过。目前只是在新疆库车东北苏巴什雀离大寺遗址曾发现过木胎的舍利盒，形制为尖顶盖圆盒，盒周壁绘伎乐，但时代并非属于佛教初传中国时期，与中原地区舍利容器的演变并无关联。

[1] 关于阿育王役使鬼兵在中国造塔的传说，叙述最为全面的是唐初的释法琳，因武德四年傅奕向皇帝上废省僧佛表，法琳与之争辩，写了《对傅奕废佛僧事》，为佛教辩护。文见《广弘明集》卷十一，其中说："自（佛）灭度已来至大唐武德五年壬午之岁，计得一千二百二十一岁。灭后一百一十六年，东天竺国有阿育王，收佛舍利，役使鬼兵，散起八万四千宝塔，遍阎浮提。我此汉土九州之内，立有塔焉。育王起塔之时，当此周敬王二十六年丁未岁也。塔兴周世经十二王，至秦始皇三十四年，焚烧典籍，育王诸塔由此渝亡，佛家经传，靡知所在。"

以下将对北魏太和年间以降，主要是对唐宋时期梵迹探掘获得的舍利容器及其发展演变的轨迹，进行介绍。

在中国发现的古代佛塔，并不与古印度佛教中流行的覆钵形貌相同，而是与中国传统的楼阁式建筑相结合，出现了中国样式的佛塔，原来印度覆钵形佛塔及顶上的相轮等，一般被装饰于楼阁式塔的顶端。[1]在塔基中瘗埋佛舍利的容器及瘗埋规制，也随之不断变化，具有与古印度佛教相异的中国特色。

当佛教经由中国传往朝鲜半岛和日本列岛上的古代国家时，传去的已是经过中国化的佛教，其中佛塔的形貌和瘗埋佛舍利的规制也概受中国的影响，所以在韩国发现的古代佛教舍利容器，不论是形制还是艺术装饰，都与中国古代佛教舍利容器有着密切的联系。[2]

2 目前中国考古发现纪年最早的舍利容器——定县北魏太和塔基石函

1964年12月，在河北定县城内东北隅，原宋建华塔旧基遗存的土丘处，深1.5米的土层下，发现了北魏舍利石函。[3]石函由石灰岩凿成，长方形，盝顶盖，函高58.5厘米，长65厘米，宽57.5厘米（图13-4）。函盖盝顶上刻铭12行（图13-5），记述太和五年（481）岁在辛酉春二月，皇帝和皇后舆驾东巡狩次于中山新城宫，"遂命有司以官财顾工于

---

[1] 详见本书《漫话佛教美术的中国化——从佛塔谈起》。
[2] 关于中国古代舍利容器对古代韩国的影响，本文从略，请参看杨泓：《中国古代和韩国古代的佛教舍利容器》，《考古》2009年第1期73—84页。
[3] 河北省文化局文物工作队：《河北定县出土北魏石函》，《考古》1966年第5期252—259页。

图 13-4 河北定县北魏塔基出土舍利石函

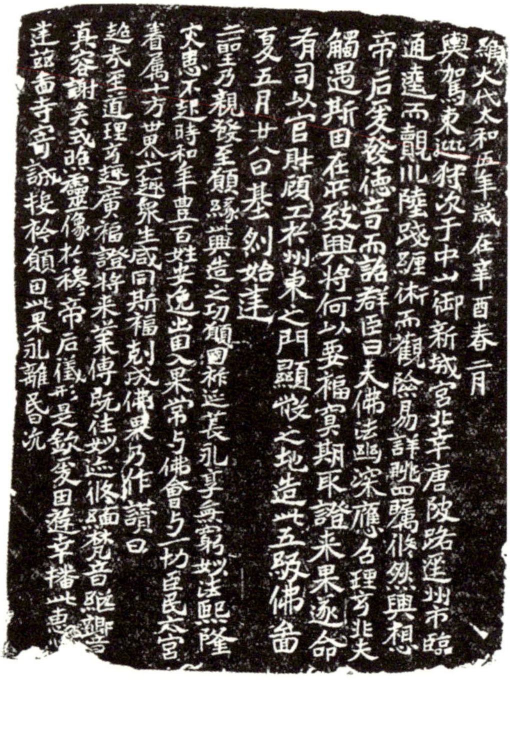

图 13-5 定县北魏石函铭文拓本

州东之门显敞之地造此五级佛图",于夏五月廿八日奠塔基,并在塔基中瘗埋舍利石函。至于建塔瘗埋舍利的目的,是为了祈福:"二圣乃亲发至愿,缘此兴造之功,愿国祚延袤,永享无穷。妙法熙隆,灾患不起,时和年丰,百姓安逸。出因入果,常与佛会。与一切臣民、六宫眷属、十方世界、六趣众生,咸同斯福,克成佛果。"在石函中安置装盛舍利的玻璃瓶、玻璃钵(图 13-6),并有大量供养舍利的珍宝,包括有金银器和珠玉钱币等物,其中还放有41 枚波斯萨珊朝银币(图 13-7)。[1] 表明出土石函的那处"土丘",应是一处北魏塔基的遗址,北魏塔毁以后,后世仍在原基上另建佛塔,最后宋建的华塔毁后沦为土丘。遗憾的是当时并未对这处塔基遗址进行系统的考古发掘,现已不清楚土丘内宋代地层下,发现北魏石函的深 1.5 米处是否还有北魏塔基的遗存。但依据已知北魏和北朝晚期塔基考古发掘的资料,结合云冈石窟中有关北魏佛塔的图像,可以推

图 13-6　定县北魏石函内藏玻璃钵

13-7.1　耶斯提泽德二世银币(428—457)

13-7.2　卑路斯银币(457—483)

图 13-7　定县北魏石函内藏波斯萨珊朝银币拓本

---

[1] 夏鼐:《河北定县舍利塔基舍利函中波斯萨珊朝银币》,《考古》1966 年第 5 期 267—270 页。

知当年所造的应是在夯土塔基上建造的五级方形木塔。

北魏定州塔基瘗埋的舍利石函,已是5世纪的遗迹和遗物。由于目前在中国中原和江南各地尚未发现早于定州塔基北魏石函的佛教舍利容器,因此我们目前探掘中国古代佛舍利容器之旅,只能从北魏太和年间开始。这是令人极感遗憾的事。北魏太和年间,正是佛教艺术中国化过程中一个重要的时期。那一时期的佛塔已完成向中国式样的转换,主要是多级的中国楼阁式木塔,只在塔顶部保有从佛教东传的印记,就是相轮和刹。而在佛教造像方面,接受南朝流行的样式,面相追求"瘦骨清相"的效果,佛像所着袈裟,也呈现"褒衣博带"样式。所以在瘗埋舍利时,早已弃用西来的尖顶盖圆筒形舍利盒,转而采用中国传统储物的方形函盒。自先秦以来,中国传统的储物函盒,多是平面呈方形或呈矩形,盖作盝顶形状。北魏太和五年舍利石函,正是中国传统样式的盝顶函。这也显示出随着佛教艺术的中国化,在舍利容器造型方面的同步演变。

有关北朝塔基中瘗埋舍利的遗迹,还有两处考古发现。其一是在对北魏洛阳时期皇家大寺永宁寺的考古发掘中,在塔基下中央部位有一个正方形竖坑,边长1.7米,有可能为原瘗埋舍利的遗迹,但因曾遭盗掘,已无遗物,因而情况不明。[1]其二是在对东魏、北齐时期邺城遗址的考古发掘中,发掘清理了城南赵彭城佛寺的塔基,发现在中央塔刹柱础石下面,筑有长、宽、高均约70厘米的正方体砖函,以细腻黑灰色砖砌筑,因早年被盗,函内已空无一物。[2]而在江南,目

---

[1] 中国社会科学院考古研究所:《北魏洛阳永宁寺——1979—1994年考古发掘报告》,中国大百科全书出版社,1996年。

[2] 中国社会科学院考古研究所、河北省文物研究所邺城考古队:《河北临漳县邺城遗址东魏北齐佛寺塔基的发现与发掘》,《考古》2003年第10期3—6页。

前还没有发现过南朝佛寺的塔基遗址,自然无法获知其中瘗理的佛舍利容器的形貌。

北朝时期有关舍利容器的考古发现,表明当时直接将盛舍利的石函瘗埋于塔基夯土中。主持建塔瘗埋佛舍利的人是皇帝、皇族。但盛放舍利的容器已经不是原本古印度佛教的样式,而使用了中国传统样式的盝顶盖方函,表明当时舍利容器的造型已日趋中国化。[1]

3 隋文帝在全国各州建塔瘗埋舍利——陕西耀县隋神德寺塔基舍利容器

古印度阿育王"役使鬼兵"将舍利塔建于中土各州,自是虚妄传闻。历史上有能力在中国诸州同日同时建塔瘗埋舍利的,只有在全国统一时期的中国皇帝,那便是隋文帝杨坚。与历代其他皇帝不同,他生于佛寺,幼时由尼在佛寺中抚养。据《隋书·高祖纪》:"皇妣吕氏,以大统七年六月癸丑夜,生高祖于冯翊般若寺,紫气充庭。有尼来自河东,谓皇妣曰:'此儿所从来甚异,不可于俗间处之。'尼将高祖舍于别馆,躬自抚养。"[2] 故此隋文帝在位时,虔信佛教,才会有在国内诸州修建舍利塔之举。这应是仿效印度阿育王重集佛舍利、大修舍利塔的故实,是为了显示全国一统后皇帝有力管控各州的权威,也是利用宗教活动宣扬皇威的政治行为。

---

[1] 由于对佛教东传中国的丝路沿途的早期佛寺遗址(从汉末到十六国时期),尚缺乏认真的考古工作,无法了解佛塔建筑和舍利容器逐步中国化的过程,所以本文只能从北魏太和年间开始进行研讨。
[2] 《隋书·高祖纪》,中华书局校点本第1页。

隋朝统一以后，文帝杨坚于仁寿元年（601）下诏在三十州立舍利塔[1]，塔下瘗藏舍利，使中国古代对舍利的瘗藏按皇帝制定的规制执行。据诏书所述，盛置舍利的容器是"以琉璃盛金瓶，置舍利于其内，薰陆香为泥，涂其盖而印之。三十州同刻，十月十五日正午，入于铜函、石函，一时起塔"[2]。仁寿二年（602），再令于五十三个州建塔瘗埋舍利函[3]，至仁寿四年（604），建立舍利塔的州已达一百余个[4]，遍及全国。

隋文帝下诏在全国各州所建造的舍利塔，没有保留下来的，也没有留下相关的图文资料。由于规定在同一日瘗埋舍利并起塔，故而推测仍是夯土基的木塔。由敦煌莫高窟隋代洞窟壁画所绘佛塔形貌，推测其形制是单层方形木塔。对于塔基瘗埋的舍利容器，则从尚存地下的隋代塔基遗址考古发掘中，获得了具有代表性的实物标本。1969年，在陕西耀县寺坪神德寺塔基遗址出土的舍利容器[5]，瘗埋于隋文帝仁寿四年（604），地处隋时宜州宜君县。在塔基内，筑有围护舍利石函的砖墙，石函四周和盖上均有长方形的护石包裹，深距今日地面2米。舍利石函正方形，每边长103厘米，高119厘米（图13-8）。函盖盝顶，高52厘米，盖面篆书"大隋皇帝舍利宝塔铭"九字。函盖侧面线刻飞天、花草图案。函内深33厘米，宽46.5厘米，近盖处有深10厘米，

---

[1] 隋高祖：《立舍利塔诏》，释道宣《广弘明集》卷一七，《四部丛刊》初编缩印明刊本229页。释道世撰《法苑珠林》卷五三《舍利篇·感福部》引《感应缘》亦引述隋文帝诏文，见《四部丛刊》初编缩印明万历刊本640页。
[2] 王劭：《舍利感应记》，《广弘明集》卷一七，230页。又见《法苑珠林》，640—641页。
[3] 《法苑珠林》卷五三，644页。
[4] 释道宣：《续高僧传》卷二一《释洪遵传》。
[5] 朱捷元、秦波：《陕西长安和耀县发现的波斯萨珊朝银币》，《考古》1974年第2期126—132页。

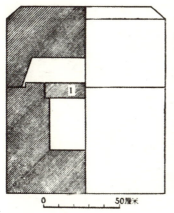

图 13-8 陕西耀县神德寺塔基出土隋舍利石函

图 13-9 神德寺隋舍利石函铭拓本

宽 52.5 厘米的二层台,正好将高 10 厘米,边长 51.5 厘米的石塔铭嵌置其间。塔铭 12 行,每行 12 字(图 13-9),记述送舍利的大德法师沙门僧晖,于仁寿四年四月八日奉皇帝诏于宜州宜君县神德寺奉安舍利敬造灵塔等事宜。函体四面线刻舍利弗、大迦叶、阿难、大目犍连等弟子在佛涅槃后悲痛情状,以及四天王及金刚力士等护法图像。函内有放置三枚舍利的鎏金盝顶铜盒,同时还放有骨灰、隋五铢钱、波斯萨珊朝银币、金环、银环、玉环等宝物,供养舍利。此外,还有内置头发的铜圆盒、内放绿玻璃瓶的鎏金铜方盒、内装骨灰的铜瓶等物。神德寺塔基瘗藏舍利的容器,正反映隋文帝规范的制度。

目前发现的迟于仁寿年间的隋代舍利容器,还有四项,为河北正定白店村大业元年(605)舍利塔基刻铭盝顶盖素面方石函[1]、河北定

---

[1] 赵永平、王兰庆、陈银凤:《河北省正定县出土隋代舍利石函》,《文物》1995年第3期92—95页。

图 13-10　河北定县北宋静志寺塔基地宫重瘗的隋铜舍利函

县宋静志寺塔基地宫重瘗隋盝顶盖方石函和大业二年（606）铭铜函（图 13-10）[1]、北京房山云居寺雷音洞大业十二年（616）刻铭盝顶盖方石函[2]、山东平阴洪范池舍利塔基盝顶盖方石函[3]，造型均相同。皆为盝顶盖方函，刻铭位置亦同，仅有的函面平素，有的刻有精美图像纹饰，可见自隋文帝仁寿年间规范舍利容器形制以后，基本延续有隋一代。直到唐代初年，舍利容器的瘗藏还沿袭隋代旧制，陕西蓝田唐法池寺旧址出土盝顶盖刻纹方石函即是如此。

---

[1]　定县博物馆：《河北定县发现两座宋代塔基》，《文物》1972 年第 8 期 39—51 页。
[2]　北京市文物研究所：《北京考古四十年》第三章第一节《隋舍利函的发现》，125 页，北京燕山出版社，1990 年。
[3]　邱玉鼎、杨书杰：《山东平阴发现大隋皇帝舍利宝塔石函》，《考古》1986 年第 4 期 375—376 页。

4 唐武后倡导金棺银椁瘗埋舍利——大云寺、庆山寺舍利容器的考古发现

到了唐代高宗武后当政时期,中国瘗埋佛舍利容器的形制,发生了划时代的变化。

这次变化的倡导者,正是中国古代历史上唯一的女皇帝——武则天。时当高宗显庆五年(660),那时她还没有成为女皇帝,仍为高宗的皇后。按中国古代丧葬制度,死后的遗体所用葬具是棺和椁,外椁内棺,遗体安葬于棺中。因此,按中国规制,瘗埋佛涅槃后火化遗留的舍利,也应该安放于棺椁才合礼制。最早按中国礼制用棺椁瘗埋佛舍利的历史人物正是武则天。

显庆五年(660)春三月,唐高宗和武后在东都洛阳,将法门寺佛舍利迎往东都洛阳宫中供养。当此时"皇后舍所寝衣帐直绢一千匹,为舍利造金棺银椁,数有九重,雕镂穷奇"[1]。直到龙朔二年(662)才送返法门寺石室掩之。此风传开,各地仿效,一时建塔瘗藏佛舍利时,无不按照武后所创新制以微形棺椁形貌来制作舍利容器。

武则天为法门寺舍利所制金棺银椁,可能已于武宗灭法时毁失不存。在扶风法门寺塔基地宫发掘中,碑石内记有"武后绣裙"一件,或许即为显庆时所施但侥幸逃过唐武宗毁佛后偶然遗留下来的。目前发现的年代与武则天所创制金棺银椁最接近的考古标本,是1964年

---

[1] 释道宣:《集神州塔寺三宝感通录》卷上。后道世于总章元年撰《法苑珠林》,卷五一《敬塔篇》引《感应缘》亦记武后造舍利容器事:"皇后舍所寝衣帐,准价千匹绢,为舍利造金棺银椁,雕镂穷奇。"

图 13-11　甘肃泾川唐大云寺塔地宫舍利石函　　图 13-12　唐大云寺鎏金盝顶盖铜函

发掘甘肃泾川唐大云寺塔基地宫出土的舍利容器[1]，其中金棺银椁应是效仿自武则天制器的基本形制。大云寺塔基所瘗埋的舍利容器，纪年为武周延载元年（694），当时武则天已经取代唐朝，建立大周，成为女皇帝。大云寺塔基地宫的修建，由当时泾州刺史等官员、寺僧主持。地宫砖筑，券顶，南壁有门，前接短甬道，甬道壁绘有壁画。门有石额，上刻香炉、宝盖和飞天，门内两侧刻天王力士像。地宫的形制明显仿效当时墓葬的墓室。地宫瘗藏的舍利容器内外共计五重，自外第一重为盝顶盖大石函，大理石质，高 28.3 厘米（图 13-11），盝顶上刻铭 4 行 16 字："大周泾州大云寺舍利之函　总一十四粒"，石函四面周绕全函满刻"泾州大云寺舍利石函铭并序"以及供养人姓名。向内第二重为顶嵌银莲花的鎏金盝顶盖铜方函，高 9 厘米，面阔 11.5 厘米，盖高 3 厘米（图 13-12）。第三重为银椁，下设带栏杆的长方

---

[1]　甘肃省文物工作队：《甘肃省泾川县出土的唐代舍利石函》，《文物》1966 年第 3 期 8—15 转 47 页。

图 13-13　唐大云寺银椁　　　　图 13-14　唐大云寺金棺

形椁座,椁体前高后低,前宽后窄,前高 7.1 厘米,宽 6 厘米,后高 5.4 厘米,宽 4.9 厘米,重 349.5 克。椁体两侧壁,各装有两个圆环。椁体遍饰缠枝花纹,精细美观(图 13-13)。第四重是嵌饰珍珠、金莲等装饰的微型金棺,高 4.6 厘米,长 7.1 厘米,重 108 克。金棺制工精美,前挡和两侧正中嵌白色珍珠,周围贴金片莲瓣,形似盛开的莲花,莲花四周又配以金片组成的莲蕾、莲叶,其上又嵌饰石英石、绿松石等,工精而华美,表现出盛唐金银细工的高度工艺技巧(图 13-14)。金棺内铺织锦衬垫,上放有内装 14 粒舍利的玻璃瓶,白色透明,长颈,圆腹,平底,高 2.6 厘米,瓶口覆盖一褐色贴金花丝织小帕,也可算为舍利容器的第五重。内外共有五重,虽然不及武后奉献法门寺舍利的九重之数,也相当可观。

直到唐开元盛世,都城长安地区以金棺银椁瘗埋舍利之风长盛不衰,经考古发掘获得的标本中,最值得重视的是陕西临潼开元二十九

图 13-15 陕西临潼唐庆山寺塔基地宫石舍利宝帐

年（741）庆山寺塔基地宫舍利容器。[1] 庆山寺舍利塔地宫，构筑于玄宗开元二十九年（741），由寺僧主持修建。地宫砖筑，前有甬道，两壁精绘护法的天王金刚力士。甬道内立有通座高 82 厘米的石碑一通，额题"大唐开元庆山之寺"，碑文首题"上方舍利塔记"。甬道内接仿墓室的地宫，其间安设装饰精美线刻的石门，门前两侧各有一头三彩蹲狮，姿态极为生动。地宫内三壁绘有壁画，地面铺砖并涂朱红色。室内后部及两侧砌须弥座式砖床，其上正中安置由六件青石构件组成的"释迦如来舍利宝帐"，高 109 厘米，帐盖中央置放彩绘联珠托宝珠顶（图 13-15）。座前两角插两朵盛开的金莲花。帐内置银椁金棺，其华美的程度超过泾川大云寺塔基的出土品。银椁高 14.5 厘米，长 21 厘米，下设鎏金铜须弥座，椁前挡刻门，贴嵌两身鎏金菩萨夹侍一双佛足，

---

[1] 临潼县博物馆：《临潼唐庆山寺舍利塔基精室清理记》，《文博》1985 年第 5 期 12—37 页。

图 13-16　唐庆山寺银椁　　　图 13-17　唐庆山寺金棺

两侧壁嵌鎏金造像，刻画十大弟子在佛涅槃后悲泣形貌。椁盖饰一朵以白玉和红玛瑙作芯的鎏金莲花，周嵌水晶等宝石，盖周悬垂以珍珠串穿的流苏。下设鎏金铜须弥座（图 13-16）。椁内置长 14 厘米的微型金棺，棺盖亦嵌饰宝石（图 13-17）。金棺内铺锦衾，上放一双带金莲花座的绿玻璃瓶，内置水晶质米粒状舍利。

　　同时，在宝帐两侧和前面，放有许多金银器和陶瓷器。帐前还放有三件三足三彩盘，中间盘内供放一双三彩南瓜，这也是过去少见的情景。

5　故梦重温，宋重瘞唐李德裕金棺银椁——镇江甘露寺塔基的考古发现

　　1960 年，对江苏镇江残存的甘露寺铁塔进行大修时，清理发掘了该塔的塔基，发现了塔基的地宫，从地宫中出土北宋元丰年间重瘞的

唐李德裕制作的舍利容器。[1]我们由此了解到唐代晚期南方地区制作的以金棺、银椁为组合的舍利容器情况。

唐李德裕所制舍利容器，在北宋时被发现，又被重新瘗埋塔下，可算是佛教舍利瘗埋史上的一段佳话。

宋诗人苏东坡《甘露寺》诗为游镇江甘露寺时所作，中有"薙草得断碑，斩崖出金棺。瘗藏岂不牢，见伏理可叹"之句，在诗序中说明所咏指"近寺僧发古殿基，得舍利七粒并石记，乃卫公为穆宗皇帝追福所葬者也"。卫公指唐代李德裕，他曾于会昌四年（844）"以功兼守太尉，进封卫国公"[2]。宋人发现的唐李德裕所瘗舍利，后来又被重新埋藏于甘露寺铁塔的塔基之中，直到1960年才又被发掘出土。

甘露寺铁塔铁基座下为18层砖砌的砖基，砖基坐落于铺在地面的一层石板之上。石板以下开方形竖穴，穴中填土夯筑，距地面以下3.42米处，以砖构筑略近方形地宫，地宫上覆盖三层石板。地宫东西长97厘米，南北宽86厘米，深80厘米，内置宋代大石函，其中放有以锦袱包裹的两个小石函，以及银函、银盒、漆盒、灵骨和铜钱等。在大石函上有宋僧守严题记，说明于熙宁时发现了李德裕所瘗舍利，又于元丰元年（1078）就旧基建铁塔重新瘗藏。当时地方官吏名人都曾参与此事，如王安石之弟王安礼，时任润州太守，石函内出土银函盖阴留有他的墨书题记，为"临川王安礼元丰元年四月七日记"，出土时墨迹犹新。李德裕原瘗舍利的容器，置于两个小石函中。西面小石函中有金棺、银椁，用以盛放他于唐大和三年（829）发现的上元县禅众寺旧

---

[1] 江苏省文物工作队镇江分队：《江苏镇江甘露寺铁塔塔基发掘记》，《考古》1961年第6期302—315页。

[2]《旧唐书·李德裕传》，4527页，中华书局校点本，1975年。

图 13-18 唐长干寺舍利银椁

图 13-19 唐长干寺舍利金棺

塔基下原藏舍利；东面的小石函中有小金棺、金棺和银椁，用以盛放大和三年（829）发现的长干寺旧塔基下原藏舍利。发现禅众寺和长干寺旧藏舍利时，李德裕任浙江西道观察等使。

长干寺舍利容器，共内外四重，为石函（佚盖）、银椁、金棺和小金棺，银椁盖长11.5厘米，头高4.9厘米（图13-18），金棺盖长6.4厘米，头高2.8厘米（图13-19），最内的小金棺仅高1厘米，盖长2.9厘米，内盛舍利11粒。禅众寺舍利容器，内外三重，为石函（仅存盖）、银函（图

图 13-20　唐禅众寺银函　　　　图 13-21　唐禅众寺金棺

图 13-22　唐禅众寺金棺纹饰拓本

13-20)、金棺（图 13-21），棺内置舍利 156 粒。这些金银舍利容器中，除长干寺舍利容器内层的小金棺为素面外，其余诸器皆遍饰飞天、迦陵频伽、云鹤、宝珠等纹样，细密繁缛，极工致精美（图 13-22）。

将李德裕在南方所制金棺、银椁，与前述时代较早的关中地区等地出土的金棺、银椁，如大云寺、庆山寺地宫出土标本相比较，可以明显地看出在造型和装饰等方面存在的差别。它们各具地方特色，大云寺、庆山寺金棺、银椁应仿自武后创立的宫廷样式，装饰华丽，造型稳重，气势浑厚，是反映盛唐文化的作品。而李德裕在南方的晚期制器，虽工艺精湛，纹样细密繁缛，有地域特色，但是已经失去盛唐蓬勃向上的气势，呈现出纤弱做作的气息，与唐末趋于衰微的政治形势相呼应。

综观大云寺、庆山寺以及李德裕所制舍利容器诸实例，可见自武后首倡以中国传统棺椁造型制作瘗埋舍利的容器以来，用微型金棺银椁作舍利容器已成为唐代高官名僧遵行的规制。只是依制作年代早晚和地点不同，其华美程度及细部装饰存在差异。在瘗入塔下时，仿效墓室修筑砖砌地宫，舍利金棺银椁或仍依传统置于盝顶大石函中，或置于以石材雕成的灵帐之内，灵帐仿殿堂内所施四柱盝顶宝帐。这种宝帐的造型，正是承继北朝时期在佛殿中供奉佛像的宝帐，仍旧沿袭汉魏以来殿堂中使用的盝顶帐形貌，但在帐顶和帐沿加饰山华蕉叶及垂悬饰物和流苏，极尽华美之能事。虽无实物留存下来，但可以从石窟中的帐形龛来了解北朝时供奉佛像的宝帐形貌，例如河北巩县石窟第1、3窟中心柱所雕宝帐形龛，精确华美（图13-23）。唐代的石雕宝帐，有庆山寺的释迦如来舍利宝帐，还有年代更早的重新安置在法门寺塔地宫中的汉白玉雕双檐灵帐（图13-24），制作于唐中宗景龙二年（708）。在敦煌莫高窟的唐窟壁画的涅槃经变画中，也可以看到棺椁上张有装饰华美的盝顶宝帐，如莫高窟盛唐第148窟西壁壁画

图 13-23 河南巩县石窟第 3 窟宝帐形佛龛线图　图 13-24 陕西扶风法门寺唐塔地宫汉白玉双檐宝帐

图 13-25 敦煌莫高窟第 148 窟唐涅槃变所绘宝帐

（图 13-25）。[1] 此外，在山西、江苏、四川等地，发现了一些缺乏纪年的舍利容器，多是银椁、金棺，银椁、鎏金铜棺等组合[2]，表明以金棺银椁瘗藏舍利流行全国各地。以中国式样的棺椁制作舍利容器，更符合中国佛教徒的民族习惯，也是佛教艺术中国化的典型例证。

在瘗藏舍利时，除制工精美的成组合舍利容器以外，还要放入大量供养佛舍利的珍贵物品，如金银器、玻璃器、瓷器、珠宝，乃至域外传入的金银货币，这些精美的古代工艺品也为艺术史研究提供了大量实物标本。

6 韩愈谏迎佛骨表到唐懿宗佞佛——法门寺唐塔地宫考古发掘

安史之乱后，唐代政治经济江河日下，但统治阶级佞佛之风并未稍减，甚至恶性膨胀。唐宪宗元和十四年（819）正月，命中使杜英奇领禁兵护送宫人30人持香花与僧徒赴临皋驿迎所谓"佛骨"，开光顺门迎入大内，留禁中三日，乃送京城佛寺。"王公士庶，奔走舍施，唯恐在后。百姓有废业破产、烧顶灼臂而求供养者"[3]，一时长安城中，佞佛之风蔓延，愚昧迷信泛滥，正常的经济生活遭到极大干扰，社会财富遭到严重浪费，人们思想极度混乱。正如韩愈所指出："皆云天子大圣，犹一心敬信；百姓微贱，于佛岂合惜身命。所以灼顶燔指，

---

[1] 中国壁画全集编辑委员会编：《中国美术分类全集·中国壁画全集·敦煌6·盛唐》图版一九〇，天津人民美术出版社，1989年。

[2] 参阅杨泓：《中国隋唐时期佛教舍利容器》表二，《中国历史文物》2000年第4期。

[3] 《旧唐书·韩愈传》，4198页。

百十为群，解衣散钱，自朝至暮，转相仿效，唯恐后时，老幼奔波，弃其生业。若不即加禁遏，更历诸寺，必有断臂脔身以为供养者。伤风败俗，传笑四方，非细事也"。面对佞佛兴起的妖风迷雾，有识之士以韩愈为首，力行反对。因而韩愈写下了著名的《谏迎佛骨表》，上疏宪宗，严正指出："今无故取朽秽之物，亲临观之，……臣实耻之。乞以此骨付之水火。永绝根本，断天下之疑，绝后代之惑。……岂不盛哉！岂不快哉！佛如有灵，能作祸祟，凡有殃咎，宜加臣身。上天鉴临，臣不怨悔"[1]，显示出中国知识分子的骨气。在昏愦的封建帝王统治下，韩愈的下场可以想见，结局如《左迁至蓝关示侄孙湘》所述："一封朝奏九重天，夕贬潮阳路八千。欲为圣明除敝事，肯将衰朽惜残年"，被贬为潮州刺史。于是统治阶级操弄那所谓"佛骨"，继续愚弄可怜的无知民众。在此以后，从中央到地方，瘗藏舍利、佞佛之风更盛，一些著名政治家也热衷于此道，前引李德裕奉献甘露寺的金棺银椁即为突出例子，那已到了唐末文宗大和年间。

此后，唐朝佛教遭遇了一次空前的大"地震"，就是中国佛教史上"三武毁佛"中的最后一次，唐武宗于会昌时灭法，极具讽刺的是，当时宰臣执政者正是向禅众寺和长干寺舍利奉献金棺银椁的同一位卫公李德裕。当时，从都城长安到全国各地，大举没收寺院财产，拆寺毁像，勒令僧尼还俗。全国大约拆毁寺院四千六百余所，还俗僧尼二十六万余人，拆山村招提兰若（即小型佛寺）四万余所，收膏腴上田数千万顷。[2]但是，唐王朝灭法并没有维持多久，会昌六年（846）武宗去世，宣宗

---

[1]《旧唐书·韩愈传》，4200页。
[2] 关于武宗灭法情况，请阅汤用彤：《隋唐佛教史稿》第一章第六节《会昌法难》，40—51页，中华书局，1982年。

继位后即宣布恢复佛法。

宣宗复法以后，唐朝皇帝继续佞佛，出现了唐末最后一次从法门寺迎佛骨的闹剧。当时懿宗欲迎佛骨，群臣谏者甚众，甚至有言宪宗因迎佛骨寻晏驾者，但他却说"使朕生见之，死无恨"！[1]于是"广造浮图、宝帐、香舆、幡花、幢盖以迎之，皆饰以金玉、锦绣、珠翠。自京城至寺三百里间，道路车马，昼夜不绝"。四月"佛骨至京师，导以禁军兵仗、公私音乐，沸天烛地，绵亘数十里。仪卫之盛，过于郊祀，元和之时不及远矣。富室夹道为彩楼及无遮会，竞为侈靡"。可惜这出闹剧尚未演完，佛骨还未送还，懿宗就死掉了，结束了他想借佛骨30年逢太平盛事而做的美梦，继位的僖宗李儇匆忙把佛骨送回法门寺，重新瘗藏于法门寺塔地宫之中。

法门寺唐塔毁坏后，在原来唐塔的基础上，后世又不断修建新塔。矗立至今的是明万历年间修筑的十三级砖塔。1981年因霪雨，明塔上部坍塌近三分之一，因此1985年只得先拆除该塔5至13层危坠部分，到1987年启动恢复该塔的工程。1988年，正式对明塔塔基进行清理，这才发现在明代塔基下保存完好的唐塔地宫（图13-26）。从发掘出土的法门寺地宫来看，具有前、中、后三室，可能模拟人间皇帝的墓室规制，因为已发掘的唐代亲王或公主的墓都仅有前后两室，连"号墓为陵"的懿德太子墓也不例外，故推知具有三室当是皇帝陵墓的制度。可是从地宫的构筑情况来看，施工非常草率，甚至难以与并非皇帝构筑的庆山寺地宫工程质量相比，这一情况恰好清楚地反映出僖宗送还舍利时的仓促。

---

[1]《新唐书·李蔚传》，5354页。

图 13-26　陕西扶风法门寺唐塔地宫发掘情况

　　这是唐朝皇帝最后一次迎佛骨舍利之举，僖宗以后仅传昭宗和哀帝两帝，唐王朝就覆亡了，时间不足 30 年。不过，唐朝皇帝的佞佛，倒为后世留下了一批珍贵的文物。法门寺地宫共出土金银器皿 120 件、组，玻璃器 17 件，瓷器 16 件，漆木及杂器 19 件，珠玉宝石约 400 件，以及大批丝织物及残品。其中盛瘗舍利的容器就有四套，分别瘗藏着四枚佛指舍利，其中两枚是骨质的，另两枚是石质的，形状均制作得大致相同，它们分别安置于前、中、后三室及后室地面中北部的秘龛之中。唐懿宗供奉的八重宝函放置在后室中。地宫出土《监送真身使应从重真寺随真身供养道具及恩赐金银器物宝函并新恩赐到金银宝器衣物》碑文中，详记八重宝函的名称和重量。自外而内，依次是檀香缕金银棱装铰函、银金花钑作函、素银函、银金花钑作函、真金钑花函、金筐宝钿真珠装真金函、金筐宝钿真珠装瑊玞

图 13-27 法门寺唐塔地宫八重舍利宝函中真金小塔子内舍利套置在银柱上

图 13-28 法门寺唐塔地宫八重宝函（缺第八重木函）

石函和真金小塔子（内有银柱子一枚）[1]，出土时有一枚指骨舍利套置在真金小塔子内的银柱子上（图 13-27）。目前八重宝函中，只有最外的檀香函已朽毁，其余均保存完好（图 13-28）。在八重函中，真金钑花函和两件银金花钑作函上錾刻佛教造像，真金钑花函正面为六臂如意轮观音（图 13-29），右面为药师如来，左面为阿弥陀佛，背面为大日如来。第五重的银金花钑作函，左侧为乘狮的文殊菩萨（图 13-30）。第七重的银金花钑作函，四壁为四天王，各有榜题，正壁是北方大圣毗沙门天王（图 13-31），左为东方提头赖吒天王，右为西

---

[1] 本文所述唐懿宗八重宝函名称，均从《监送真身使应从重真寺随真身供养道具及恩赐金银器物宝函并新恩赐到金银宝器衣物》碑文原用名称。

十三　金棺银椁瘗舍利——考古发现的中国佛教舍利容器　　409

图 13-29 八重宝函第四重真金钑花函

图 13-30 八重宝函第五重银金花钑作函

图 13-31　八重宝函第七重银金花钑作函

方毗娄勒叉天王,后为南方毗娄博叉天王。已残损的檀香缕多银棱装铰函上,据说出土时尚见有描金加彩"释迦牟尼说法图、阿弥陀佛极乐世界和礼佛图等"。除懿宗制作的八重宝函外,法门寺塔地宫中放置的另三组舍利容器,都是这次封闭地宫时重新配组而成,制作年代多早于懿宗时期。前室一组舍利容器为汉白玉方塔(图 13-32)、单檐铜塔和金花银棺。中室一组为景龙二年(708)汉白玉双檐灵帐,内置盝顶铁函,其中有用丝绸包裹的鎏金双凤纹银棺(图 13-33),棺内放佛指舍利。后室后壁下秘龛一组为铁函、咸通十二年(871)比丘智英造金花银真身舍利宝函、银包角檀香木函、水晶椁子(图 13-34)和壶门

图 13-32 汉白玉方塔

图 13-33 鎏金双凤纹银棺

图 13-34 水晶椁子

图 13-35 壸门座玉棺

座玉棺（图 13-35）。此外，还有边觉大师智慧轮所施咸通十二年（871）为盛真身舍利而造的金函和银函。这些容器中，制作于咸通十二年的比丘智英和智慧轮所作三件宝函，造型均与懿宗宝函造型相同，为盝顶盖方函。特别值得注意的是，比丘智英所作金花银真身舍利宝函，在函盖及函体均饰佛教造像（图 13-36），据考为金刚界大曼荼罗成身

图 13-36　比丘智英金花银钑作函

会造像，这对研究唐代密宗造像是难得的资料，极具研究价值。[1]

　　法门寺塔地宫出土的唐懿宗供奉舍利的八重宝函造型，改变了武后创制的金棺银椁旧模式，其中七重是盝顶盖方函，最内一重是真金小塔子，造型为单层单檐四门方塔，应是唐宣宗大中复法至唐末流行的新样式。当唐武宗会昌灭法时，拆寺毁像，舍利和舍利容器自然也在被毁之列，从而中断了唐高宗显庆年间以来以金棺银椁为舍利容器的发展势头。当宣宗恢复佛教地位以后，迎奉舍利和制作舍利容器之风也得以恢复和发展。除了沿袭金棺银椁的传统形制以外，在舍利容器造型方面也出现了新变化。宣宗大中年间，已开始用金属制作的塔子为舍利容器，目前所知标本出土于河北定州宋静志寺塔基地宫，有

---

[1] 罗炤指出"后室秘龛宝函图像为不空真传摹本"，见《略述法门寺塔地宫藏品的宗教内涵》，《文物》1995 年第 6 期 53—62 页。

图 13-37　河北定县宋塔地宫重瘗唐舍利银塔子

一件唐代大中四年（850）六角单层舍利银塔子（图 13-37）。[1]扶风法门寺塔地宫出土的唐懿宗供奉佛舍利的八重宝函，进一步表明盛放舍利的容器由以贵金属制作的微型棺椁，改为多重盝顶盖方函内的微型塔子，应为晚唐皇室制作舍利容器的典型代表。同时，随着佛教密宗的盛行，舍利容器上开始出现唐密宗图像，反映出当时佛教信仰的发展变化。[2]

---

[1] 银塔子高 14.5 厘米，重 332 克。壁饰鎏金莲花及云纹，衬以鱼子纹地，壁上刻铭为"静志寺会昌六年毁废，佛像俱焚，宝塔全除。至大中二年再置，兴切修建，舍利出与神合，分明随人心现□。一寺僧众与城隆善友同造银塔子，再安舍利，伏愿法身请泰，业海长销，一切有情，俱会真言。大中四年四月八日比丘□真定□□□于记"。见［日］NHK 大阪放送局编集：《正仓院的故乡——中国的金、银、玻璃器展》第 62 页图 41、130—131 页，日本写真株式会社，1992 年。
[2] 有人认为法门寺唐塔地宫即为舍利供养的坛场，也是唐密舍利供养曼荼罗的实体，见吴立民、韩金科：《法门寺地宫唐密曼荼罗之研究》，香港中国佛教文化出版有限公司，1998 年。也有学者认为法门寺塔地宫不是曼荼罗，见《略述法门寺塔地宫藏品的宗教内涵》，53—55 页。

7 "阿育王塔"中国造——杭州雷峰塔地宫的考古发掘

一提起雷峰塔，老百姓首先会想起白娘子传奇，发生在西子湖畔的那段人蛇相恋的爱情故事，想起被压在塔下的令人爱怜的白娘子。但是那处坐落在西湖南岸夕照山（曾名南屏山）的佛塔，本是五代十国时期，割据于杭州地区的末代吴越王钱俶（原名"弘俶"，归附北宋后，为避宋太祖父赵弘殷讳，因而去弘字，改名"俶"）所建，原称"皇妃塔"。[1] 钱俶当年建造皇妃塔的目的，是瘗藏他供养的佛舍利——螺形佛发。但有关文献并没有记载用以瘗藏的舍利容器形制，这个谜底，只有等雷峰塔下地宫得以重启时才能揭晓。

钱俶崇信佛教，妄想仿效古印度阿育王在天下建四万八千座佛舍利塔，但是吴越割据领土狭小，国力不足，且北方宋王朝建立，行将统一全国，吴越小朝廷朝不保夕，迟早会被宋吞并。在此形势下，钱俶根本无力也无法在天下建塔，只能采取象征性手段，按照他心目中的阿育王塔的形貌，用金属制作许多小模型。钱俶制作的阿育王塔，过去屡有发现，但都是在北宋或更迟的塔基地宫中出土。发现的地点多在南方地区，如浙江、江苏、上海、福建等地，北方地区较少发现，仅在河南邓州等地偶有发现。这些阿育王塔以鎏金铜塔制作最精致，也有铁塔或贴金铅塔。出土数量最多的一处，是浙江金华万佛塔地宫，出土阿育王塔多达15件，其中铜塔11件、铁塔4件，瘗入的时间为北宋仁宗嘉祐七年（1062）。[2] 制工比较精致的标本，有南京大报恩寺遗

---

[1] 浙江省文物考古研究所：《雷峰塔遗址》，文物出版社，2005年。
[2] 浙江省文物管理委员会：《金华市万佛塔塔基清理简报》，《文物参考资料》1957年第4期41—47页。

图 13-38　南京大报恩寺宋塔地宫七宝阿育王塔　　图 13-39　上海青浦宋隆平寺塔地宫铜阿育王塔　　图 13-40　上海青浦宋隆平寺塔地宫铅阿育王塔

址的原北宋时长干寺塔基地宫中，发现铁函中放置有七宝阿育王塔（图13-38）。[1]贴金铅塔，在上海青浦北宋隆平寺塔基地宫中有发现，在放置舍利容器的木函前左右各安放一座阿育王塔，质地不同，一件是铜塔（图13-39），另一件是贴金铅塔（图13-40）。[2]钱俶所造这些阿育王塔形貌基本相同，是下设方形基座的方形单层塔，塔檐外出下斜，但是塔顶为平顶，四角伸出高大的蕉叶饰，塔顶中央树立带相轮的塔刹。较大而制工精致的阿育王塔常在方塔四壁分别浮雕佛本生故事。如上所述，这些钱俶造阿育王塔，全都是在北宋及以后的塔基中被发现的。那

---

[1] 祁海宁、周保华、龚巨平：《南京大报恩导遗址北区考古发掘》，《2010 中国重要考古发现》178—181 页，文物出版社，2011 年。

[2] 陈杰、王建文：《上海青浦青龙镇遗址发掘收获》，《2016 中国重要考古发现》158—165 页，文物出版社，2017 年。

图13-41 浙江杭州雷峰塔地宫阿育王塔

么钱俶在位时,他是否曾经亲自主持过用阿育王塔瘗藏舍利的仪式呢?这又是一个多年未解之谜。

上列两个问题的谜底,终于在对雷峰塔地宫的考古发掘中获得了答案。出土的舍利容器,确是由末代吴越王钱俶所瘗埋,时间已迟至北宋太祖开宝年间,出土砖铭有"辛未"(971)、"壬申"(972)纪年,说明始建地宫可能是北宋开宝五年(972)或者稍迟。钱俶为奉安"佛螺髻发"而瘗入的舍利容器,为钱俶仿阿育王所建阿育王塔。以塔为舍利容器,仍旧依照李唐晚期皇帝以塔子为舍利容器的传统,塔的形制有所改变。雷峰塔地宫出土的盝顶铁函中所置阿育王塔为银质鎏金,塔身四壁浮雕的分别为萨埵太子舍身饲虎、尸毗王割肉贸鸽、快目王舍眼、月光王施首等四个本生故事。塔刹上有五重相轮(图13-41)。全塔通高35.6厘米。

8　群花竞放——北宋后佛教世俗化对佛舍利瘗埋的影响

　　五代以后，随着佛教信仰日益世俗化，北宋时期舍利塔的修建和舍利容器的制作也突破了原有规制，呈现出多样化的趋势，中国古代佛教舍利塔的建造和舍利容器的瘗埋，进入了一个新的历史阶段。

　　北宋以后，佛教日趋世俗化和民间化，建造佛塔和瘗藏舍利由过去的帝王高官普及于民间百姓，过去无法参与此活动的市民女眷都可参与佛塔的修建。许多佛塔的砖铭中，都可见到市民女眷施砖修塔的铭文，一些塔基地宫中瘗埋的舍利容器铭文也说明施舍者是平民及其眷属。社会民众的参与，打破了从北朝至五代时期舍利容器形制全国统一的旧格局。舍利容器形制更加多样，制工精拙不一，其中不乏制工精巧奇丽之作，今日看来亦可誉为古代艺术精品。

　　可举辽宁朝阳北塔天宫出土的单层单檐宝珠顶金方塔为例[1]，仍依晚唐遗制，以塔为舍利容器。据"再葬舍利"题记，该塔再葬时间为辽重熙十二年（1043）四月八日。在天宫石函中安放七宝装饰宝盖罩着的木胎银棺，金塔置棺内，塔座三重叠涩，上承仰莲瓣，方塔坐落在仰莲上，塔体四周刻佛像，高 11 厘米（图 13-42）。塔脊和檐下悬垂珍珠串穿的流苏，颇显华美。塔内放着盛舍利的金盖玛瑙小罐（图 13-43），罐内有米粒大小的红、白舍利各一颗。这座金塔仍存晚唐旧制。

　　以棺椁瘗埋舍利的北宋遗物，以发现时代最早的开宝九年（976）

---

[1]　朝阳北塔考古勘察队：《辽宁朝阳北塔天宫地宫清理简报》，《文物》1992 年第 7 期 1—28 页

图 13-42 辽宁朝阳北塔地宫辽舍利金塔　　　　图 13-43 辽宁朝阳北塔地宫辽玛瑙舍利罐

郑州开元寺塔基内的舍利石棺为例。[1]棺长 105 厘米，棺座壸门内雕伎乐和狮子。棺体前挡雕门扉，门旁两侧各立一金刚力士。两侧壁雕十大弟子像，作佛涅槃后悲哀哭泣形貌。整体形制同于唐庆山寺舍利银椁图像旧制。棺盖刻纪年和施主、匠人姓名："维大宋开宝九年岁次丙子正月庚寅制造毕工。施主预超妻王氏男赟贝新妇惠氏孙儿合子孙女花哥伴姐。"又"匠人鱼继永"。可见为一普通人全家老幼所施舍之物。与之近似的舍利石椁，出土于连云港海清寺阿育王塔地宫内[2]，石椁内置铁盝顶盖方函、银棺、小鎏金盝顶盖方银函。棺、函上均有天圣四年（1026）纪年铭刻。银棺盖锤鍱出佛涅槃像，棺体前挡刻两尊甲胄装天王，两侧壁为十大弟子举哀及三梵天像，后挡刻铭。铁函后部又置一银精舍。由刻铭可知的这些舍利容器分别由一些家族阖家出资制

---

[1] 郑州市博物馆：《郑州开元寺宋代塔基清理简报》，《中原文物》1983 年第 1 期 14—18 转 75 页。

[2] 连云港市博物馆：《连云港海清寺阿育王塔文物出土记》，《文物》1981 年第 7 期 31—38 页。

图 13-44　河南邓州福胜寺塔舍利银椁　　图 13-45　河南邓州福胜寺塔舍利金棺

作用以祈福。又如，河南邓州福胜寺塔天圣十年（1032）地宫出土的舍利容器组合中，金棺上同样刻出佛涅槃像。[1]那组容器由石函、银椁（图13-44）和金棺（图13-45）组成。北方辽金时期的舍利棺也有发现，如河北丰润发现过金代银棺[2]，棺盖平顶，上有铭文为："泰和六年，金瓶内有大舍利一颗，惠善施主保住哥、保羊哥、王要沈同施舍利三人。"泰和六年为1206年。这件舍利银棺，也为普通民众所制作。上述舍利容器铭刻，清楚地反映出北宋以后佛教信仰日趋世俗化的真实情景。

除了传统的盝顶方函、银椁金棺和塔等舍利容器以外，随着佛教的世俗化，北宋以后舍利容器的造型也挣脱了统一的规制，呈现出多样化的倾向。在佛塔地宫中出现多种样式的舍利容器，如宝幢、地宫殿和佛舍利柜等。

宝幢，可以举苏州瑞光寺塔出土的北宋大中祥符六年（1013）真

---

[1] 河南省古代建筑保护研究所、河南省文物研究所：《河南邓州市福胜寺塔地宫》，《文物》1991年第6期38—47页。

[2] 陈少伟：《丰润县经幢地宫出土文物》，《文物春秋》2000年第1期31—32页。

珠舍利宝幢为例。[1]原放置于四壁绘四天王像的木函中（图13-46），瘗于瑞光塔第三层塔心中。幢高122.6厘米，分别以木胎和夹纻胎的描漆雕漆制成，底座八角形，上承须弥山，中心立八角形幢，周绕八柱，上承幢顶，饰以鎏金银丝串珠编成的八条小龙，顶上立白玉、水晶及金银构成的刹杆，杆顶托水晶圆珠（图13-47）。幢身内置乳青色料质葫芦瓶，瓶内盛舍利9粒。宝幢制工精美，为过去所未见，确为北宋工艺美术精品。

图13-46　江苏苏州瑞光寺塔宋彩绘四天王舍利木函

地宫殿，可以举浙江宁波天封塔地宫出土的南宋纯银地宫殿为例[2]。在天封塔地宫中置有石函，刻铭纪年为南宋绍兴十四年（1144），并记"承乡贡进士王居隐与阖宅等备己财先造宝塔第一层及承广慧禅师传法沙门德亨舍古佛舍利一百颗入塔官殿内"。在石函内放置纯银殿堂模型，为面阔三间、进深两间的单檐歇山顶殿堂，檐下

---

[1] 苏州市文管会、苏州市博物馆：《苏州市瑞光寺塔发现一批五代、北宋文物》，《文物》1979年第11期21—31页。

[2] 林士民：《浙江宁波天封塔地宫发掘报告》，《文物》1991年第6期1—27转96页。

图13-47　瑞光寺塔宋真珠舍利宝幢

图 13-48 浙江宁波天封塔浑银地宫殿

图 13-49 河北固安宝严寺金代银舍利柜

有上书"天封塔地宫殿"六字匾额（图13-48）。通高49.6厘米。制工尚为精细，据铭记为银匠陈资所造作，由明州鄞县东渡门里生姜桥西赵允一家施家财所造，可知是一件南宋民间工艺品。

自铭佛舍利柜的舍利容器，出土于河北固安宝严寺塔基地宫。舍利柜银质鎏金，由柜体和基座组成（图13-49）。[1] 柜体长方形，上盖盝顶盖，通体錾刻纹饰，盖顶面饰团花飞凤，柜体正面居中是护法天王，两侧为伎乐，侧壁和背面亦为伎乐。基座是须弥座，四角有力士扛托，座上周设栏杆。柜盖内侧刻有铭文："严村宝严寺西史毛贾三村邑众等共办此之佛舍利柜一所，天会十二年五月一日记。"天会为金太宗完颜晟年号，天会十二年当宋高宗绍兴四年（1134）。由铭文可知银舍利柜为三村民众集体舍制，表明该柜是当时的民间工艺品。

由以上诸例，可以看出宋辽金时期集资建塔、施舍佛舍利容器瘗藏塔下地宫之举，盛行于民间。舍利容器造型多样，常具民间艺术特色。

到13世纪以后，施舍舍利容器的风气日衰，但直至中国封建社会终结之时，仍有人施造舍利容器。目前所知发掘出土的佛教舍利容器可晚至清代。如河北丰润曾出土清代舍利银棺[2]，但制工粗劣，外貌类似方匣，素面无纹，盖面阴刻"顺治十八年。大清康熙五十二年二月　日重修惠善"，或许原瘗于顺治十八年，这次于康熙五十二年（1713）重瘗，棺右侧阴刻"内有金银瓶大舍利一颗"。这可算是中国古代佛舍利瘗埋制度的落日余辉，但这件银棺今日看来并无艺术价值可言。

---

［1］河北省文物研究所、河北大学历史系、固安县文物保管所：《河北固安于沿村金宝严寺塔基地宫出土文物》，《文物》1993年第4期1—17页。
［2］见陈少伟：《丰润县经幢地宫出土文物》《文物春秋》2000年第1期31—32页。

附录

响堂山石窟随想

三十五年以后，我再次来到位于河北邯郸市峰峰矿区的北响堂山。响堂山山景依旧，只是树木较前增加许多，郁郁葱葱，平添几多生趣。登山道路也进行过修整，汽车已能驶达山腰的常乐寺废址。

记得过去废址旁本是一片空旷，仅有石窟保管所孤零零的一座小院，现在增添了许多建筑，颇显热闹，不过寺院的废址却较前更显颓残，寺址内那座九级八角古塔，虽然屹立原处，但是顶上的几层塌残更甚，再也无法攀登，如不进行大修，坍塌的噩运恐难避免。

看到这座危塔，顿感凄凉，不禁忆及三十五年前与该塔有关的几段往事。

1957 年，北京大学历史系五三级考古专业同学，赴河北邯郸进行考古实习。12 月初，我和刘勋、孙国璋在宿白先生指导下去响堂山石窟，同去的教师还有赵思训和刘慧达两位。先到南响堂山，进行勘察测绘，然后转往北响堂山。因保管所的老柴告诉宿白先生，在去北响堂山途中有一处小石窟，当地老乡称为"洞窨"（"洞"，老乡读为"墩"音），他曾去调查过，并拍了照片，可惜照片颇为模糊，依稀可见窟门两侧有些雕刻，故此宿白先生决定赴北响堂山时顺路去调查一下。

当日吃过午饭，由刘慧达先生与孙国璋二位女士随行李车取道大路先去北响堂山，宿白先生、赵思训先生与我和刘勋由老柴引路，步行由山间小路先去看"洞窨"，然后去北响堂山与二位女士会合。

走了约一小时，远远望见半山腰有一处洞门，但无路可循，只得拨开荆棘野草往上攀。虽已初冬，但大家都累得大汗淋漓，好不容易登至窟口，向内探视，石窟内造像早已被损毁，只有近人泥塑一尊，供乡人求子拜奉。窟门外雕刻系唐代雕造，但已漫漶不清。

此时诸人已登至窟口，仅宿白先生落后于半山间处，原因是足下皮鞋不宜登山之故。目睹此残毁之小型石窟，大家兴味索然。此时老柴又说，前方不远处山脊上，尚存唐末农民起义军遗迹一处。方又引起大家的兴味。

由于宿白先生皮鞋不宜登山，老柴又出一妙计，建议将他的布鞋脱一只换给宿先生，两人一足踏皮鞋，一足穿布鞋，勉强减轻皮鞋难行山路之苦。鞋子换好后，大家又欣然上路。此时兴发，我随口凑了一首打油诗，调寄西江月：

淋漓汗水倾盆，咻咻喘息牛吼。
"洞窖"原来是破窑，革布竟然成偶。

又走了个把小时，到了老柴所说的起义军遗迹，原来只是山石上凿刻的一道凹槽，两侧各有一个圆孔，或许是一处石碓残迹，但也无法辨明其时代。看了以后，大家又一次感到兴味索然。眼看天色已近黄昏，山脊上荒无人烟，山下树丛已朦胧于暮霭之中，遥望却不见北响堂石窟，于是催促老柴快引路前行，争取天黑前赶到北响堂保管所。

又走了一程，天色更晚，大家忆起方才老柴曾讲过山中有狼之事，更加情急，偏偏老柴又辨不出该走何路，越急越寻不到路，一行人徬徨行于山脊上。天已黑，人更急。偶遇一孤立的农舍，老柴前去探询，仍不得要领。大家再无心说笑，默然匆匆前行，又都心中无数。

宿白先生嘱咐大家，去北响堂山最易寻的目标应是常乐寺塔，要注意观察，见到塔即到达目的地。突然，一人惊喜大呼："山腰处看到塔了！"众人一齐望去，黑黝黝的丛莽中确实矗立着一座高塔，它的轮廓凸显于夜空之中，平静而安详，却又端庄伟丽。看到它，心中涌出一股难以言说的情感，那动荡不安的急烦心情一扫而光。

这是我生平第一次见到常乐寺塔，它指引我们踏破迷津、解脱困境，顺利抵达近旁的北响堂山石窟保管所。看来世间诸事或如佛家所说："有缘相聚"。人与人，人与物，相聚自是有缘，缘尽则散，亦是常情。由此说来，此番也是人塔有缘吧！

当晚我们在常乐寺废址旁的石窟保管所住下，也是保管所建成后最早的居住者。因为房屋建成后，当时周边无其他建筑，且不通水电，远离山下乡村约一里左右，保管员怕狼，仍住在村中，这里本无人居。

第二天，我们就开始了对北响堂山石窟群的记录和测绘工作。响堂山石窟是一座创建于北齐时的重要佛教石窟寺，地当晋阳（今山西太原）至邺都（今河北临漳境内）之间的主要交通道上，共有三组石窟，南响堂石窟共有七座洞窟，北响堂石窟也有七座洞窟，小响堂石窟（水浴寺石窟）现存两座洞窟。三处的主要洞窟和龛像都创建于北齐时期，其中又以北响堂的三座大型洞窟规制尤为宏伟，刻工精湛，是北齐石窟艺术最高水平的代表作品。

北侧和居中两座大窟的外檐原雕出檐柱和屋檐，其上崖面又雕出巨大的覆钵顶和山花塔刹，虽多已残毁，或被后世修砌的石券等遮蔽，但仔细审视仍可窥明原窟形貌，是模拟覆钵顶佛塔的塔形佛窟。窟内都凿有巨大的中心塔柱，正面和左右各开大龛，雕刻佛像，洞窟内空间又以北侧大窟为最大，面阔超过12米，两侧壁和前壁、后壁的两侧，都雕出装饰华美的佛状佛龛，更显庄严而富丽。这些大窟，都是北齐皇室所创建。

测绘了北响堂诸窟以后，在12月12日转至常乐寺废址，测绘那里遗存的石经幢和砖塔。石经幢有两座，都是宋代所建，一件建于建隆三年，另一座建于乾德三年。除实测绘图外，我还画了一些素描，至今留存在我的速写本中。测绘砖塔时，我才得以仔细观赏它的艺术造型。

砖塔年久失修，塔刹已无存，最顶两层也坍毁较甚，不过下面的七层保存尚好。登塔的阶梯虽损毁过甚，尚勉强可以攀登，只是有些地方需手足并用，贴壁攀爬。

宿白先生怕我们攀登出危险，严令不许登塔。不过当时少年气盛，还是偷偷爬了上去，三位同学中一位是女士，一位身躯颇胖，登塔自然非我莫属。爬了一半，心里颇有些害怕，勉强登至五层，阶梯更残，每攀一级，都感觉塔体似微微晃动，顿生恐怖之感，想下去又欲罢不能。这时又想起那日夜间初睹塔影的兴奋情景，也许是人塔有缘，反觉得每一踏步产生的晃动，竟与自己攀登节奏合拍，心中顿安，竟然攀至第七层，向上张望，最上两层已坍毁，塔已无顶，可以直透苍穹，阳光射入，满目光明。

探身于塔门向下张望，塔下的同学为我拍了一张照片。

目的已达，心愿已了，欣然下塔，但向下走比向上登还感艰难，到得塔下，满身尘土，满面污垢。因为没有遵从师命，然后挨了宿白先生一顿训。今日回想，登塔的豪情，现在是再也无力抒发，那时未出意外，或许真是人塔有缘吧！

"缘分"或许与"偶然性"有些联系。南响堂山北齐原雕崖面的再现，恰是出于并未充分科学论证就贸然施工的结果。

1985年，发现南响堂山第6、7窟顶部挡土墙即将坍塌，危及石刻安全，本是进行抢修，但主持人发现第七窟的窟顶瓦垄和正脊保存完好，于是决定拆除清代建于石窟顶上的七间靠山阁，又拆掉明清时建于第1、2窟前的石构券洞,结果把北齐时原雕崖面全部揭露出来。原来这里的洞窟本是模拟覆钵顶佛塔的塔形佛窟,于是恢复了窟前雕凿的檐柱、仿瓦檐及覆钵顶的原貌。此外,从第2窟前壁又揭露出分刻洞窟两侧的隋碑。

由《滏山石窟之碑》所记,知石窟由北齐天统元年(565)灵化寺僧慧义兴凿,后大丞相淮阴王高阿肱舍财助修,功成于北周武帝东并齐地以前,从而解决了过去多年弄不清的南响堂山石窟开创年代问题。

正是这些重要的发现,促使我萌发了再访响堂山石窟的念头。这一念头在1992年终于实现了,经过三十五年我再次来到响堂山,同行的有文物编辑部的姚涌彬先生、李力女士和河南省古建所的几位先生。这次也是先访南响堂,再去北响堂,重睹常乐寺古塔。

第二次访响堂山石窟至今,又过了三年,第一次同行诸位中刘慧达先生早已仙逝,第二次同行的诸位中姚涌彬先生又已仙逝,实感人世沧桑,谨祈二位先生冥福。

每忆及此,常乐寺塔影似又浮现眼前,想来今日它的面貌会更为颓残,希望它不要倒塌。

(本文写于1995年。原应台湾南海印经会高仰崇之约,发表于《清福集——北长街二十七号》135—142页,台湾如闻出版社,1997年。现又过了二十三年,当年指导实习的宿季庚先生又已仙逝,故捡出此文,以示怀念。)

后　记

这本小书终于要和读者见面了！回想编写这本小书的初启，还要退回到2004年，在与生活·读书·新知三联书店签订了《美源》的出版合同后，与汪家明聊天时，他谈起可以编写一本向读者普及中国古代佛教艺术的读物。初拟名为《中国佛教美术考古二十讲》，还拟定了简要的纲目。但是在《美源——中国古代艺术之旅》一书编写和出版过程中，我在研究所（中国社会科学院考古研究所）负担的任务日渐加重，先是参加编写《中国考古学》的领导小组工作，并担任《三国两晋南北朝卷》的主编，中间又插入了要在一年内完成《中国美术考古学概论》的编写任务，已经没有精力再去另外写书，于是关于写《中国佛教美术考古二十讲》这本普及读物的设想，就搁置了下去，一下子就搁了十余年。

2017年，我与朱岩石共同主编的《中国考古学·三国两晋南北朝卷》终于交付中国社会科学出版社出版（此前《中国美术考古学概论》也早已与郑岩共同编写完成）。研究所的任务完成后，我可以有时间做些自己的事。当三联书店决定将宿季庚师的全部著作重新出版，特别是《中国石窟寺研究》即将再版时，为了让一般读者能更好地学习领会季庚师关于中国佛教考古学，特别是中国石窟寺考古学的学术内涵，我觉得应有一本较全面地介绍目前中国佛教考古概况的通俗读物,先使读者对中华人民共和国成立以后中国佛教考古工作的成果有一般性的了解。于是重新开始编写这本小书,调整了章节结构,定名为《探掘梵迹——中国佛教美术考古概说》,并于2019年完稿。在本书预定纲目及编写过程中,曾不断征询朱岩石和郑岩的意见,也经常与巩文进行讨论,得到他们很多帮助。书稿送到出版社后,又经杨乐精心编辑,在此一并致谢。

最后,谨此祈祝宿季庚师冥福,并向至今还辛勤地在祖国各地田野中探掘梵迹的考古同事致以深切的敬意。

杨　泓　2019年于北京和泰园